中青年经济与管理学者文库

本书得到国家自然科学基金面上项目“腐败，社会网络与权益资本成本”（项目编号：72072049）、国家自然科学基金面上项目“法律诉讼，社会网络与债务契约”（项目编号：71772154）、浙江省新兴（交叉）学科重大课题“新冠疫情背景下数字化助力民营企业纾困的机制和对策研究”（项目编号：21XXJC03ZD）和浙江省哲学社会科学规划领军人才培育专项“区块链支撑的数字经济高质量发展的关键要素与实现路径研究”（项目编号：22YJRC05ZD）的资助。

重大诉讼、信息环境与债务资本成本

——来自中国上市公司的经验证据

肖作平　郭泓伶　著

中国财经出版传媒集团
中国财政经济出版社

图书在版编目（CIP）数据

重大诉讼、信息环境与债务资本成本：来自中国上市公司的经验证据／肖作平，郭泓伶著．--北京：中国财政经济出版社，2022.9

（中青年经济与管理学者文库）

ISBN 978-7-5223-1523-2

Ⅰ.①重… Ⅱ.①肖… ②郭… Ⅲ.①上市公司-债务管理-研究-中国 Ⅳ.①F279.246

中国版本图书馆 CIP 数据核字（2022）第 110536 号

责任编辑：温彦君　　责任校对：张　凡

封面设计：智点创意　　责任印制：党　辉

重大诉讼、信息环境与债务资本成本

——来自中国上市公司的经验证据

ZHONGDA SUSONG XINXI HUANJING YU ZHAIWUZIBEN CHENGBEN

LAIZI ZHONGGUO SHANGSHI GONGSI DE JINGYAN ZHENGJU

中国财政经济出版社 出版

URL：http：//www.cfeph.cn

E-mail：cfeph@cfeph.cn

社址：北京市海淀区阜成路甲 28 号　邮政编码：100142

营销中心电话：010-88191522

天猫网店：中国财政经济出版社旗舰店

网址：https：//zgczjjcbs.tmall.com

北京财经印刷厂印刷　各地新华书店经销

成品尺寸：148mm×210mm　32 开　9.875 印张　249 000 字

2022 年 9 月第 1 版　2022 年 9 月北京第 1 次印刷

定价：45.00 元

ISBN 978-7-5223-1523-2

（图书出现印装问题，本社负责调换，电话：010-88190548）

本社质量投诉电话：010-88190744

打击盗版举报热线：010-88191661　QQ：2242791300

策划人语

题记：一个人的精神成长史，取决于他的阅读史。只有阅读能最有效地培养精神生活习惯，而好的习惯又培养性格，性格决定人生。

——我们自豪，因为我们就是创造这精神产品的人。

选择了飞翔，总能看到蓝天；选择了远航，总能感受大海。人生不仅要作出选择，也要坚持住自己的选择。学会计、当编辑是我的意外选择。人说编辑是为人作嫁，可是这一选择我坚持了30年，苦在其中，乐在其中，也算是有声有色。每当我把一本本好书呈献给人们的时候，我觉得我是“富贵”的人：富，不是你身上的钱财，而是你心里的满足；贵，不是你地位的显赫，而是你被人需要的程度。

书海探寻，情怀永恒

我要说，做编辑我幸运，因为我不仅是第一个读者，可以对作品“品头论足”，也可以对作品“生杀予夺”；更重要的是，这是一个有很高层次的平台，在多年与名家的交往和名著的“对话”中，深深地为他们的人格和才学所感动，被作品的精彩所吸引，这不仅使我“下笔如有神”，更使我的思想和灵魂也受到一次次洗礼和震撼，得到一次次升华。对于我的作者我的书，如数家珍，作者中不乏才学和为人同样过人的多位泰斗和“颜值高责任大”的众多才子佳人；策划的作品不仅立足专业还兼顾人文，也是情怀所在，专业加人文路才会更宽更远。

多年的体会是，作为一名编辑，起码要“三心二意”，即“责任心、细心、耐心”和“服务意识、创新意识”。要多策划一些拳头产品，用一个选题推动一个系统工程，用一个系统工程培养一个出版社品牌。给新入职编辑讲座时我做过一个比喻：编辑两项基本功，审稿——甚至要比博导审批学生论文还要全面、细致；选题策划——要像电影导演一样做“星探”，善于发现优秀作者和挖掘好的原创作品。记不清 30 年来我策划和编辑了多少书，组织和策划了大批教材、业务培训用书、通俗读物、理论专著等，有的获得过国家、省部级各类奖项，有的以其填补空白、社会热点、风格新颖、开拓尝试等特点受到读者的欢迎。正是：

一入书门情似海，
探寻经典职责在。
苦辣酸甜何其乐，
编辑人生也精彩。

想是问题，做是答案

众所周知，目前的图书出版业在行业竞争和纸质图书受到严重冲击的情况下，出版人无不感到莫大的危机。在这种背景下，我们还要积极应对，完善纸质图书的固有特质，拓宽纸媒的功能，挖掘出版内容和形式都精彩的原创作品，适应新形势下读者的更高需求。2017年至今，在新的时代环境下不断出新，我又策划了多套系列丛书和单本图书，不乏名家著作、教材、学术专著和实务丛书等，继续为扶持学术研究和总结实践最新成果，在高端研究与专业知识普及和应用之间搭建一座座有益的桥梁。

每一个时代的经济环境不同，理论研究和实务探索所需要解决的问题也有所差别。当前我国处于新的历史时期，市场环境和组织模式不断演变发展、推陈出新，经济、管理、财税等领域的新理论、新思想、新方法、新工具也层出不穷。乱花渐欲迷人眼，击水三千浪几何？这些领域的研究人员被时代赋予了更艰巨的责任，也面临着更高、更多元的要求，我们不仅要具备更广阔的学术视野，而且要有更严谨的学术思维。

输在犹豫，赢在行动

《中青年经济与管理学者文库》的作者，都是我国经济与管理领域的中坚力量，也是未来的大家。他们中有些人潜心从事理论研究，有些人则深耕在实务一线，但无论现实身份如何，视野全都没有被拘泥在“象牙塔”内。他们从不同视角对市场经济的不同要素进行细致审视，然后汇聚于“财经版”这面旗帜之下，相互碰撞，彼此激荡，力求在市场经济转型升级的关键时期留下最新鲜的“中国印记”。

这些经济与管理领域的中青年学者，就是我国市场经济发展的潜力与优势，他们的研究成果，不仅将引领市场经济的各个组成环节向更科学、更先进的方向发展，而且将成为我国政府和企业在未来经济世界扮演更重要角色的支点与动力。祝愿这些中青年学者能攀上更高的学术之山，走向更远的研究之路，也期待宏观、中观、微观各个层面的市场参与者都能从这套文库中得到切实的启发与指引，在全面深化改革、增强发展活力的关键时期，发挥正能量和积极作用，为经济社会发展增添新的动力！——这也是我策划此套丛书的初衷。

作始也简，毕也必巨

2021 年，是一个非凡之年，纵观世界风云，抗击疫情“风景这边独好”，“十四五”规划开局，我们喜迎建党百年。“其作始也简，其将毕也必巨。”从“开天辟地”“改天换地”到“翻天覆地”“惊天动地”，我们党经历了四个历史时期——救国大业、兴国大业、富国大业、强国大业，四件大事铸就了中国共产党百年辉煌。我们不禁感叹——风雨百年创辉煌，“天地”之间“有杆秤”。

2021 年，还是一个纪念之年，出版社成立 65 周年和我从事编辑工作 30 周年。65 年来，财经出版社始终坚持正确的舆论导向和鲜明的出版特色，努力为经济建设和财政工作服务，致力于为读者奉献经典作品，在中国财经出版传媒集团旗下发挥着更大的作用，取得更大的成就。作为一个有着 20 多年党龄的党员，我是生在新中国长在红旗下的幸运的一代，怀着对党无限的热爱和感恩，浓情做事、淡泊做人，用 30 年的情怀和坚守见证了出版业的转型，践行了编辑的天职，向党递交一份努力的答卷。

2017 年策划出版《中青年经济与管理学者文库》至今已五年，得到了众多中青年学者的热烈响应与大力支持，文库诞生至今已囊括专著 60 余种，为中青年学者们提供了展示学术研究成果的平台，作者队伍不断壮大，作品陆续出版。如果您认可，如果您有意愿，欢迎您和您的朋友加盟我们的作者队伍！在中国财经出版传媒集团的“旗舰”下，中国财政经济出版社这“老字号”，一定励精图治，谱写新的篇章。敬请关注“龙媒玉制新书坊”微信公众号，我们用“龙的精神，玉的品质”来助力您实现梦想！

策划人：樊清玉

邮箱：qingyuf@ sina. com

2021 年 12 月 31 日

前言

债务资本成本一直以来都是公司金融学的重点研究对象，也是中国决策层近年来重点关注的议题。重大诉讼对公司债务资本成本的负面影响有一部分是源于外界的过度负面预期和由重大诉讼揭露或引发的公司治理问题，而缓解上述问题的重要方法是加强债务双方之间的沟通，提高公司的信息透明度，加强对公司的外部监督以约束内部管理人的自利行为。本书基于信息不对称和代理成本理论，在对相关文献进行全面回顾和系统梳理的基础之上，理论分析并实证检验重大诉讼的高成本和一系列不确定性风险对公司债务资本成本的影响、信息环境包括高铁开通带来的信息环境改善对公司债务资本成本的影响以及信息环境及其改善如何影响重大诉讼与公司债务资本成本之间的关系。具体而言，本书以 2008 年至 2018 年中国 A 股上市公司为研究对象，设置公司是否有重大诉讼、重大诉讼发生频率以及重大诉讼涉诉金额三个代理变量，实证检验重大诉讼对公司债务资本成本的影响，并深入探索公司异质性因素对重大诉讼与公司债务资本成本之间关系的影响；使用分析师关注度、媒体跟踪以及机构投资者参与度构建公司信息环境指标，实证检验信息环境对公司债务资本成本的影响；引入高铁开通这一外生变量来度量公司所在地信息环境的改善，基于手工收集的高铁开通数据，设置公司所在地高铁开通与否、公司所在地高铁开通线路条数以及相应的里程数三个代理变量，实证检验高铁开通对公司债务资本成本的影响，并运用渠道检验方法揭示高铁开通对债务资本成本的影响路径和作用机理。在上述研究基础上，进一步检验重大诉讼、信息环境和公司债务资本成本三者之间的关系，以及重大诉讼与公司债务资本成本之间的基本关系如何随着信息环境的变化而变化。主要研究结论如下：

第一，关于重大诉讼与债务资本成本的研究结果发现，公司发生重大诉讼会增加公司的债务资本成本，且重大诉讼越严重，这种影响越大。相比于其他类型的重大诉讼，知识产权纠纷、债权债务纠纷以及证券欺诈、虚假信息责任纠纷对债务资本成本的负面影响更加严重。此外，重大诉讼对债务资本成本的负面影响在偿债能力较差、政治背景较弱以及信息披露质量较低的公司中更加显著，说明债务风险较高的公司发生重大诉讼会使公司不得不使用更高成本的债务融资满足资金需求。

第二，关于信息环境与债务资本成本的研究结果发现，良好的信息环境能帮助公司以较低成本获取债务融资。在引入高铁开通变量后发现，公司所在地高铁开通有助于公司以较低成本获取债务融资，且高铁开通的线路条数越多、里程数越长，债务资本成本越低。此外，通过影响机制分析发现，高铁开通一方面通过提高公司外部信息环境和公司自身的信息披露质量缓解了债务双方之间的信息不对称和代理冲突；另一方面由于信息环境的改善在一定程度上突破了公司债务融资的地理位置限制，拓展了公司可获得的债务融资资源，提高了公司的财务宽松度，最终降低了公司的债务资本成本。

第三，关于信息环境对重大诉讼与债务资本成本之间关系的调节效应检验结果发现，良好的信息环境能够削弱公司重大诉讼对债务资本成本的负面影响。分组回归结果发现，当信息环境较好或信息环境得以改善后，重大诉讼对公司债务资本成本的回归系数或其显著性明显下降。这是由于良好的信息传递和更多的外部监督能够提高重大诉讼公司的信息透明度，同时约束管理者行为，从而缓解和降低融资前的逆向选择问题和融资后的道德风险，进而削弱重大诉讼对债务资本成本的负面影响。此外，高铁开通带来的交通便利性提高和信息环境改善也有利于公司获取更多的债务融资资源，缓解重大诉讼公司面临的融资约束，从而降低公司的债务资本成本。

本书关于重大诉讼的研究结论可以被看作是对公司管理者的一种法律警示，即重大诉讼的高成本和风险不仅会损害公司市场价值，还会对公司债务资本成本产生负面影响，从而有助于约束公司管理者行为、规范公司市场行为。此外，由于重大诉讼对纠纷双方公司债务资本成本都会产生负面影响，这意味着公司应增强法律意识，加强自身在经济活动中的行为规范，在尽量避免重大诉讼发生的同时为可能出现的法律纠纷建立完善的诉讼应对机制。本书关于高铁开通的研究结论为中国基础设施建设对公司信息环境和债务融资的影响提供了理论支持和经验证据，进一步丰富了“高铁经济学”的研究，也为关于公司地理位置的金融研究提供了一个新的视角。本书关于重大诉讼、信息环境与债务资本成本三者之间关系的研究进一步说明了信息环境对于遭受类似重大诉讼负面事件影响的公司的重要性，公司在应对重大诉讼等负面事件时应考虑信息环境因素，同时不断提高自身的信息透明度和声誉，增强对重大诉讼等负面事件的抵抗能力。

目录

第1章
绪　论

1.1　研究背景和研究意义

1.1.1　研究背景

公司如何管理债务政策以使资本成本最小是理论界和实务界极大感兴趣的课题之一。公司各种决策的基础是公司的资本成本。从确定投资项目的门槛率到影响公司资本结构的构成，资本成本影响着公司的运营及其随后的盈利能力。鉴于这一重要性，人们提出广泛的政策处方来帮助公司降低资本成本也就不足为奇了。例如，美国证券交易委员会前主席 Arthur Levitt 建议"高质量的会计准则……提高流动性［并］降低资本成本。"资本对所有的公司而言都是非常重要的资源，而融资工具的选择则是公司的重要财务政策之一，包括债务融资和股权融资。公司可获取的主要资本来源分为两大类：一是负债，其由契约条款构成，企业凭此借入一定数额资金并承担在某一特定时间偿还的义务；二是权益，企业为了获取资金而必须出售部分产权。这两种主要融资工具与不同的收益和控制权水平相关。债务承诺要求权期满时的固定金额定期清偿，具有固定索取权；权益承担资源流入和承诺给其他代理人偿还差额的剩余风险，具有剩余索取权。Willamson（1988）针对不同融资工具的特点及其对治理结构的影响明确指出，与其说债权和股权是融资手段，倒不如说是两种可替代的公司治理结构。因为债务治理是按照规则运行，主要确定了还本付息、清偿和运营流动性的要求，是一种比较简单的治理结构，组织成本相对低；而股权融资是一种比较复杂的治理结构，主要是依靠董事会监控机制，其组织成本比较高，需要更多的专业判断，更具有强制性。类似地，Hart（1995）指出，不同证券的本质特征是其赋予证券持有者不同的权利，如股票赋予股东对公司重大事项的投票权，债券则赋予债权人当公司不能支付承诺时处置抵押品的权利。

公司融资一直是财务研究的热点和难点议题，也始终是财务学中最具有争议的课题之一。自从 Modigliani 和 Miller（1958）提出无关性定理以来，公司融资的研究持续了半个多世纪，但仍存在许多悬而未决的问题。Modigliani 和 Miller（1958）指出，在一个完美的资本市场世界里，资本结构决策与公司价值是无关紧要的，因为它们不会影响公司的现金流，而只是影响现金流在公司的债务持有人和股权持有人之间的划分。然而，现实并非如此，一个重要的缺陷是公司与其外部投资者之间的信息不对称。这种信息不对称在公司的内部和外部融资成本之间形成了一个楔子（Wedge），资本结构决策不再被视为与公司价值无关（Myers 和 Majluf，1984）。Myers 和 Majluf（1984）认为，信息环境较差的公司，即信息不对称程度较高的公司，在进行外部融资之前，应当首先使用内部资金。如果该公司求助于外部融资，它将选择信息敏感度较低的债务资金，然后再转向对信息敏感的股票资金（Myers 和 Majluf，1984；Myers，1984）。长期以来，信息不对称在债务契约中的作用引起了会计和财务领域研究人员的极大兴趣，与融资决策相关的问题在战略管理研究中日益受到重视。在解释公司融资决策过程方面，相关财务文献已取得显著性进展。研究焦点逐渐从检查公司基本杠杆的选择逐步转向融资决策更详细的方面，如债务契约的价格（债务资本成本）和非价格条款（如债务规模、债务期限和限制性条款等）。债务资本成本是债务契约的重要内容，它是债务人为获取外部债务资金而向债权人支付的报酬。公司如何降低资本成本以使公司价值最大化是理论界和实务界非常关注的课题之一。资本成本是现代财务理论历久弥新的研究难题之一，至今仍备受金融经济学家的关注。资本成本可分为债务资本成本和权益资本成本。对于新兴市场经济体而言，公司更加依赖债务融资实现资金融通。在一个完美的资本市场中，信息是完全对称的，即每个投资者都可以无成本地获取信息，公司通过借贷可以立即调整现金流入和现金流出之间的短期不平衡。然而，在现实中，公司和债权人之间存在信息不对称，从而引起融资前的逆向选择和融资后的道德风险问题，进而迫使外部债权人要求更高的资本成本以对风险进行补偿（Jensen 和 Meckling，1976；Myers 和 Majluf，1984）。债务资本成本是公司在债务市场通过债务融资获取资金而付出的代价，在一定程度上体现了债权人对债务人未来发展前景的信心。债务资本成本也是债权人投入债务资金的机会成本，是债权人和管理者极为关注的指标。在宏观层面上，债务资本成本是金融市场发展和制度建设的基本衡量指标。在微观层面上，债务资本成本是资本成本的重要组成部分，在企业融资和资本预算决策中起着关键性作用。此外，由于债务的固定索取权，债权人更关注资金的安全性和风险问题，对风险的防范具有强大的动机。债权人对公司风险的评估直接影响公司获取债务融资的能力，并通过公司债务资本成本反映出来。

债务融资（银行贷款和公司债券）正逐渐成为全球各国公司获取外部资金的最主要来源之一，尤其对股票市场不发达的新兴市场国家而言，债务融资的成交额度通常比股票更大，即便在美国，从融资规模上看债券市场也远大于股票市场[①]。公司债券市场正成为企业最重要的融资场所之一。中国正处于计划经济向市场经济转型时期，资本市场的发展仍不完善，上市公司面临着严峻的融资约束和过度依赖银行贷款等问题。中国市场的主要融资来源是银行贷款（Allen 等，2005）。中国是一个庞大且快速增长的经济体，中国很多企业严重依赖银行融资，因为股权和债券发行受到严格监管（Zou 和 Adams，2008）。例如，在中国申请发行股票的公司须经过漫长的筛选过程，包括财务业绩和非财务评估。因此，中国很多企业不得不依赖债务融资。20 世纪 70 年代末，中国政府对银行业进行了重大改革。20 世纪 80 年代初，政府成立了四家国有独资银行，承担了中国人民银行（中央银行）的所有贷款职能。1994 年，成立了三家国有独资政策性银行，并接管了四大银行的政策性贷款。1996 年，股份制商业银行和城市银行开始出现。最初，银行贷款主要采取信用贷款的形式，以低利率发放，没有任何担保或抵押。此类贷款是不良贷款率较高的原因之一。随着以市场为导向的经济改革的深化，银行越来越关注贷款风险，从 20 世纪 90 年代开始，它们越来越多地要求担保或抵押。事实上，根据 2000 年至 2005 年对 13 家国内银行的调查，担保贷款的平均抵押从 22% 增加到 32%（杨建莹和钱皓，2008），其中，土地或建筑物成为最可接受的抵押形式。银行在发放贷款之前，尤其是向私人控制的公司发放贷款之前，还要求将一定价值的固定资产作为抵押（Yeung，2009）。此外，在向国有企业和民营企业发放银行贷款方面存在歧视（Wei 和 Wang，1997；Cull 和 Xu，2003），国有银行向国有企业提供贷款往往是出于政治、就业和税收目的，而不是盈利。正如

① 美国证券业和金融市场协会（SIFMA）统计数据显示，2014 年，公司债券发行的资金总额为 14306 亿美元，是股票发行资金总额（1007 亿美元）的近 15 倍。从 1990 年到 2013 年，公司债券平均余额为 39368 亿美元，而股票市场存量余额平均只有 1759 亿美元。

Yeung（2009）所讨论的，对于这些银行（四大国有商业银行、政策性银行、股份制商业银行和城市银行），是否发放贷款通常由非官方评估标准决定。由于国有企业的所有权带来的政府隐性担保，国有企业往往在没有抵押的情况下可以获得贷款，而民营企业则被期望使用固定资产作为抵押。换句话说，基于更高的风险、更高的交易和风险评估成本，银行做出了一个理性的决定，将贷款偏向于国有企业。在中国，一个显著特征是银行业主要是国有的，国家对银行贷款决策实施直接控制的审慎政策。由于不发达的法律体系带来的脆弱性，充满活力的非国有部门及其增长在很大程度上依赖于基于关系和非常规治理的非正式融资（Allen 等，2005）。2008 年下半年，全球金融危机重创中国，导致国内经济增速放缓。为了应对金融危机，2008 年 11 月 5 日，中国政府宣布了一项 4 万亿元人民币（约合 5860 亿美元）的经济刺激计划——从 2008 年第四季度到 2010 年，占 GDP 支出总额的 12.5%。经济刺激计划具体指的是投资支出。在 4 万亿元计划中，中央政府承诺直接投入 1.18 万亿元，占总计划的 30%，其余资金由银行和地方政府提供。最终，中央政府对刺激计划的投入总额达到 1.6 万亿元，超过了原定计划。与此同时，地方政府积极响应中央刺激计划，该计划占固定投资预算支出的 70% 至 75%。在刺激计划中，银行贷款是投资支出的主要来源。刺激计划的紧迫性和政治化向银行发出了一个强有力的信号，即他们预计将迅速增加贷款。此外，政府和政治领导人的指示有效地消除了贷款决策的所有个人责任，表明只要贷款支持投资计划，银行贷款官员就不会对他们的贷款负责（Naughton，2009）。自中央政府宣布刺激计划以来，银行信贷以爆炸式的速度增长。2008 年新增银行信贷 4.2 万亿元，2009 年甚至新增达 9.6 万亿元，尽管 2010 年略有下降，但也增加了 8 万亿元。在整个经济刺激计划实施期间，中央和地方政府一直在努力实现社会和政治目标，通过国有企业的多数股权促进企业投资和商业活动的经济增长。此外，随着经济刺激计划的实施，在中央和地方政府的支持下，银行信贷迅速增加，成为企业层面的政治驱动型投资贷款。由于政府的隐性担保，国有企业获得大量贷款资金，投资大幅增加，但这种贷款饱受“国进民退”的非议。换句话说，自经济刺激计划实施以来，大部分资金都被注入国有企业进行投资，民营企业的发展受到阻碍。同时，相较发达国家而言，中国的企业融资渠道较为单一，金融工具不够丰富，企业融资的可选择空间有限。中国的金融体系还不够完善，信息不对称和委托代理问题在很大程度上导致外部融资成本高于内部融资成本，企业财富的增长主要得益于内部融资。面对这些情形，近年来，政府相关部门积极发展公司债、企业债等债务融资工具。如 2003 年 10 月中共十六届三中全会通过的《中共中央关于完善社会主义市场经济体制若干问题的决定》指出，要扩大直接融资，建立多层次资本市场体系，积极拓展债券市场；2007 年 8 月证监会发布的《公司债券发行试点办法》为公司债的发行提供了发行指导；2008 年 12 月国务院办公厅发布的《关于当前金融促进经济发展的若干意见》，其中第十三条明确指出，要“扩大债券发行规模，积极发展企业债、公司债、短期融资券和中期票据等债务融资工具”；2014 年 5 月国务院办公厅发布的《关于进一步促进资本市场健康发展的若干意见》为债券市场的规范发展提供若干指导建议。虽然公司的债券融资规模在不断扩展，但债券融资在公司外部资金来源中的比例还比较小。据统计，2008 年至 2018 年，在公司债务融资中，作为无息负债的商业信用平均占据了中国上市公司负债的 55.4%；其次为银行贷款，平均占比为 39.9%；债券仅占 4.6%[①]。上述统计表明，中国上市公司

---

① 数据样本为 2008 年至 2018 年除金融行业以外的所有 A 股上市公司。数据来自中国股市与会计研究（CSMAR）数据库。CSMAR 数据库是一个基于学术研究需求、国际专业标准和中国实际情况开发的数据库，学者们利用 CSMAR 数据库在国际和国内期刊上发表了 33000 多篇高质量的学术论文。CSMAR 数据库网址：*https：//www. gtarsc. com*。

存在过度依赖银行贷款的现象，在金融市场中面临严重的融资约束，这些问题直接推高了公司获取债务融资的成本。因此，除了扩大债务融资渠道，如何降低债务资本成本也是理论界和实务界以及政府相关部门一直以来重点关心的问题。从2013年起，随着中国人民银行对金融机构放贷利率管制的全面放开，金融机构可以自行评估融资公司质量和确定债务资本成本。随着中国金融市场的逐步开放，公司债务融资的定价更多取决于市场对公司的综合评估，不同公司的债务资本成本差异逐渐拉大，从而为研究公司债务资本成本的影响因素提供必要的先决条件，也使得债务资本成本问题研究转向更为现实的视角。

关于债务资本成本的研究主要集中于债务资本成本的度量和债务资本成本的影响因素。与权益资金不同，债务或债券风险溢价的成本定义更明确，也更容易衡量（Dhaliwal 等，2011）。债务资本的成本或预期回报可以通过收益率差或利率来精确衡量，而权益资本成本或预期股票回报则通过贝塔估计，而贝塔则以更多的噪音来衡量。债务资本成本影响因素的研究起步于公司特征方面，如公司规模、现金流量、成长性等（Malitz，1986；Titman 和 Wessels，1988；Diamond，1991；Nash 等，2003；Rajan 和 Zingales，1995；Booth 等，2001；Benmelach 等，2005）。随着委托代理和信息不对称理论的发展，文献逐渐集中于公司内部治理（董事会结构、股权结构、内部控制等）对债务资本成本的影响（Costello 和 Wittenberg - Moerman，2011；Lin 等，2011；Francis 等，2012）。近年来，学者们开始关注公司外部治理对债务资本成本的影响，考察了分析师跟踪、媒体监督、产品市场竞争等外部治理机制对债务资本成本的影响（Waisman，2013；Yang 等，2014）。随着“法与金融”研究的兴起，投资者保护、司法效率等法律因素与公司金融学的交叉学科研究成为热点（La Porta 等，1998；Demirgüç - Kunt 和 Maksimovic，1998），而公司法律诉讼作为一种具体的法律实施工具和解决公司间纠纷的最后途径，也越来越受到理论界和实务界的关注。法律体系被认为是公司治理的基础组成部分，当利益相关者发现公司管理者做出不利行为且协商无效时，通过法律途径提起诉讼可作为一项有效措施。虽然公司诉讼一直存在于公司环境中，但最近它已演变为公司的主要风险来源。诉讼通常会给被起诉的公司带来巨大的成本，包括直接成本和间接成本。直接成本包括诉讼费用、鉴定费用、公证费用等法律程序的所有直接支出，以及败诉后的经济赔偿等。这些直接成本在一定比例上可由诉讼保险承担。间接成本包括公司信誉的丧失、公司前景的不确定性增加、客户和供应商的损失，以及管理人员时间和资源的转移（Karpoff 和 Lott，1999；Phillips 和 Miller，1996；Johnson 等，2000；Black 等，2006）。这些间接成本对公司的影响是长远的、难以弥补的。在美国，尽管 1995 年颁布了《私人证券诉讼改革法案》（PSLRA），旨在遏制无聊的诉讼，但在过去十年中，公司诉讼数量仍增长了 50% 以上，公司诉讼成本增加了一倍多。证券集体诉讼的和解总额从 1997 年的 1.5 亿美元增加到 2005 年的 97 亿美元（Zingales，2007）。根据 1996 - 2006 年韬睿（Towers Perrin）咨询董事和高管责任调查，美国公众公司的平均诉讼保险限额约为 1500 万美元。该金额仅占 Arena 和 Julio（2015）报告的同期样本平均结算支出的 26%（5600 万美元）。和解金额与案件的严重程度（Cox 和 Thomas，2004）和股东损失的大小（Karpoff 等，2008）呈正相关。以机构投资者为主要原告的证券集体诉讼比以个人为主要原告的诉讼具有更大的和解金额（Cheng 等，2010）。随着诉讼风险和成本的增加，研究诉讼对公司价值和行为的影响变得比以往任何时候都更加重要。公司诉讼引起了理论界和实务界的广泛关注，主要是因为它对公司利益相关者的成本效益权衡尚不清楚。诉讼成本本身就很高，并且在某些情况下，和解金额仅提供律师费，不会给原告利益相关者带来任何直接利益（Romano，1991）。然而，许多诉讼具有有益的作用，因为通过对公司施加金钱和声誉成本，可以对经理进行外部约束，并有助于减少公司内部的代理问题（Becht等，2003）。Allen等（2005）认为，尽管中国经济高速增长，但中国的法律体系不发达[①]，且极为多变。相比之下，对于中国公司诉讼的程度、涉及的公司特征、结果以及经济损益的分享，鲜有详细的实证研究。随着中国经济体系和制度的不断发展，经济活动参与人法律意识逐步增强，法律诉讼的发生量不断增加，法律诉讼风险逐渐上升为公司潜在的风险因素和公司发展的重要外部不确定因素之一，并影响公司的未来经营和发展，对公司构成了重大威胁（潘越等，2015）。法律诉讼通过其惩罚实施机制，对被诉公司的市场价值和声誉产生不利的影响（Bhagat等，1998；Karpoff，1999），最终导致公司在债务融资市场中的谈判成本上升。此外，法律诉讼导致的赔偿和损害会增加公司日常运营、盈利能力、未来现金流甚至发展战略等方面的不确定性，从而加剧债务双方之间的信息不对称和代理冲突问题，导致债权人的监督和风险控制成本上升，并通过债务资本成本体现出来。债务资本成本直接反映着公司债务融资的最终谈判结果，当公司遭遇或面临法律诉讼时，法律诉讼作为一种强制性的法律措施，通过市场的评估与转化，在一定程度上影响债务价格（如贷款利率、债券利率）的谈判。因此，从法律诉讼视角研究债务资本成本问题，具有重要的理论和现实意义。

① Allen等（2005）检验了中国法律体系发展水平并与La Porta等（1998）研究中的49个国家的平均水平进行比较。得出结论：就法律制度对债权人和股东的保护方面来看，无论和La Porta等（1998）样本中的发达国家还是发展中国家相比，中国的法律制度和执行力度都处于劣势。中国的法律体制发展并不比任何其他主要的新兴市场国家（如印度、巴基斯坦和南非）超前，并且比那些英国法系的国家明显落后（肖作平和廖理，2009）。

此外，尽管中国的法律体系存在一定的问题①，但司法制度发挥着越来越重要的作用。据统计，在中国，2016 年发生法律诉讼的上市公司共 846 家，占上市公司总数的 23.4%，涉诉次数达到 4126 次，平均每 1.14 家上市公司就会遭遇法律诉讼②。其中，有的诉讼发生频率较高但影响较小，如小金额买卖纠纷，涉案金额最小仅为 100 元人民币；而有的诉讼却会严重影响公司发展，甚至威胁公司生存，比如曾引起广泛关注的广药集团和加多宝之间的商标侵权诉讼。此外，不同行业的公司，其诉讼发生率也有所不同。据统计，2016 年，在中国遭受法律诉讼最多的行业依次为综合类行业、房地产行业、农林牧渔业以及餐饮业等③。公司基于其业务特征会较容易发生某种类型的诉讼，如房地产公司经常发生建筑或土地合同类诉讼。外部利益相关者对于这类多次发生的一般性诉讼是有心理预期的，这种预期可能会在诉讼发生时大大削弱其对公司的负面影响（Yuan 和 Zhang，2015；Arena，2017）。诉讼并不都会向市场释放出明显的负面信号，只有当诉讼严重到一定程度时，才会通过市场的评估与转化影响公司的融资活动。目前在中国，针对上市公司发生的重大诉讼，沪深两市实施的股票交易

① 与一些西方国家的法院相比，中国的法院没有司法审查权。在存在法律冲突的情况下，《立法法》概述了解决这一冲突的过程，其中要求负责法律的立法机构进行解释。这一过程降低了司法独立性。Allen 等（2005）指出，为了有一个有效的执法体系，一个国家必须有独立和有效的司法体系，且这个司法体系中应具有大量的合格法律专业人才。Woo 和 Wang（2005）强调了中国和美国民法体系之间的差异，并指出了中国存在的问题和需要改进的地方。这些改进包括增加律师人数，加强对法官的培训，使用审前听证程序，减少对书面证据的过度依赖，排除口头证据和使用证人等。在民事和商业案件中，由律师作为委托人的只占到 10% ~25%，甚至在刑事案件中，由律师代表被告的只占到案件的一半。在中国大约 500 万家商业企业中，只有 4% 的企业有自己的定期法律顾问。而且，在中国只有 1/5 的律师有法律学位，甚至有在正规的大学或学院学习法律的法官的比例也很低。无须多说，中国要有一支强大的法律工作队伍还需要很长的一段时间。

② 数据来自 CSMAR 数据库（*https*：//*www. gtarsc. com*）。

③ 数据来自 CSMAR 数据库（*https*：//*www. gtarsc. com*）。

规则和证监会发布的信息披露制度有明确的定义和要求，这为重大诉讼的界定提供了量化标准。具体而言，上市公司涉及诉讼的金额或其影响力达到一定程度，如上海证券交易所规定涉诉金额超过1000万元且占公司最近一期经审计净资产绝对值的10%以上；或者诉讼可能导致的损益占公司最近一个会计年度经审计净利润的10%以上，且涉诉金额超过100万元；或者董事会基于案件特殊性认为可能对公司股票及其衍生品交易价格产生较大影响等，则可被认定为重大诉讼，上市公司有义务及时在官方指定渠道公开披露。

对财务报告和披露的需求源于管理者、外部投资者和中介机构之间的信息不对称和代理冲突。信息披露和促进管理者的可信披露制度在缓解这些问题方面发挥着重要作用。会计信息在市场经济中扮演着重要的角色。首先，它允许资本提供者（股东和债权人）评估投资机会的回报潜力（会计信息的事前或估价作用）。其次，会计信息允许资本提供者在融资者承诺后监控其资本的使用（会计信息的事后或管理角色）。因此，外部人对会计信息的需求产生有两个原因。首先，在事前，公司的管理者通常比局外人更了解公司当前和未来投资的预期盈利能力。这种信息不对称使得外部资本提供者难以评估公司投资机会的盈利能力。由于内部人（包括大股东和管理者）有夸大公司预期盈利能力的动机，使得这一问题变得更加严重。反过来，如果资本提供者无法评估企业的盈利能力，他们将低估高盈利能力企业的价格，而高估低盈利能力企业的价格，这可能导致市场失灵。这一“柠檬问题”（Akerlof，1970）以及由此产生的披露额外信息的动机早已在相关文献中得到认可。其次，对会计信息的事后需求源于所有权和控制权的分离（这是现代公司治理的焦点和核心)①，这导致资本提供者没有充分的决策权。为了解决随之而来的代理问题，隐性和显性契约都经常使用会计信息，如资源使用、决策和产生的投资回报。投资者对此类信息进行事后评估，并在能够依赖此类信息的情况下要求较低的事前回报率。然而，对会计信息的事前和事后要求可能并不总是导致自愿提供信息。公司信息披露、金融媒体的报道、分析师的报告以及对公司业绩的讨论都会增强证券价格所反映的信息。也就是说，它们减少了普通投资者和知情的市场参与者（如公司管理层/大股东）之间的信息不对称。金融经济学家的共识是，良好的信息披露环境和较低的信息不对称会产生许多令人满意的结果。其中包括经济体中资源的有效配置、资本市场的发展、市场的流动性、资本成本的降低、回报波动性的降低以及分析师预测准确性的提高。信息环境是投资者和市场观察者面临的一个基本问题。在均衡状态下，与收集和披露信息相关的利益和成本的横截面变化会导致信息不对称的变化。然而，中国正处于经济转型时期，投资者法律保护不健全、金融市场发展水平相对较低，中国上市公司信息披露质量和公司治理水平整体较差，中国资本市场存在严重的信息不对称和代理冲突问题。中国的制度环境存

① 所有权和控制权的分离，也称“所有权与经营权分离”“两权分离”，指资本所有权（表现为投资者拥有的投入资产权）和资本运营权（表现为管理者经营、运作投资者投入资产权）的分离。即所有者拥有的资产委托他人管理运作的状况。Berle 和 Means（1932）指出在他们调查的美国 200 家大公司中有相当大比例的公司，是由未握有公司股权的高级管理人员控制的，现代公司已经发生了“所有权与经营权的分离”，公司实际已由职业经理组成的“控制者集团”所控制。

在金融和法律体系不发达，对投资者保护薄弱[①]，银行业由国家和政府主导等问题。因此，中国企业在获得成长所需要的关键资源方面面临许多障碍。中国面临严重不透明的信息环境问题，缺乏鼓励良好治理、高质量财务报告和透明信息环境的制度安排（Piotroski和Wong，2012）。同时，腐败被认为是一种国际现象，尤其是在金融体系不发达、投资者法律保护薄弱、政府干预严重的发展中国家和新兴经济体中，腐败问题更加严重。在高度政治化的环境中，不透明性的出现是为了将政府没收公司资产的风险降到最低，以掩盖低效率和腐败，或掩盖政客和政治亲信的寻租活动（Piotroski和Wong，2012）。腐败导致的信息不对称和代理问题扭曲了资源配置，增大了投资不确定性，损害了投资者的积极性和信心，导致资本成本上升。在中国，尽管进行了30多年的经济改革，但政府对经济体制和金融系统实行绝对控制，腐败就像谚语中所说的润滑脂，润滑着原本毫无动力的银行系统的官僚车轮（Chen等，2013）。根据透明国际（Transparency International）发布的数据，1995年中国的腐败感知指数（CPI）（在1到10的范围内，得分较低表明公众对腐败的认知程度较高）是2.2分，在41个接受调查

① 要对内部人机会主义行为的监督起作用，必须存在一个有效的法律系统来制止违法和加强违法补偿。由于缺乏有效的权利实施机制，内部人有足够的理由不偿还债权人或不向股东支付股利，且外部融资机制倾向崩溃。投资者保护能促使金融市场的发展：债权人权利促使借贷市场的发展；股东权利促使权益市场的发展。投资者保护被证明是重要的，因为在许多国家，广泛存在外部投资者受控制股东的掠夺。在Jensen和Meckling（1976）的契约框架以及Hart和Moore（1990）的剩余控制权框架中，投资者权利受保护，有时法律系统甚至对其详细载明。例如，《合同法》处理私下谈判安排，而《公司法》《破产法》和《证券法》具体描述公司内部人和外部投资者的一些权利。La porta等（1997，1998，2000）的系列研究表明，股东和债权人的法律保护对于理解不同国家的公司融资模式是很重要的，法律及其实施质量是公司治理和融资的必要成分。就中国的情况来看，法律渊源较接近大陆法系国家，但在很多方面又不同于大陆法系国家。中国的法律体系还很不完善，政策和制度仍起着主导作用，执法腐败很大程度地存在。在现实中，外部投资者的利益往往得不到保护，他们经常遭受大股东的掠夺。

的国家和地区中排名第 40 位；2003 年，在 133 个接受调查的国家和地区中排名第 66 位，得分为 3.5；2012 年，这一指数（现在按 1 到 100 的比例计算）增至 39，在 178 个接受调查的国家和地区中排名第 78 位。2019 年中国的腐败感知指数（CPI）（2012 年之后 CPI 为百分制）是 41 分，在 180 个接受调查的国家和地区中排名第 80 位。2021 年 3 月 8 日，最高人民法院院长周强向十三届全国人民代表大会四次会议作最高人民法院工作报告。报告称，2020 年最高人民法院审结贪污贿赂、渎职等案件 2.2 万件 2.6 万人，其中被告人原为中管干部的 12 人，对赵正永判处死缓、终身监禁，对赖小民判处并执行死刑。审理追逃追赃、没收违法所得等案件 316 件，裁定没收“红通人员”姚锦旗等 164 人违法所得 11.5 亿元和位于多国的不动产。中国特殊的政治制度和商业文化对腐败产生了巨大影响，存在严重的腐败问题。腐败还延伸到司法系统。据中央纪委国家监委网站 2022 年 4 月 22 日消息，内蒙古自治区高级人民法院原党组书记、院长胡毅峰涉嫌严重违纪违法，接受中央纪委国家监委纪律审查和监察调查。据中央纪委国家监委网站 2021 年 7 月 16 日消息，最高人民法院审判委员会委员、执行局局长孟祥涉嫌严重违纪违法，接受中央纪委国家监委纪律审查和监察调查。据中央纪委国家监委网站 2019 年 8 月 25 日消息，安徽省高级人民法院原院长张坚涉嫌严重违纪违法，接受中央纪委国家监委纪律审查和监察调查。据中央纪委监察部网站 2015 年 7 月 12 日消息，最高人民法院副院长、党组成员奚晓明涉嫌严重违纪违法，接受组织调查。2021 年 3 月 8 日，最高人民法院院长周强向十三届全国人民代表大会四次会议作工作报告，他坦言，司法领域腐败问题仍有发生，部分法官贪赃枉法，损害法治权威。2020 年，各级法院查处利用审判执行权违纪违法干警 1500 多人，其中追究刑事责任 340 多人。腐败对中国的法律程序有重要的影响。一方面，商业腐败的增加可能会导致更多的诉讼被提起。另一方面，腐败的司法机构可能会阻止人们使用法庭，并可能导致错误的决定和判决。腐败破坏了市场规则和制度约束，导致了糟糕的信息环境。更高水平的腐败会导致投资者和发行人之间更大的信息不对称，从而引起经典的逆向选择或“柠檬问题”（Gerschenkron，1962；Shleifer 和 Vishny，1993；La Porta 等，2000）。因此，腐败会阻碍投资者参与市场，从而对投资流动产生负面影响，降低金融市场的流动性。同时，腐败会促使内部人利用财务信息隐藏公司的不当行为，降低信息披露的透明度，损害公司财务报告质量（Chen 等，2020；Hope 等，2020）。这种观点表明，腐败与投资者信心之间存在负相关关系。腐败可能会使公司面临更多的政治不确定性和被审查的可能性，担心政治审查的公司会选择减少或混淆信息披露来隐藏与腐败官员的任何交易，加剧了信息不对称问题（Kim 等，2012；Piotroski 等，2015）。腐败越严重的地区，公司内部人在腐败官员的庇护下更有可能利用信息不对称进行内幕交易、盈余管理和会计欺诈等不当行为来隐藏巨额的贿赂交易（Liu，2016；Pan 和 Tian，2020；Chen 等，2020）。高估的公司业绩可能掩盖腐败交易和不良的公司治理行为，但反过来又会导致更大的信息不透明性（Chen 等，2018；Ben 等，2020）。减少信息对称一直是中国监管的目标。中国的资本市场经常被列为全球大型经济体中最不透明的市场之一。在这种情况下，重大诉讼的成本和风险更可能被夸大，从而影响债权人的投资决策，加剧逆向选择和融资约束问题。Bhagat 等（1998）指出，市场可能反应过度：市场强调的大部分重大损失和风险已在诉讼实际进程中被推翻或显著减少，这一现象主要是由于外部利益相关者对诉讼当事人的实际情况缺乏了解。此外，在公司发生重大诉讼等负面事件后，公司原有管理层为了隐藏自利行为、应对重大诉讼和维护声誉，可能进一步掩盖或扭曲事实，引发更为严重的信息不对称和代理冲突问题。此时，公司外部信息环境则扮演着至关重要的角色。由于分析师关注、媒体报道等市场信息中介和机构投资者等市场参与者得益于自身规模优势、信息优势以及更专业的信息分析能力，在市场中发挥着重要的信息传递和外部监督功能，由其构成的外部信息环境在一定程度上可以提高公司信息透明度、约束公司管理者的机会主义行为。良好的外部信息环境可以缩小公司内部以及公司内外部之间的信息偏差，降低债权人获取公司关键信息的成本和投资风险，进而降低公司债务资本成本。虽然信息环境与企业融资成本之间的这种关系在直觉上具有吸引力，但实证支持有限。Garmaise 和 Natividad（2010）对这一缺陷的解释如下："信息不对称在现代企业融资理论中扮演着重要角色，但事实证明，从经验上分析和评估信息摩擦的影响是困难的。很难找到可靠的外部信息代理，而且导致信息环境发生重大变化的自然实验相对较少。因此，与关于不对称信息和金融契约的重要且成熟的理论研究相比，该领域的实证研究仍处于发展的初级阶段。"之前的研究考察了信息披露与外部融资之间的关系（Frankel 等，1995；Lang 和 Lundholm，2000），以及信息披露是否会影响外部融资成本（Botosan，1997；Sengupta，1998）。具体而言，Sengupta（1998）、Botosan（1997）分别研究了信息披露是否有助于降低债务和权益融资成本。

此外，为了获取信息，无论是债权人、信息中介如审计师、分析师、评级机构等，还是外部监督者如媒体、机构投资者等，在建立或加强与公司的联系和交流时，都受限于双方地理位置的接近程度（Geographic Proximity）。先前的研究表明，地理位置接近会产生信息优势。如 Coval 和 Moskowitz（2001）发现，普通共同基金经理在本地股票（基金总部 100 公里范围内的公司）上的年收益比远程持股高出 2.67 个百分点。Christoffersen 和 Sarkissian（2009）指出，金融中心共同基金的回报往往超过远程基金。Teo（2009）在研究对冲基金业绩与其在亚洲重点基金样本中的投资接近度之间的关系时发现，在其主要投资区域有实体存在（总部或研究办公室）的对冲基金表现优于没有实体存在的对冲基金。值得注意的是，本地信息优势并不局限于经验丰富的基金经理。Ivkovic 和 Weisbenner（2005）通过对美国以家庭为单位的散户投资者的大量抽样调查，估计个人投资者平均每年从本地持有的股票中获得的收益比非本地持有的股票多 3.2%。同样，Hau（2001）、Dvorak（2005）、Loughran 和 Schulz（2005）分别发现，在德国、韩国和印度尼西亚市场，国内投资者的表现优于外国投资者。由于地理位置接近而产生的信息不对称导致投资者强烈偏好附近的国内公司，这种现象被称为局部偏见（Local Bias）。如 Coval 和 Moskowitz（1999, 2001）发现，美国的共同基金经理对附近的公司有强烈的偏见。Ivkovic 和 Weisbenner（2005）发现，对于散户投资者来说，本地持有偏好更大。Coval 和 Moskowitz（2001）认为，投资者强烈偏好本地股票，因为他们在评估这些股票时享有显著的信息优势，这与以下证据相吻合：本地投资者通过持有的本地资产获得异常回报，表现优于异地投资者。此外，物理距离的经济重要性在分析师预测准确性中表现得尤为明显。如 Malloy（2005）报告称，位于公司总部附近的美国分析师发布了更精确的收益预测，对股价的影响也比距离较远的分析师更大。他记录了对遭受更严重信息不对称的公司（即位于小城市和偏远地区的公司）的更大影响。Bae 等（2008）发现，与外国分析师相比，本地分析师拥有显著的信息优势，这体现在更准确的收益预测上。他们还观察到，本地分析师的信息优势随着公司披露质量的提高而缩小。El Ghoul 等（2013）提供了强有力的证据，证明了位于非金融中心的公司的资本成本较高。他们的研究结果表明，距离六大金融中心最近的城市中心 100 公里以内的公司，或位于其大都市统计区的公司，享有的权益融资成本要低 7 个基点。经济理论已经确定了物理距离影响信贷市场交易的两个广泛渠道。第一个渠道，正如 Petersen 和 Rajan（2002）所说，随着时间的推移，当地贷款人可以收集有关小企业的“软”信息，从而使他们能够获得信息优势，超过可能无法获得相同程度本地信息的远程竞争对手。距离借款公司较近的银行享有显著降低的沟通和监控成本，以至于“如果其他银行相对较远，则距离较近的银行具有相当大的市场力量”（Petersen 和 Rajan，1995）。Hauswald 和 Marquez（2006）将银行获取信息的能力作为银行和借款人之间距离的递减函数，来捕捉现代银行业中不同程度的专有信息优势，并使得这一概念变得精确。然后，贷款机构战略性地利用其本地信息优势，为竞争对手制造逆向选择威胁，从而软化价格竞争，以信息的方式抓住借款人。随着距离侵蚀银行的信息优势，信息不太灵通的竞争对手可以更积极（更低的利率）和更频繁地出价，因此，在均衡状态下，预期利率降低，竞争贷款报价的可能性随着银行与借款人的距离而增加。距离可能影响贷款交易的第二个渠道包括贷款申请人和银行产生的沟通成本。这些成本来自潜在借款人亲自与信贷员、分行经理等银行人员互动或寻找合适贷款过程中所花费的时间和精力。同样，银行在评估贷款申请人或监测贷后情况等过程中产生沟通成本。（Sussman 和 Zeira，1995），这会影响信贷条款。传统上，此类模型侧重于统一的贷款定价（如 Chiappori 等，1995；Freixas 和 Rochet，2008）。但是，银行总是知道它们的贷款申请人的地址，这使得它们可以进行空间价格歧视（Lederer 和 Hurter，1986）。在这种情况下，利率也是银行—公司距离的递减函数（Hauswald 和 Marquez，2006）。但是，任何被认为有信誉的借款人总是从最近的银行获得信贷，并且一般不会更换贷方。先前关于公司地理位置与信息环境的研究大多只考虑了外部利益相关者与公司所在地之间的空间距离。研究发现，经济参与人之间空间距离的接近程度会影响信息的传递和披露，从而影响经济活动结果（Coval 和 Moskowitz，1999；Agarwal 和 Hauswald，2010；Jensen 等，2015）。一方面，银行通过信用评分形式的信用评估来量化其商业贷款决策背后的信息；另一方面，银行对企业的信贷在很大程度上依赖于贷款官员在发放贷款过程中收集的特定于企业的主观情报，尤其是长期贷款关系。银行接近各种信息源有助于收集企业信息，以便检查物理距离对“软”私人信息收集的影响、对信用评估效率的提升以及对信用市场交易的影响。Petersen 和 Rajan（2002）强调了地理距离与银行—借款人关系之间的联系，并发现距离似乎是一个很好的指标，尽管随着时间的推移，这种指标的作用在下降。Degryse 和 Ongena（2005）发现，贷款利率随着借款人和贷款银行距离的缩短而降低，但随着借款人和竞争对手银行距离的增加而升高 。Acharya 等（2006）将行业专业化作为衡量借款人和贷款人之间距离的另一种方法，证据表明，银行在新进入的或更具竞争力的行业中的信息有效性较低。因此，这些行业的贷款质量较低，这可能是因为此类市场中逆向选择威胁更大。Almazan（2002）基于模型分析得出，银行的监控成本随着借款人和银行之间距离的增加而增加。Sharpe（1990）和 Rajan（1992）研究了逆向选择下的借贷，并表明关系建设可能会缓解再融资阶段的竞争。在信用测试的背景下，Broecker（1990）和 Riordan（1993）都调查了独立贷款筛选下竞争对贷款市场的潜在负面影响。Agarwal 和 Hauswald（2010）发现，在信贷的可获得性和定价方面，距离驱动了以下基本权衡：公司离分支机构越近，银行提供信贷的可能性越大，但在同等条件下收取的费用也越高。相反，一家公司离竞争对手的分公司越近，它越不可能获得信贷，但如果获得信贷，贷款利率越低。控制公司公开的信用质量得分不会影响这些距离效应。这些结果表明，距离影响信贷决策的渠道如下：借款人邻近程度有助于“软”信息的收集，从而提高其贷款质量，这与银行享有远程侵蚀本地信息优势的概念是一致的。然而，除了空间距离以外，经济参与人之间时间距离的缩短也能促进外部利益相关者对公司进行实地拜访，从而有利于关于公司的重要信息特别是“软”信息的获取，最终缓解债务双方之间的信息不对称和代理冲突。

在过去的十几年里，中国经济快速增长，并迅速成为世界第二大经济体，基础设施特别是高速铁路（以下简称高铁）[①] 的建设取得了举世瞩目的成绩。2008 年，随着京津城际高铁的开通和运营，高铁进入快速发展时期，越来越多的城市之间由于时间距离的缩短形成同城效应。截至 2015 年，中国高铁运营里程占世界高铁总量的 50.4%，在国际上占据绝对领先地位[②]。高铁建设把我国主要大城市连接起来，成为人们城市间高效出行重要且必要的交通工具。世界银行在 2014 年年底发布的《中国高速铁路运量分析》一文中指出，2013 年，高铁发送旅客量从 2008 年的 1.28 亿人次迅猛增至 6.72 亿人次。此外，世界银行、中国铁路工程总公司和铁道第三勘察设计院三方合作开展的旅客调查结果显示，年龄在 25 岁至 55 岁的高铁旅客占绝大比例，并且，其中大部分为商务人士。由此可以推测，高铁开通大大便利了相关利益者对公司进行实地考察和调研，一方面有利于信息中介组织为市场提供更加优质和准确的信息，另一方面也加强了外部监督者对公司的监督和治理，从而有利于改善债务市场的信息环境，缓解债务双方之间的代理冲突。此外，市场信息环境的改善有利于突破债务融资的地理位置限制，扩大公司可以触及的债务资源范围，提高公司的财务宽松度，最终降低公司的债务资本成本。总之，在中国基础设施建设高速发展的背景下，重大诉讼对公司债务融资方面的负面影响可能会因为公司信息环境的改善而受到削弱。由此可见，融资理论的确需要持续不断地吸收和借鉴法学、信息学相关理论才能得到更好的发展，研究中国的重大诉讼、信息环境和债务资本成本之间的关系具有重要的理

① 根据中国国家铁路局的定义，高铁是设计开行时速 250 公里以上（含预留）、初期运营时速 200 公里以上的客运列车专线铁路。

② 该数据来自国家铁路局官网：*http://www.nra.gov.cn/ztzl/hyjc/gstl_/*。

论和现实意义。

由于文化和制度的差异，西方融资理论可能并不适用于发展中国家。本书重点研究重大诉讼如何影响债务资本成本，并研究能够降低债务资本成本的作用机制——信息环境，探讨信息环境如何影响债务资本成本。本书拟结合中国制度背景，系统研究重大诉讼、信息环境与债务资本成本之间的关系，在一定程度上对既有的相关研究文献提供有益的补充。

1.1.2 研究意义

Woo 和 Wang（2005）指出，实际上，一个民事案件实际上如何在中国法院提起诉讼仍然是一个“谜”，并呼吁人们进行更多的经验研究。本书是对这一呼吁的回应。关于债务融资的研究需要持续不断地在交叉学科研究方面进行探索和突破，在中国特殊的制度背景下，研究重大诉讼、信息环境与债务资本成本三者之间的关系具有重要的理论和现实意义。本书通过研究信息环境和重大诉讼对债务资本成本的影响，证明了重大诉讼增加了债务资本成本，信息环境的改善有助于降低债务资本成本和缓解重大诉讼与债务资本成本之间的正相关关系。了解信息环境和重大诉讼对债务资本成本的影响有助于公司融资决策。例如，我们的研究结论的一个重要含义是，财务经理可以通过更多努力改善信息环境来降低公司的债务资本成本。具体而言：

（1）理论意义。

首先，有助于从法律制度视角拓展和深化债务资本成本研究，丰富法学与公司金融学的交叉学科研究。随着“法与金融”研究的兴起，学术界开始关注法律制度与债务资本成本之间的关系。然而，以往研究大多集中于投资者保护程度、执法质量等法制因素对债务资本成本的影响，鲜有研究关注重大诉讼以及诉讼类型在债务资本成本中的作用机理。本书剖析了重大诉讼和诉讼类型如何影响债务双方之间的代理冲突和信息不对称问题，进而影响债务价格条款（资本成本）的谈判，并从法律诉讼视角为债务契约条款的设计提供理论支持。

其次，有助于拓展和深化信息环境在债务资本成本中的作用机理研究，丰富信息学和公司财务学的交叉学科研究。本书从传统的市场信息中介和机构投资者等视角切入，研究由其构成的公司外部信息环境对债务资本成本的影响。并且将高铁开通带来的公司与外部利益相关者之间时间距离的瞬间缩短作为外生变量[①]引入关于公司地理位置与公司金融的研究，从交通便利角度为公司地理位置对经济活动结果的影响和公司外部信息环境的相关研究提供理论支持。

最后，有助于拓展和充实重大诉讼等正式制度与债务资本成本之间的关系如何受信息环境影响的作用机理研究。本书把外部信息环境和由基础设施建设带来的信息环境的改善引入重大诉讼与债务资本成本之间关系的研究框架，丰富了法学、信息学和公司金融学的交叉学科研究，探讨重大诉讼、信息环境和债务资本成本等相关问题研究的新方法、新视角和新思路，丰富了现代公司金融理论体系。

（2）实践意义。

对重大诉讼、信息环境与公司债务资本成本之间关系的研究具有一定的现实意义。

本书探寻有利于降低债务资本成本的正式和非正式制度因素，为有效执行合同、完善社会规范体系和促进资本市场健康发展等提供政策建议。对投资者而言，是否能够有效地识别和衡量违约风险，找到一个合适的投资标的至关重要。重大诉讼影响公司未来经

① 外生变量（Exogenous Variable）也称输入变量，完全由经济系统外部确定并输入系统的变量，它只对系统产生影响而不受系统的影响。在经济计量模型中，外生变量是与模型的随机扰动项不相关的变量。通常，描述影响经济系统运行的技术、政治、制度、自然条件等外部因素的变量都是外生变量。

营的不确定性，增大公司的流动性风险和违约风险。重大诉讼导致的成本、风险和不确定性，会引发严重的信息不对称和代理问题，导致融资环境恶化。重大诉讼会增大公司的潜在风险和市场摩擦，给公司声誉带来负面影响，增大债务契约执行难度，损害债权人信心，进而影响债务资本成本。当公司面临重大诉讼时，债权人对公司的违约风险预期增大，理性的债权人会要求更高的风险溢价来弥补未来可能造成的损失，以应对外部环境变化带来的潜在风险和危机。债务资本成本是债务双方博弈的结果，当债务人遭遇重大诉讼时，债权人会考虑重大诉讼对债务人产生的负面影响，并通过债务契约条款的设计减缓债务双方的代理冲突和信息不对称问题，进而提升债务契约的治理效应，增强债权人的权利保障程度，保证信用关系良性发展。本书检验重大诉讼在债务资本成本中的作用机制，为规范债务契约条款、保证金融交易活动的有效运行、提高资源配置效率、完善法律制度和深化金融改革等提供政策性建议。

由于重大诉讼会对公司价值和声誉造成负面影响，提高了公司债务资本成本，但信息环境的改善可以缓解重大诉讼对公司债务资本成本的负面影响。因此，对于上市公司而言，公司首先应遵循法律，合规经营，规避诉讼风险；其次，应建立和完善诉讼应对机制，在诉讼发生时有效降低诉讼带来的负面影响；最后，公司应加强关于重大诉讼的信息披露，除了官方渠道外，还可通过媒体、分析师等更多中介渠道向外部发布重大诉讼相关情况，从而缓解重大诉讼发生后公司与外部利益相关者之间的信息不对称。此外，公司可以充分利用高铁开通带来的交通便利性，积极加强与外部利益相关者的当面接触和沟通，提高公司的信息披露质量，建立良好的公司声誉，获取外部利益相关者的信任，为公司争取更多的融资机会。公司可尝试通过高铁与更远地方的金融机构进行合作，同时加强和上下游之间的联系，拓展债务融资渠道，争取更多商业信用，提高公司财务宽松度，以获取更低成本的债务融资。

1.2 研究目标和研究内容

1.2.1 研究目标

本书基于信息不对称和委托代理理论，理论剖析和实证检验重大诉讼和信息环境对公司债务资本成本的影响，为公司债务资本成本影响因素的研究和资本市场利益相关者的决策提供新的视角，以促进金融市场的健康发展，保证信用关系良性发展。本书旨在阐明重大诉讼、信息环境与债务资本成本三者之间的关系，突出信息环境在公司遭遇重大诉讼后的重要性，将信息不对称和委托代理理论应用于公司重大诉讼、信息环境与公司债务资本成本三者之间关系的剖析，对公司金融领域研究进行拓展和多角度探索，从研究内容及方法上丰富和补充现有的相关研究。

本书立足于中国金融市场，实证检验重大诉讼和信息环境如何影响公司债务资本成本，以及信息环境如何影响重大诉讼与公司债务资本成本之间的关系，使利益相关者深入理解重大诉讼、信息环境对公司债务资本成本的作用机理，为公司债务资本成本影响因素研究提供新视角、新思路，丰富和完善现代公司金融理论体系。在理论和实证研究的基础上，针对这些研究对象，提出解决方案，并提供建议给政策制定部门。

1.2.2 研究内容

本书首先在法律诉讼、信息环境和债务资本成本相关研究文献回顾的基础上，分析了中国的制度背景。其次，根据法学理论、信息不对称理论、委托代理理论和公司融资理论并结合中国制度环境，理论分析重大诉讼如何影响公司债务资本成本，在控制公司特征、制度、宏观经济和行业类别等因素下，采用面板数据[①]实证研究重大诉讼及其类型对公司债务资本成本的影响，进一步考察了偿债能力、政治背景和信息披露质量等公司异质性如何影响重大诉讼与债务资本成本之间的关系，并对相关实证结果进行一系列的稳健性检验。再次，根据信息不对称、委托代理和公司融资理论，结合中国制度背景，理论推演信息环境在公司债务资本成本中的作用机理，使用面板数据，在控制相关变量情况下，从分析师跟踪、媒体报道和机构投资者参与程度三个方面衡量信息环境，应用多元回归分析实证研究信息环境如何影响公司债务资本成本，构建多期双重差分模型实证检验高铁开通后信息环境的改善如何影响公司债务资本成本，采用渠道检验探索高铁开通降低公司债务资本成本的影响机制，采用调节模型和分组回归检验信息环境是否以及如何影响重大诉讼与公司债务资本成本之间的关系，并对相关实证结果进行一系列的稳健性检验，进而对公司债务资本成本进行全面且系统的研究。最后，根据理论和实证研究结果，结合中国实际情况为降低公司债务资本成本提供政策建议，并指出研究局限和未来研究方向。

具体而言，本书的主要内容如下：

第1章，绪论。本章从研究背景和研究意义入手，基于本书的研究目标和研究内容阐明如何实施该研究的技术路线，提炼出本书的研究创新点。

第2章，理论基础。本章详细阐述本书所涉及的公司金融相关

① 面板数据（Panel Data），指时间序列上取多个截面，在这些截面上同时选取样本观测值所构成的样本数据。Hsiao（1986）指出，使用面板数据相对截面数据和时间序列数据具有的优点：（1）面板数据的估计是基于更多的观察值。（2）时间序列和横截面两个维度的结合减少了多重共线性问题，因此提高了估计量的有效性。而且，面板数据能更好地研究动态调整和更好地识别和度量单纯的截面或时间序列数据不能检验的效应。

理论，包括信息不对称理论、信息环境理论、融资优序理论、信号传递理论和公司治理理论等，为第 4 章和第 5 章的理论分析奠定基础。

第 3 章，文献研究综述。本章首先对债务资本成本的度量及其影响因素的相关文献进行归纳和整理，其次，回顾法律诉讼相关文献，最后，梳理总结信息环境、地理位置接近和高铁开通等相关文献，并引出本书在现有研究中的位置，界定学术增量贡献。

第 4 章，重大诉讼对公司债务资本成本的影响。本章从理论上阐述了重大诉讼对公司债务资本成本的影响，提出研究假设。从公司是否发生重大诉讼、重大诉讼频率以及涉诉金额三个方面对重大诉讼进行度量，构建多元回归模型实证检验重大诉讼如何影响公司债务资本成本，并对实证结果进行稳健性检验。本章设置重大诉讼类型虚拟变量，以考察不同类型的重大诉讼对公司债务资本成本的影响。此外，本书进一步考察重大诉讼与债务资本成本之间关系在不同偿债能力、不同政治背景以及不同信息披露质量的公司中是否有所不同，即这种关系是否受公司异质性的影响而呈现不同的结果。

第 5 章，信息环境对公司债务资本成本的影响。本章从理论上阐述了信息环境对公司债务资本成本的影响，从分析师跟踪、媒体报道和机构投资者参与程度三个方面衡量外部信息环境，构建多元回归模型实证检验信息环境如何影响公司债务资本成本。引入高铁开通变量，理论分析高铁开通后信息环境的改善对公司债务资本成本的影响，从公司所在地是否有高铁开通、高铁开通的线路以及高铁开通里程数三个方面对高铁开通进行度量，构建多期双重差分模型实证检验高铁开通如何影响公司债务资本成本，并对实证结果进行稳健性检验。此外，本章采用渠道检验方法，对高铁开通降低公司债务资本成本这一结果进行影响机制分析，选择外部信息环境、公司信息披露质量以及公司财务宽松度作为中介变量，深入探索高铁开通究竟通过何种机制降低公司债务资本成本。

第6章，重大诉讼和信息环境对公司债务资本成本的交互影响。发生重大诉讼的公司通常有较严重的信息不对称和代理冲突问题，本章重点考察良好的外部信息环境以及高铁开通后信息环境的改善是否以及如何通过缓解债务双方之间的信息不对称和代理冲突问题，从而减缓重大诉讼对公司债务资本成本的负面影响。本章分别采用调节模型和分组回归方法，实证检验信息环境是否以及如何影响重大诉讼与公司债务资本成本之间的关系，并对实证结果进行稳健性检验。

第7章，结论和政策性建议。在前面各章分析的基础上，总结本书的主要结论，并根据所得到的结论，结合中国实际提出政策性建议，最后指出本书的研究局限和未来研究方向。

本书的研究框架如图1-1所示。

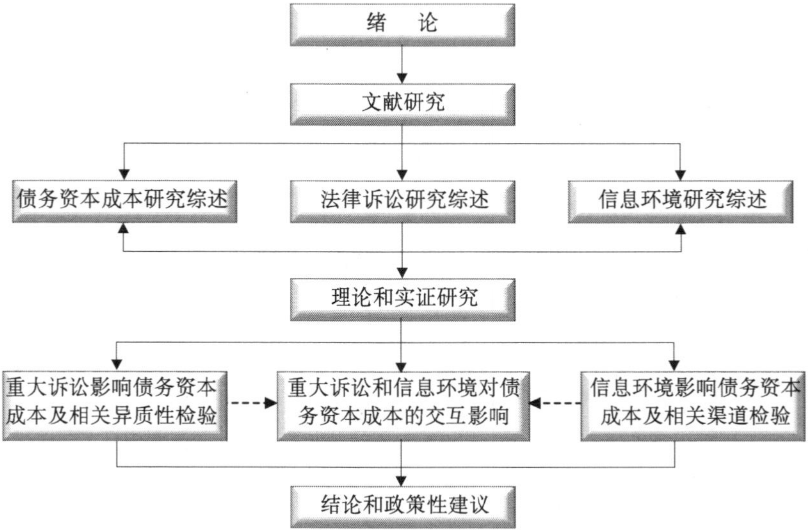

图1-1　本书的研究框架

1.3 技术路线和研究方法

1.3.1 技术路线

本书的研究技术线路可归纳为四个阶段、九个步骤。

四个阶段：研究准备阶段（问题提出）——理论研究阶段（确立研究框架、提出研究假设）——实证检验阶段——归纳形成结论、提出政策建议阶段。

九个步骤：①文献收集与研究→②建立研究框架→③理论分析→④提出研究假设→⑤关键变量内涵界定和度量研究→⑥实证模型研究→⑦选择研究样本和收集整理数据→⑧开展实证研究→⑨归纳形成结论，提出政策建议。

①文献收集与研究：收集国内外有关法律诉讼、信息环境和公司债务资本成本等相关文献，并对有关文献进行整理分析，厘清研究脉络，界定学术增量贡献。

②建立研究框架：在对相关文献进行研究的基础上，结合中国实际情况（如法律制度、金融市场发展、信息环境、高铁建设情况等），建立相应的研究分析框架。

③理论分析：在分析法学理论、信息不对称理论、信息环境理论、委托代理理论和公司融资理论等基础上，理论分析重大诉讼、信息环境在公司债务资本成本中的作用机理，搭建一个描述重大诉讼、信息环境与公司债务资本成本之间关系的理论框架。

④提出研究假设：在理论分析的基础上，对公司高管、金融机构、新闻媒体、政府官员和财务分析师等进行访谈以期获得他们关于重大诉讼、信息环境和公司债务资本成本的看法、感知和观点，并提出可供检验的研究假设。

⑤关键变量内涵界定和度量研究：结合文献研究法，对重大诉讼、信息环境和公司债务资本成本的内涵和度量方法进行系统的梳理和总结，结合中国的实际情况，构建适合中国的重大诉讼、信息环境以及公司债务资本成本等关键变量的代理变量。

⑥实证模型研究：基于计量经济分析，构建大样本研究的实证检验模型，如多元线性回归模型、倾向得分匹配法（PSM）、Heckman 两阶段模型、多期双重差分法（DID）、多期差分倾向得分匹配检验（PSM - DID）、中介效应（Mediation Effect）检验等。

⑦选择研究样本和收集整理数据：第一，从 CSMAR、WIND 等数据库收集相关数据；第二，从公司年度报告、《中国分省份市场化指数报告（2018）》（王小鲁等，2019）和《中国金融年鉴》等文献资料中收集相关数据；第三，从国家铁路局、国家统计局等官方网站，以及相关网络搜索引擎中收集相关数据。

⑧开展实证研究：根据确定的研究样本和收集整理的相关数据，构建相关的经济计量模型，采用相应的模型估计技术，对本书提出的研究假设进行实证检验，并进行相关的稳健性检验，以及进行如公司异质性分析、影响机制分析等进一步分析。

⑨归纳形成结论，提出政策建议：在对理论和实证研究结果进行分析的基础上，进行归纳总结，梳理形成本书的主要研究结论，并提出相应的政策性建议。

图 1 - 2 概括了本书的总体研究思路和技术路线。

1.3.2 研究方法

在公司债务资本成本影响因素的实证分析中通常使用两种方法：第一，运用有序（Ordered）Probit 或 Logit 模型（离散选择分析）来检查公司发行债券的信用等级［债券的信用等级作为公司债务资本成本的代理变量（如 Boubakri 和 Ghouma，2010；Boubakri 等，2015；Ghouma，2017）］。他们将这些信用等级转换为排

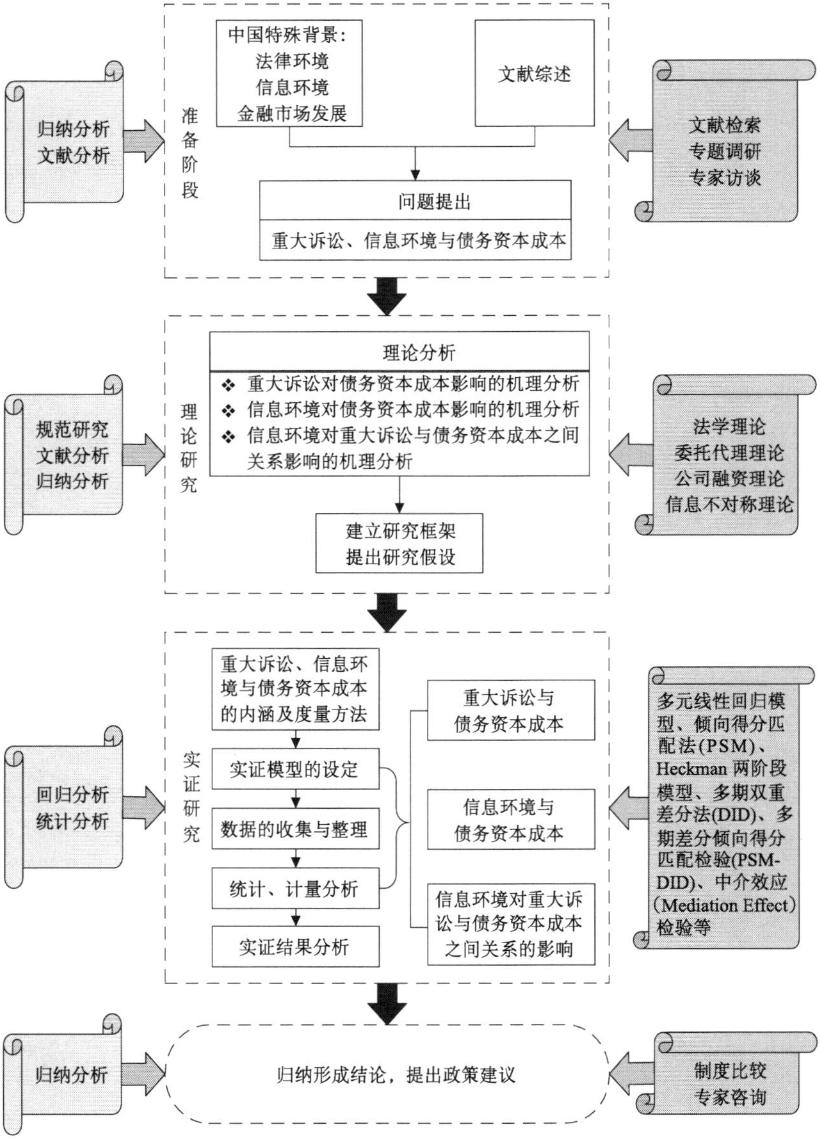
归纳分析
文献分析
准备阶段
中国特殊背景：
法律环境
信息环境
金融市场发展
文献综述
问题提出
重大诉讼、信息环境与债务资本成本
文献检索
专题调研
专家访谈
规范研究
文献分析
归纳分析
理论研究
理论分析
❖ 重大诉讼对债务资本成本影响的机理分析
❖ 信息环境对债务资本成本影响的机理分析
❖ 信息环境对重大诉讼与债务资本成本之间关系影响的机理分析
建立研究框架
提出研究假设
法学理论
委托代理理论
公司融资理论
信息不对称理论
回归分析
统计分析
实证研究
重大诉讼、信息环境与债务资本成本的内涵及度量方法
实证模型的设定
数据的收集与整理
统计、计量分析
实证结果分析
重大诉讼与债务资本成本
信息环境与债务资本成本
信息环境对重大诉讼与债务资本成本之间关系的影响
多元线性回归模型、倾向得分匹配法(PSM)、Heckman两阶段模型、多期双重差分法(DID)、多期差分倾向得分匹配检验(PSM-DID)、中介效应(Mediation Effect)检验等
归纳分析
归纳形成结论，提出政策建议
制度比较
专家咨询

图 1－2　技术路线

序数字类别，如 Boubakri 和 Ghouma（2010）把信用等级为 AAA，排序数字为7；信用等级为 AA－至 AA＋，排序数字为6；信用等级为 A－至 A＋，排序数字为5；信用等级为 BBB－至 BBB＋，排序数字为4；信用等级为 BB－至 BB＋，排序数字为3；信用等级为 B－至 B＋，排序数字为2；信用等级为 D 至 CCC＋，排序数字为1。第二，使用公司债务资本成本的代理变量（如利率或到期收益率、利差或收益率差、利息费用占有息负债的比重等）对公司规模、杠杆、成长机会、制度、信息质量、两权分离度等公司债务资本成本影响因素进行多元回归分析（如 Sengupta，1998；Iturriaga，2005；Anderson 等，2004；Qian 和 Strahan，2007；Lin 等，2011；Ghouma，2017；Liu 等，2020）。

本书是一项涉及法学、信息学和公司金融学的交叉学科研究，综合运用法学、信息学和公司金融学等相关学科所采用的前沿研究方法和手段，采用理论分析和实证检验相结合的研究方法。具体的研究方法包括：（1）文献研究法。需要广泛收集和阅读国内外相关研究文献，全面掌握相关领域的研究现状和最新动态，厘清相关领域的研究脉络，界定本书研究的增量贡献；（2）规范研究法。本书结合中国制度背景，应用法学理论、信息环境理论、信息不对称理论、委托代理理论和公司融资理论等，搭建一个描述重大诉讼、信息环境与公司债务资本成本之间关系的理论框架，提出相关研究假设；（3）实证研究方法。根据理论分析结果，采用大样本面板数据，构建计量经济模型实证检验重大诉讼、信息环境如何影响公司债务资本成本，以及信息环境如何影响重大诉讼与公司债务资本成本之间的关系。具体的检验方法包括多元线性回归模型、倾向得分匹配法（PSM）、Heckman 两阶段模型、多期双重差分法（DID）、多期差分倾向得分匹配检验（PSM－DID）、中介效应（Mediation Effect）检验等。

1.4 研究创新

关于重大诉讼、信息环境对公司资本市场环境，尤其是对公司债务资本成本的影响的经验证据相对较少。本书是一项涉及法学、信息学和公司金融学的交叉学科研究，研究特色主要在于：从诉讼视角研究公司债务资本成本问题，并把信息环境纳入研究框架，理论和实证研究重大诉讼、信息环境与公司债务资本成本之间的关系；通过理论分析与实证检验，揭示重大诉讼、信息环境在公司债务资本成本中的作用机理，并探讨重大诉讼和信息环境对公司债务资本成本的交互效应，探寻有利于降低公司债务资本成本的因素，推动法学、信息学和公司金融学交叉学科研究的创新和发展。

概括而言，本书在继承前人研究的基础上，对重大诉讼、信息环境与公司债务资本成本之间的关系进行全面且系统的研究，研究的创新主要体现在以下三个方面：

(1) 研究思想上的创新。先前关于法律诉讼与公司债务资本成本方面的研究忽略了信息环境的作用。中国面临严重不透明的信息环境问题，缺乏鼓励良好治理、高质量财务报告和透明信息环境的制度安排（Piotroski 和 Wong，2012），市场投资者对公司重大诉讼的信息获取和风险评估更加依赖于外部信息环境的信息传递和外部监督机制。本书把信息环境纳入研究框架，首次探讨了重大诉讼、信息环境与公司债务资本成本三者之间的关系。本书从重大诉讼视角开展公司债务资本成本研究，并把降低公司债务资本成本的因素——信息环境纳入研究框架，搭建一个描述重大诉讼信息环境与公司债务资本成本之间关系的理论框架，探讨法学、信息学和公司金融学的交叉学科研究，拓展和充实了公司债务资本成本影响因素研究，也是对“法与金融”的研究提供有益的补充，研究思想新颖、独特。

（2）研究视角上的创新。已有的关于外部环境对公司债务资本成本的影响主要集中于制度环境，如法律制度、债权人保护程度和市场化水平等（La Porta 等，2002；Awartani 等，2016），鲜有关于公司信息环境，特别是高铁开通这种硬件环境变化引起的信息环境改善对公司债务融资影响的研究。本书基于信息不对称理论、委托代理理论和公司融资理论等，率先考察公司信息环境对公司债务资本成本的影响，并引入高铁开通这一外生变量代表信息环境的改善，采用渠道检验方法深入剖析其中的影响路径和机制，为中国基础设施建设对公司信息环境和公司债务融资影响的研究提供理论支持和经验证据，进一步拓展和丰富“高铁经济学”的研究。同时，先前的文献大多以各经济主体之间的空间距离来衡量信息不对称程度，本书利用高铁开通后公司和外部利益相关者之间时间距离的瞬间缩短来替代空间距离的衡量方法，为关于公司地理位置的金融研究提供了一个新的视角。

（3）研究设计上的创新。现有文献大多局限于某一类型的诉讼，如证券诉讼对公司外部融资规模的影响（Autore 等，2014）、证券集体诉讼对银行贷款契约的影响（Yuan 和 Zhang，2015）、债务诉讼风险对债务资本成本的影响（王彦超等，2016）等。本书重点考察重大诉讼对公司债务资本成本的影响，涵盖了买卖合同纠纷、证券欺诈和虚假信息责任纠纷、知识产权纠纷、债权债务纠纷、股东及股权纠纷等所有主要的诉讼类型，通过是否有重大诉讼、重大诉讼发生频率及其涉诉金额三个代理变量系统考察重大诉讼与公司债务资本成本之间的关系，并探索不同类型重大诉讼对公司债务资本成本影响的差异，以及公司异质性（不同公司偿债能力、政治背景和信息披露质量）对重大诉讼与债务资本成本之间关系的影响，为法学与公司金融学的交叉学科研究提供更加全面的实证研究方案。另外，本书在单独检验重大诉讼、信息环境如何影响公司债务资本成本的基础上，把重大诉讼和信息环境对公司债务资本成本的交互效应纳入研究框架，采用调节效应模型和分组回归等方法，实证检验重大诉讼与公司债务资本成本之间的基本关系如何随着信息环境的介入而发生变化，并进行一系列的稳健性检验，如采用倾向得分匹配法（PSM）、Heckman 两阶段模型、多期双重差分法（DID）和多期差分倾向得分匹配检验（PSM - DID）等，构成一个完整的实证检验重大诉讼、信息环境与公司债务资本成本之间关系的研究方案。

第 2 章 理论基础

2.1　债务融资概念界定

债务融资是公司重要的财务决策行为。公司的债务融资来源主要包括银行贷款、债券以及商业信用等，其中，银行贷款和债券是一种带息债务，即公司负债当中需要支付利息的债务（金融性债务），也是本书研究的对象。债权人作为债务投资者借出资金满足公司的资金需求，公司则承诺在规定的时间内按约定方式向债权人还本付息。由于中国的直接融资市场发展起步较晚，相较于债券这种直接融资方式，作为间接融资方式的银行贷款目前仍是公司带息负债的主要来源。银行利用其专业优势收集和分析关于公司的相关信息，根据上市公司的经营状况、未来发展以及外部风险等对公司的债务风险和价值进行评估和考量，从而做出债务融资决定，如是否授信、授信金额、授信期限、授信利率以及抵押担保方式等，并在授信后对公司的授信资金用途和经营情况进行严密监督和跟踪。银行业的理论和实证分析暗示着银行能减缓源于股东和债权人之间的信息不对称问题和代理问题。银行业的理论模型集中于当企业陷入财务困境时，银行有能力减少重新签订契约的成本，阻止企业从事风险性资产替代，减少投资不足问题。银行在减缓信息不对称下外部融资相关问题中起着审查和监督作用。在 Myers（1977）的模型中，贷款人事后监督和债务条款的重新商谈能减少债务相关的投资不足问题。Diamond（1984）认为，由于金融中介机构作为众多投资者的代理人对企业进行监控，有监控的成本优势，且银行与企业之间往往是一种隐性的长期契约关系，便于银行积累借款人的信息，从而有效地降低借款人的道德风险。Fama（1985）认为银行的定期监督能降低企业的整体契约成本，因为代理人持有不需要进行其自身有成本的监督的其他索取权。Stiglitz 和 Weiss（1985）认为，银行是能对企业进行有效监督的主体之一，因为与股东相比，银行既具有信息优势，又具有人才优势。Gilson（1990）发现银行在处理财务困境企业和减少破产可能性方面具有比较优势。由于银行的贷款是非公开交易的，可以确保银行掌握的信息不为其他市场参与者获得，这在很大程度上可以解决信息处理中的“搭便车”问题，同时也减少了企业信息披露的成本（Harris 和 Raviv，1990）。银行通过规模经济效应、专业化以及避免单个贷款人重复劳动，有效地降低了处理信息和监督债务人的交易成本；银行通过阶段性贷款（连续贷款）或与债务人保持长期关系，能有效地解决债务人的道德风险问题以及合约的不完备性问题（Diamond，1991）。理论文献表明，与公共债务持有人（即债券持有者）相比，银行对信息不对称不那么敏感，原因如下：首先，银行比公共债务投资者更容易获得借款人的私人信息和了解借款人的未来前景（Fama，1985；James 和 Smith，2000）。Hadlock 和 James（2002）指出，银行在为信息更不透明的公司的证券定价方面具有比较优势。与此相关的是，公司与银行之间的沟通，在很大程度上不受监管公平披露的约束，这意味着银行可以更容易地获得公司不希望广为人知的信息（因为与产品市场上的竞争对手相比，这会损害他们的利益）。其次，与公共债务持有人相比，银行对债务索取权的所有权更为集中，因此对监督借款人的激励更强。相比之下，公共债券持有人的分散所有权加剧了“搭便车”问题，降低了单个债券持有人参与昂贵监控的动机（Diamond 1984；Berlin 和 Loeys，1988；Diamond，1991；Houston 和 James，1996）。最后，私人债务合同比公开交易的合同更容易重新谈判或重组。由于在合同重新谈判方面具有更大的灵活性，银行可以比债券持有人更有效、更高效地约束那些存在机会主义行为的公司（Gertner 和 Scharfstein，1991；Denis 和 Mihov，2003；Park，2000）。总而言之，与公共债务持有人相比，对私人信息的优越访问、更强的监控激励和更大的重新谈判灵活性共同使银行在监控方面更高效、更有效，对信息变化的敏感性更低（Leland 和 Pyle，1977；Diamond，1984；Boyd 和 Prescott，1986；Houston 和 James，1996；Denis 和 Mihov，2003）。因此，银行对公共信息的变化不那么敏感，因为它们对公开来源产生的信息的依赖性大大降低。由于信息不对称的变化将反映在不同债务工具的定价中，当信息不对称加剧时，企业应将对公共信息更敏感的债务工具（如公债）替换为对信息不敏感的债务工具（如银行贷款）。基本上，银行是一个成熟的代理人，有足够的能力获取借款人信息，并拥有强大的数据处理能力，可以帮助避免贷款人通常面临的逆向选择问题。银行拥有更多的信息获取渠道和优越的信息处理能力（Bharath 等，2008）。相对于银行而言，债券投资者较分散，对信息的收集和分析能力参差不齐，也难以集中力量对公司的授信资金用途和经营情况进行监督和跟踪，因而其投资决策更加依赖于公司公开披露的信息以及公司向外部传递的信号或声誉。

公司债券在以下几个方面不同于股票。第一，公司债券是固定收益证券，不参与分享公司收益。因此，如果公司的违约风险较低，债券价值可能对收益相关的信息环境不敏感。第二，公司债券的流动性远低于股票。每当有消息时，本质上，投资者都会对交易更具流动性的股票更感兴趣。因此，股票价格往往对信息更敏感。第三，理论上，公司债券价格的表现可能与股票价格不同。根据或有债权理论，股票类似于看涨期权，而公司债券类似于做多无风险债券和做空看跌期权的投资组合。当有更高收益波动的消息时，债券价格将下跌，而股票价格将上涨，因为期权价值与波动率正相关。

公司债务资本成本是指公司为获取外部资金而向资金借出人支付的报酬，通常包括融资过程中产生的各项费用，如发行债券而支付给受托金融机构的注册费和代理费、申请银行贷款的手续费等，以及融资完成后的债务资金使用费，如银行贷款利息和债券利息等。

2.2 信息不对称理论

由于交易的一方难以完全了解交易对手方的所有信息，或因不能够监测另一方行为，或因为知悉、监测成本过高等原因，双方所了解、掌控的信息处于一种不对称的状况，称之为信息不对称。

古典经济学和新古典经济学均假定市场是充分、完全竞争的，市场中的每个交易者都能获取全面的信息。然而，现实情况似乎并非如此。20 世纪 70 年代，Akerlof（1970）发现信息不对称是普遍持续的。其经典文章《“柠檬”市场：质量的不确定性与市场机制》认为，与完全竞争假设不同，现实市场中的产品价格是既定的，但买方并不知晓产品的质量，交易双方的信息是不对称的，此时市场效率会受影响，甚至失灵。信息优势方可能会利用信息不对称，为了自身利益而损害另外一方的利益。从整个交易或社会而言，信息不对称可能会导致交易成本增加、资源配置效率低下。

在债务市场中，信息不对称情况普遍存在。外部债权人获取公司内部信息成本较高，从而影响债权人对公司债务风险的判断，产生逆向选择和道德风险问题。相对于公司股东和管理者，外部债权人对于公司的真实经营情况、未来发展、盈利能力以及偿债能力等信息的了解是非常有限的，属于信息的劣势方。在债务契约签订前，公司可能会为了向债权人申请较低成本的债务融资而包装自身的经营情况和偿债能力，甚至隐瞒对自己不利的关键信息。债权人基于双方的信息不对称，一方面会通过各种方式获取内部信息以作出正确的债务投资决策，另一方面也会通过增加公司的债务资本成本获取风险补偿。当信息不对称程度较高时，即使借款公司具有较高的质量，债权人也可能向公司索取较高的借款利息，甚至直接拒绝信息透明度较低的公司的融资申请，从而出现“劣币驱逐良币”的现象，这就是债务合作前的逆向选择问题。然而，在公司获取债务融资后，公司股东和管理者为了最大化自身利益很可能会做出不利于债权人的机会主义行为，如擅自改变资金的用途、投资于高风险项目等，从而增加了违约风险。然而，债权人无法时刻监督贷出资金的使用状况，导致债权人为了防范债务契约签订后的道德风险而在契约签订之时就根据相关因素对公司的道德风险进行预估，并提高具有较高道德风险公司的债务融资利息，使其承担更高的债务资本成本。近年来，围绕如何缓解债务市场的逆向选择和道德风险问题，涌现出一系列关于公司信息披露质量、信息环境以及公司内外部治理等的相关文献，试图通过缓解债务双方之间的信息不对称和代理冲突从而降低公司债务资本成本。

2.3　信息环境理论

国内外学者在20世纪末就为信息环境的研究打下了理论基础。岳剑波在其《信息环境论》一书中指出，所谓信息环境，是一个含义十分宽泛的概念，它是指与人类信息活动有关的一切自然、社会和心理因素的总和。人总是生活在特定环境之中的，外界环境及其变化的客观信息通过各种各样的信息媒介作用于人体，在人的头脑中形成了一个虚拟的“环境映像”，并产生相应的反应，即又通过媒介发出作为主观认识的信息，以适应环境的变化，控制环境的发展。因此，信息环境是人类认识自然、改造社会的产物。以信息媒介为结构框架形成的信息世界是信息环境的客观基础，人、信息、信息技术与信息政策之间的相互联系方式与相互作用水平则反映了信息环境的运动方式与发展水平。进一步地，岳剑波（1992）指出，信息资源的分布和流通都是不均衡的，信息价值的实现也是有条件的，信息作为一种战略资源，如果不善于开发利用，也不会产生应有的效益。因此，如何建立和完善一个能够促进信息资源的充分开发与有效利用的环境——信息环境，就成为一项十分重要的研究课题。

国外学者 Gjesdal（1981）指出，企业的信息环境会受到管理和估值问题的影响。假设公司的价值取决于两个因素：管理者的努力和运气（即影响公司价值但超出管理者控制范围的事情）。在这种情况下，解决管理问题和评估公司的价值需要不同的信息。后者要求公司的会计系统提供有关公司价值的信息，即管理者努力和运气的综合效应。相比之下，前者要求投资者要么直接观察经理的行为（通常无法做到），要么要求公司的会计系统提供相关信息，从而使投资者对管理者的行为做出判断。Beyer 等（2010）基于先前的研究总结发现，企业的信息环境由以下三个方面决定：（1）企业的自愿披露政策；（2）监管方的强制披露政策；（3）分析师的报告。即由企业自愿披露政策形成的企业内部信息环境以及由监管方和分析师形成的企业外部信息环境。然而，在企业的外部信息环境中，监管方的强制披露政策不会对企业微观的信息环境产生影响，而由于企业所处地理位置环境及自身特征等，会导致企业外部信息环境出现差异，如分析师跟踪，从而对企业产生影响。需要注意的是，分析师跟踪只是信息中介中的一种，还有媒体报道、评级公司等其他信息中介以及机构投资者等市场参与主体，它们在塑造企业信息环境方面共同发挥着重要作用。

实证方面，学术界对信息环境的度量分为内部信息环境和外部信息环境。内部信息环境关注由公司自身特征形成的信息环境，如公司自身的信息不对称程度、信息不确定、盈余质量、财务报告的价值相关性等（Deng 等，2013；Frankel 和 Li，2004）。外部信息环境大多使用信息中介的参与程度，如 Lang 等（2004）指出，分析师跟踪人数被认为是企业信息环境的指示器，代表市场对企业的关注程度。张纯和吕伟（2009）在此基础上，将分析师跟踪作为公司外部信息环境的代理变量。Beyer 等（2010）研究指出，除了自愿和强制性披露外，第三方（如信息中介机构）在塑造信息环境方面也发挥着关键作用，并围绕分析师做出的关键决策来讨论信息环境：（1）是否关注一家公司以及关注多少公司；获取/产生多少信息；（2）是否以及何时发布或修改报告；（3）发布什么类型的报告；发布的报告是否以及在什么程度上偏离分析师个人信号或信念。还有学者为了捕捉信息环境的外生变化，将证券公司的关闭或合并（会导致分析师数量骤减）作为信息环境改变的自然实验，在一定程度上避免了信息环境与公司金融研究的内生性问题（Kelly 和 Ljungqvist，2012）。此外，也有学者从国家宏观层面展开信息环境与公司金融的研究。如 Hail 和 Leuz（2006）指出，由各国不同的法律机制和证券监管所导致的国家层面信息环境的变化，可以在很大程度上解释全球股权资本的成本。一些学者直接使用是否采用国际财务报告准则（IFRS）或财务披露要求指数来代表国家层面的信息环境，并发现强制采用 IFRS 和财务披露要求严格的国家信息环境的透明度较高（Deng 等，2013；Horton 等，2013；Daske 等，2008；Li，2010；Jin 和 Myers，2006）。

本书主要关注公司的外部信息环境，分别从信息中介、机构投资者等微观层面和高铁开通通过提高企业地理位置的可达性引起的信息环境的外生变化两方面，研究信息环境与债务资本成本的关系。透明的信息环境对于债券持有人、银行等外部人士监控内部人士至关重要，以便他们能够在情况恶化时迅速采取行动，并减少被公司内部人士利益侵占的风险，由于其缓解了公司与外部债权人之间的信息不对称和代理成本，因而能够降低债务资本成本。反之，相对闭塞的信息环境会加剧债权人和公司之间的代理冲突，也为公司的道德风险和机会主义行为提供了掩护，不利于债券市场的健康、有效运行。

2.4 融资优序理论

管理者和外部资金提供者之间的信息不对称可能会影响企业资本投资的融资政策。从理论上讲，Myers 和 Majluf（1984）考虑了企业与外部投资者之间存在信息不对称的情况。他们认为权益是一种比债务对信息更敏感的证券，因此更容易出现误定价（Mispricing），尤其是在信息不对称的情况下。因此，信息不对称导致了融资优序，即信息有问题的公司在股权融资之前先进行债务融资（Myers，1984）。Myers 和 Majluf（1984）提出了资本结构的融资优序理论（Pecking order theory），预测管理者和投资者之间的信息不对称会导致融资来源的偏好排序，内部生成的资金是优先来源，其次是债务和股权。融资优序理论是指给融资方式进行一个排序，公司会基于利益最大化或者成本最小化考虑选择最优的融资方式。公司进行融资时，可以选择内部融资和外部融资。从外部投资者的角度来看，在非完美的资本市场中，外部人面临信息不对称问题，外部投资者需要采取各种手段克服信息不对称带来的风险，需要更高的投资回报，即外部资金的资本成本较高，而企业内部信息不对称的程度较小，内部资本成本较低。因此，企业的内部和外部融资成本之间出现了差异，即产生了外部融资约束。他们认为，公司一般会按照一定的顺序进行融资。通常，外部融资成本会比内部融资成本高，因为外部融资如债务融资过程中，债权人投入资金到公司，公司就需要向债权人支付利息，这就形成相对于内部融资的额外成本，所以公司会优先使用内部留存收益，即内部融资。另外，外部融资主要包括债务融资和股权融资，但二者之间也有差别。股权融资通常要求更高的融资条件和成本，在债务融资和股权融资二者之间，公司又会优先选择债务融资，股权融资则成为公司最后的选择。因此，在成熟的资本市场中，公司一般会通过发行债券筹措资金，因此公司债占据了债务融资的主要部分，其规模也远大于股权融资。

如前所述，Myers 和 Majluf（1984）等理论模型将信息环境视为给定的（即外源决定的），并探索信息不对称是否会影响企业的融资决策。他们认为，企业融资决策取决于企业信息环境，企业在信息不对称情况下倾向使用对信息不太敏感的证券，如债务，而不是股权。融资优序理论中的一个重要假设是，公司的优先顺序是最小化融资中的逆向选择成本。具体而言，内部生成的资金没有信息不对称成本，但证券，尤其是高风险的证券，可能会由于新发行价格折价和管理层对投资决策的进一步扭曲而增加额外成本。这一理论没有为企业是否应该改变其信息环境提供指导，企业这一方面的决定涉及考虑采取扩大自愿披露等政策的成本和收益（Verrecchia，1983）。由于 Myers 和 Majluf（1984）、Myers（1984）的分析中没有考虑信息环境的变化，仅仅将企业信息环境（或企业信息环境的变化）与企业融资选择联系起来在经验上是有问题的，因为企业的透明度（或不透明性）在现实世界中主要是内生决定的。Garmaise 和 Natividad（2010）也强调了企业信息不对称的内生性问题，并总结道："可信的外生信息代理变量很难找到，而且导致信息环境发生重大变化的自然实验也相对较少。因此，与大量的、相对完善的理论工作相比，信息不对称和金融契约相关领域的实证研究仍处于发展的初步阶段"。融资优序理论的研究大多集中在优序是否存在以及公司融资行为的恰当性方面，但在理论和实证研究中都是一个悬而未决的问题，没有一致的结论。Shyam - Sunder 和 Myers（1999）认为优序理论可以更准确地描述观察到的融资行为。D'Mello 和 Ferris（2000）、Bharath 等（2009）也在经验上支持 Myers 和 Majluf（1984）的观点。Hennessy 等（2007）、Halov 和 Heider（2011）指出，信息不对称会影响企业的融资政策，也会影响企业对债务基金而非股票基金的偏好。Lemmon 和 Zender（2010）指出，考虑金融危机成本的融资优序理论可以为融资行为提供适当的描述。Gatchev 等（2009）指出，信息不对称程度越高的企业越倾向于选择债务融资，而代理问题越大、无形资产投资越高、增长机会越大的企业更倾向于选择股权融资。在潜在的代理冲突增加的情况下，Leary 和 Roberts（2010）指出，对股权融资行为的支持将增加。然而，Helwege 和 Liang（1996）、Leary 和 Roberts（2010）得出相反的结论。Frank 和 Goyal（2003）认为，融资优序理论仅适用于大公司，而不适用于小公司；对大公司而言，融资优序理论更能描述公司融资行为。此外，Bharath 等（2009）研究发现，融资优序理论只能部分解释公司的资本结构决策，公司层面的信息不对称因素也会对其资本结构产生重要影响。Liao 和 Lin（2015）实证结果表明，在考虑整体信息环境后，证据都支持融资优序理论。然而，如果公司陷入财务困境，优序行为就不成立。好/坏信息环境子样本的结果与全样本一致。在考虑融资政策的持续性时，结果不支持融资优序理论。综上所述，现有的大多数研究是从不同的角度探讨这个问题，并得出了不一致的结论。

中国的上市公司在上市之前有着极其强烈的谋求公开发行股票的上市冲动，上市之后在再融资方式的选择上，往往不顾一切地选择配股或增发等股权融资方式（黄少安和张岗，2001；黄少安和钟卫东，2012）。究其原因，主要源于中国上市公司股权结构不合理、股权融资的低成本和低风险以及市场运作机制的不规范。虽然中国上市公司偏好于股权融资，但由于中国的股权融资门槛较高、限制较多，股权融资从体量上来说无法满足上市公司的融资需求，因此，债务融资依然是中国上市公司融资来源的重要组成部分，而债务资本成本也占据了公司融资成本的很大比例。

2.5　信号传递理论

信号传递理论认为，公司的某些行动或者决策往往在向市场传递着积极或者消极的信号。良好的信息可以帮助公司向投资者或者债权人传递信号，帮助利益相关者对公司质量进行甄别和判断。比如，公司的资本结构是信号传递的主要方式之一，处在资本市场上的公司其资本结构在一定程度上反映了公司的发展前景，资本结构的变化直接影响投资者对公司的评价。具体而言，公司进行债务融资，将造成资产负债率提高，这可能向外界传递一个积极的信号：公司正处于良好的发展态势，对未来的收益抱有较高的期望，从而给投资者带来信心。同时，由于债务资本成本的抵税效应，资产负债率的提高能为公司带来更高的价值，从而也能对投资者释放出积极的信号。

在投资固定下，融资结构作为私人内部信息的信号由Ross（1977）首创。Ross使用一个信号模型解释了负债的使用。Ross认为，在投资固定下，债务—权益比例可以充当内部人有关企业收益分布情况下的一个信号。在Ross模型中，管理者知道企业收益的真实分布，但投资者不知道。企业收益分布遵从一阶随机优势。如果企业证券受市场过高估价，经理人受益，如果企业破产，经理将受到惩罚。投资者把债务水平作为高质量的一个信号。由于对任一债务水平低质量企业具有高的边际预期破产成本。低质量企业的经理无法通过发行更多的债务来模仿高质量企业。

另外一个资本结构信号模型是 Leland 和 Pyle（1977）模型。在 Leland 和 Pyle 模型中，内部人持股比例提供了企业质量的信号。这个研究利用管理层的风险厌恶来获得决定融资结构的信号均衡。基本思想是企业杠杆的增加使管理者保留更大比例的权益。在一定条件下，高质量企业的经理通过保留高比例权益来传递公司质量类型，因此高质量企业的经理比低质量企业的经理用更高的债务水平融资。采用债务融资使管理者保留更大的权益，但更大的权益份额由于风险厌恶而减少了管理者福利，即更大权益利益对风险厌恶经理来说是有成本的。但对高质量企业的经理这种福利下降相对较少。这一事实驱使了信号激励相容，即在均衡中高质量企业的经理能通过使用更多债务来传递公司信号这一事实。

Flannery（1986）提出了债务期限结构的信号传递模型，如果债券市场投资者不能识别出好公司和差公司，那么，好公司会认为其长期债务相对地被低估，因此会发行短期债务。相反，在同样的情形下，差公司会出售被高估的长期债务。理性的投资者在对公司风险性债券定价时自然能够考虑这些激励。借款者激励和投资者推断相互作用决定了在债券市场上盛行的均衡类型。可供选择的均衡有两种："混合"和"分离"。如果发行债券是无成本的，那么只有混合均衡是可能的，因为好公司可获得的信号是没有成本的。市场低估了好公司，高估了差公司。然而当发行债券有成本时，差公司有时能被引诱自我选择长期债务市场。如果好公司和差公司在市场上的分布是适当的，那么好公司能够策划短期借款策略，从而产生一个分离均衡。然而在其他情况下，不能得到一个财务信号均衡。

Kale 和 Noe（1990）在序贯博弈框架下分析了非对称性信息下的风险债务期限选择问题。其重点集中在没有与风险债务期限结构选择相关的交易成本时的可实行均衡的设定。结果显示，当公司价值不随时间变化时，短期和长期债务混合都是纳什序贯均衡的结果。如果放松公司价值独立变化的假设，结果显示存在一个分离均衡，在这个均衡中质量好的公司发行短期债务，而质量差的公司发行长期债务。他们首先公式化债务期限选择的序贯博弈过程，其次分析了公司价值不相关时的债务期限结构，最后分析了具有相关价值变化的债务期限结构。Kale 和 Noe（1990）通过应用序贯均衡理论来分析两种情况下的风险债务期限选择：公司价值独立于时间变化和两者正相关。第一种情况通过明确分析支持 Flannery（1986）的短期债务混合均衡结果所需的非均衡信念以及表明这个均衡是序贯的，拓展了 Flannery 的分析。结果显示长期债务混合也是纳什序贯均衡（NSE）的结果。在第二种情况下，放松了 Flannery 的关于价值变化独立于时间的假设。结果显示存在一个分离的均衡，在这个均衡中质量好的公司发行短期债务，而质量差的公司发行长期债务。

鉴于监管部门对公司重大诉讼的强制披露要求，公司发生重大诉讼会向外界传递关于公司的负面信号，使得公司在债务市场中的谈判地位和能力发生变化，从而影响公司的债务资本成本，这是本书对信号传递理论的一个实际运用。

2.6 公司治理理论

2.6.1 概念界定

公司治理问题的探讨源于 Berle 和 Means（1932）的讨论。Berle 和 Means（1932）指出，现代公司的组织形式不仅让职业经理能够发挥专业特长，而且也能让股东运用资本市场的保险机制分散风险。决策功能的分离和对职业经理的依赖迫使股东必然要给予经理更大的管理自由度（Management Discretion）。管理决策的自由度一方面可以发挥专业化分工的比较优势，另一方面也导致了分散化股东与职业经理之间的利益冲突。

迄今为止，关于公司治理的概念没有一个统一的解释。根据Fama和Jensen（1983）的论述，公司治理研究的是所有权和经营权分离情况下的代理问题，如何降低代理成本是公司治理要解决的核心问题。Cochran和Wartick（1988）在《公司治理——文献回顾》一文中指出，公司治理问题包括在高层管理者、股东、董事会和公司其他利益相关者的相互作用中产生的特定问题。有关公司治理的核心问题是：（1）谁从公司决策/高层管理者的行动中受益？（2）谁应该从公司决策/高层管理者的行动中受益？当两者存在矛盾时，公司治理问题就会出现。Hart（1995）认为只要两种情况存在，公司治理的问题就会在一个组织中出现。第一种情况是代理问题，或利益冲突，冲突涉及该组织的所有成员，这些成员可能是所有者、经理、工人或消费者。第二种情况是交易费用很大使得代理问题不能通过契约来解决。Blair（1995）从狭义和广义的视角探讨了公司治理的含义。她认为，狭义地说，公司治理是指有关公司董事会的功能、结构、股东的权利等方面的制度安排；广义地说，公司治理是指有关公司控制权或剩余索取权分配的一整套法律、文化和制度性安排，这些安排决定公司的目标，谁在什么状态下实施控制，如何控制，风险和收益如何在企业不同成员之间分配这样一系列问题。Zingales（1998）表述了这样的观点，即所有权分配、资本结构、管理者激励计划、接管、董事会、来自机构投资者的压力、产品竞争市场、劳动力市场竞争、组织结构等被认为是影响准租金分配过程的机制。为此，他把公司治理定义为形成对公司产生的准租金的事前和事后讨价还价约束的复杂集合。Shleifer和Vishny（1997）认为，公司治理处理的是公司资本供给者确保自身可以得到投资回报的途径问题。比如，资本提供者如何使管理者将利润的一部分作为回报返还给自己？如何确定管理者没有侵吞他们所提供的资本或将其投资在不好的项目上？怎么来控制管理者？他们指出，公司治理是为了维护投资者利益而形成的一种权力制衡机制。由于信息不对称和代理冲突的存在，外部投资者考虑到内部经理的潜在机会主义行为会在投资前就对公司的道德风险予以评估。在这种情况下，公司应该设置什么样的机制才能保证外部投资者的投资收益，从而顺利获得外部投资者的融资？研究指出，大股东的监督和控制、完善的投资者法律保护体系可以加强公司治理。La Porta 等（2000）给出了与 Shleifer 和 Vishny（1997）相类似的观点。他们认为，公司治理是外部投资者自己的投资不被经理或大股东等内部人占用的一系列机制。John 和 Senbet（1998）提出更为全面的定义，认为公司治理是一种机制，通过这种机制公司的利益相关者可以对公司的内部人员和管理层进行控制以保护他们的利益。他们涵盖的利益相关者不仅仅是股东，还包括债权人，甚至非金融的利益相关者，如员工、供应商、顾客和其他利益相关群体。这么多的定义多少明确地或隐含地存在一些共同点。它们都指出内部人员和外部人员之间的利益冲突，特别强调所有权和控制权分离所产生的利益冲突。有许多关于比较公司治理结构的争论，尤其是美国、德国和日本模式之间的争论（Shleifer 和 Vishny，1997)，以及股票市场和其他权力机构所采取的行动，这些权力机构会提供建议并要求对公司治理问题进行披露。Bhojraj 和 Sengupta（2003）指出，公司治理可以通过降低代理成本、约束管理者行为以及加强公司与外部债权人之间的信息沟通，从而降低债务违约风险。公司治理实际上是基于公司所有权和经营权的分离研究如何对公司管理者进行授权并如何确保管理者决策和行为符合股东利益的一门学科。国内学者对公司治理有以下几种不同的看法。如吴敬琏（1994）在《论现代企业制度》一文中指出，公司治理是关于股东、董事会和经理人员三方权力、责任和利益的制度安排和制衡机制，以保证公司的有效运行。林毅夫和李周（1997）对公司治理的定义是，公司所有者设计的激励和决策机制等制度安排，以对公司的经营管理过程和结果进行监督和控制。李维安（2000）指出国内研究大多把公司治理结构等同于公司治理，过度重视股东大会、董事会、监事会及管理层之间权力的相互制衡。然而，一个公司的良好运转不仅需要公司内部治理结构的监督与制衡，还需要一系列外部治理机制的运作，如投资者法律保护、产品市场、经理市场以及社会舆论等。

许多公司治理文献都集中在管理层和股东激励的一致性上（Shleifer 和 Vishny，1997；Becht 等，2003）。通常认为，如果任由管理者/董事自行决定，他们会以牺牲公司证券持有人的利益为代价，从事对自己有利的活动。当债务人投资时，他们面临两大风险：大股东的侵占风险[①]和公司管理者的机会主义行为。第一种风险是当公司的所有权结构由一个或一些控股股东控制时，这些控股股东持有的控制权超出了其所有权。关于第二种风险，金融理论认为，管理行为会加剧公司的违约风险。Berle 和 Means（1932）定义的“管理”公司的特点是所有权和控制权分离。Jensen 和 Meckling（1976）后来对这种类型的公司进行了分析。在这种公司里，经理不是股东的完美代理人，因为他们可能会采取非价值最大化的行为。例如，他们只有留在公司，投资于他们有经验的项目，才能进行具有更高价值的特定投资，从而巩固自己的地位，无论它们对股东价值的影响是什么，都要尽可能使公司的合同隐性（Shleifer

① 大量实证研究将公司治理（尤其是所有权结构）与管理者—股东代理问题联系起来（Jensen，1986；Morck 等，1989）。然而，很少有人关注股东与债权人之间的代理冲突。最近的研究开始关注股东和债权人之间的代理冲突（肖作平和廖理，2008；肖作平，2009），尤其是终极控制股东和债权人之间的代理冲突（肖作平和廖理，2007；肖作平和廖理，2012；Boubakri 和 Ghouma，2010）。虽然债务投资者也可能面临管理者机会主义行为的风险，但在中国特有制度背景下，我们更关注控制股东与债权人之间的信息不对称和代理冲突问题。文献表明，中国上市公司的所有权结构高度集中，投资者法律保护不健全，大股东更有可能进行掠夺（肖作平，2012；2016）。此外，管理者的机会主义行为在很大程度上是通过控股股东任命管理者的事实来解决，从而调整双方的利益（肖作平，2010；2011）。事实上，这种情况增加了控股股东进行掠夺的可能性。假设债务投资者预期到这种行为，他们将要求更高的溢价，从而导致更高的债务资本成本。

和 Vishny，1989）。

目前，公司治理的发展趋势是逐步注重对相关利益者的考虑，在对管理者进行有效监督的同时强调管理者的创新自由、内部治理机制与外部治理机制的逐步融合。另外一个发展趋势是逐步重视机构投资者的利益。公司治理既是指关于公司管理者的监督和激励问题，也常常指解决上述问题的组织结构、体制或制度。

按照广义公司治理的定义，本书提及的公司治理包括公司内部治理和外部治理。公司内部治理是指公司的组织结构和制度安排形成的一套权力制衡机制，包括董事会结构、股权结构、内部控制、激励制度等；公司外部治理是指来自公司外部的一种约束和监督，包括法律制度、产品竞争市场、媒体监督、分析师跟踪等。公司的内外部治理机制均以约束公司管理者和股东行为，使其与外部投资者（如债权人）利益一致为目标。

2.6.2　委托代理理论和代理成本

代理是指代理人在代理权限内，以委托人的名义与第三人进行法律行为。Jensen 和 Meckling（1976）把代理关系定义为一种契约，在这种契约下，一个人或更多的人（即委托人）聘用另一人（即代理人）代表他们来履行某些服务，包括把若干决策权托付给代理人。如果这种关系的双方当事人都是效用最大化者，就有充分的理由相信，代理人不会总以委托人的最大利益为目标行动。委托人通过对代理人进行适当的激励，以及通过承担用来约束代理人越轨活动的监督费用，可以使委托人的利益不遭受大的损失。另外，在某些情况下，为确保代理人不采取某种危及委托人的行动，或者若代理人采取这样的行动，保证委托人能得到补偿，可以由代理人支付一笔费用（保证金）。委托代理理论是公司治理理论的核心。以 Jensen 和 Meckling（1976）为代表的学者们指出，公司两权分离即公司所有权和经营权分离会导致股东（委托人）和管理者

（代理人）之间产生利益冲突，管理者有可能为了获取私利而损害股东利益。

委托代理理论阐述了基于所有权和控制权相分离的客观事实，主要围绕解决基于委托代理关系而产生的两个问题：一是由于代理人与委托人目标不一致从而导致双方存在利益冲突，如当代理人作出经营决策时，可能作出偏离股东利益目标的自利行为，而这种情况下，委托人难以确保代理人行为是否符合预期；二是由于代理人和委托人的不同风险偏好，导致代理人可能选择超出委托人风险收益预期的项目。

此外，委托人为了防止以上问题的发生，需要对代理人的行为、决策进行监督，从而产生监督成本。监督成本等代理成本的出现会使得交易效率、资源配置受到影响，从而无法达到理想中的最优状态。学者们研究认为，缓解委托代理关系中的信息不对称可以减少代理成本，优化交易效率及资源配置。在股东和管理层的代理关系中，企业所有者与经营者之间存在信息不对称，管理层作为代理人相对于外部股东更具信息优势，可能存在管理层为追求自身利益损害股东利益的情况。而在债权债务的代理关系中，公司相对于外部债权人拥有信息优势，公司管理者可能使用这一信息优势侵蚀债权人利益。为了防范和弥补这类道德风险，减少代理人对债权人的利益伤害，债权人会要求更高的资本成本、提供担保或增加限制性条款等，这就是债务融资过程中产生的代理成本。具体而言，公司可能出现以下损害债权人利益的行为。一般来说，公司应投资于净现值大于零的项目，且净现值越大，投资效益越好。然而，在公司有负债的情况下，衡量投资项目是否可行则要以减去债务资本成本后的净现值大小为判断依据。如果投资项目的净现值本身是大于零的，但是扣除债务资本成本后却接近于零，这时投资项目对债权人而言是有利的，因为项目的净收益是足以支付债务利息的，但是对于股东而言却是为债权人做“嫁衣裳”，股东无法从投资项目回报中获益，这时股东就会倾向于放弃投资该项目，只实施净现值大于债务成本的投资项目，从而产生投资不足的问题①。

与此相反的问题是资产替代行为。一般而言，股东倾向于投资净现值远高于债务资本成本的项目，这样当项目投资成功时，股东就会获得高收益。然而，高投资回报率的项目都伴随着高风险。当投资失败时，由于公司的有限责任制度，股东只需承担其出资额以内的成本，而债权人承担了其他全部损失。在这种情况下，公司管理者很可能不顾风险而一心追求投资项目的高回报，从而产生资产替代行为②。

① Myers（1977）指出，公司的未来投资机会就像期权一样，这些期权的价值取决于公司将最优执行它们的可能性。在公司资本结构中具有风险性固定索取权时，来自承担盈利性投资项目的收益将在股东和债权人之间进行分割。Myers（1977）证明，债务能引起企业投资不足，因为投资给债权人带来了利益，而全部成本却由股东承担。在某些情况下，债权人捕捉大量的收益以致使这个盈利项目不能为股东提供正常的回报。Myers（1977）发现在公司近期可能破产时，即使有新的可以导致价值增加的项目，股东也不会有投资的激励。因为在濒临破产的情况下，现有的破产程序可能使该项目的成本和风险全部由股东承担，但收益却大部分或全部被债权人优先占有。在这些情况下，股东具有拒绝净现值为正的项目，Myers称之为投资不足问题。

② Jensen和Meckling（1976）认为，如果所有者—管理者有权决定采取哪一种投资方案，并且在做出决定后有机会以债券或股权的形式售出部分或全部对产出的权利，则采取何种投资形式对他来说是无差别的。但是，如果他有机会先发行债券后决定采取哪种投资，然后再在市场上售出其全部或部分保留的股权，那么他对在两种投资之间采取哪种投资就不会无差异了。因为他可以通过先许诺方差较低的项目以售出债券，而后却选择方差较高的项目，将财富从债券持有者处转移到股权持有者手中。简单地说，股东有权在时间 T 以价格 X^*（表示以不带息票的债券形式发售给债券持有人的“固定”要求权的数量）从债券持有人手中购回公司债券。由于股票价值（即看涨期权）随产出分配方差的增大而提高，即如果 $\sigma_1^2 < \sigma_2^2$，那么股票价值 $S_1 < S_2$。这意味着由于债券价值 $B_1 = V - S_1$ 和 $B_2 = V - S_2$，所以 $B_1 > B_2$。于是，所有者—管理者能在让潜在的债券持有者相信这是对分配1（其对应的方差为 σ_1^2）的一种要求权的情况下以面值 X^* 售出债券，则他就会得到价格 B_1。售出债券后，他的股权利息在分配1中就具有价值 S_1。但由于 $S_1 < S_2$，于是股权持有者通过转而投资方差较高的分配2（其对应的方差为 σ_2^2）而使自己得到好处，从而将财富从债券持有者手中再分配给自己。这一现象即为所谓的资产替代效应。

代理成本是企业契约理论的基石。Jensen 和 Meckling（1976）将代理成本的总和定义为：（1）委托人的监督支出；（2）代理人的保证支出；（3）剩余损失（Residual Loss）。即代理成本包括在利益冲突的各代理人之间建立、监督和组合一系列契约关系的成本以及契约实施的成本超过收益而造成的产值损失（Fama 和 Jensen，1983）。代理成本的存在与否和数量大小取决于监督成本的性质、管理者对非金钱收益的偏好以及在用尽个人的财富之后能筹集到全部资金的潜在管理者的供给。Jensen 和 Meckling（1976）得出结论，由于代理成本的存在，代理关系是非最优的、有耗费的或无效率的。

总之，在公司与债权人的委托代理关系中，债权人面临债务违约和违约后损失无法弥补的双重风险。为了降低债务风险以维护自身利益，债权人会加强对债务人的前期考察和后期监督，甚至提高债务资本成本以获得风险补偿，这就是债务的代理成本。

2.6.3 利益相关者理论

利益相关者理论是公司治理理论的延伸，该理论发端于 20 世纪 30 年代左右，公司不仅追求股东利益至上，还追求公司的其他各方面目标，如公司经济目标、个人目标、社会目标和公共目标之间的均衡。同时，该理论认为管理者是公司的受托人，而不仅仅是股东的受托人；人力资本的投入者应当拥有公司治理的参与权；公司的所有决策要充分考虑所有利益相关者的利益均衡；劳动市场的刚性是实施利益相关者主义的重要约束条件。所有的利益相关者都要把握公司的控制权与收益权，公司利益最大化的实现离不开各个相关者的努力。公司利益相关者除了股东、债权人等主要利益相关者之外，还包括公司的员工、客户和供应商、消费者、媒体、分析师，等等。

在公司的发展过程中，所有利益相关者的利益密切相关。作为本书研究对象的上市公司，其利益相关者之间相互依赖，公司的所有者是股东也是委托代理关系中的委托人，他们不直接管理和经营公司，而是由代理人负责公司的日常管理和经营。当公司出现经营不善时，公司可能面临破产，此时所有的股东和债权人、公司员工等都会受到牵连，这些利益相关者的利益都会受到损害。根据利益相关者理论，公司应该让所有的利益相关者参与公司治理，他们的参与能让公司的运作更加顺畅，也能使公司的发展更具可持续性，最终实现公司价值。从市场需求来看，公司和利益相关者之间是可以相互信赖的，公司和利益相关者能够实现一个共赢的局面，有利于提高市场占有率和竞争力。因此，根据利益相关者理论，各利益相关者是实现公司价值最大化的真正的关键因素。

在本书关于公司债务资本成本的研究中，分析师、媒体、机构投资者等利益相关者在公司外部治理方面的机制和作用，有利于规范公司行为、提升公司价值。在激烈的市场竞争中，只有利益相关者增强自己与公司利益相关的认识，充分发挥自身的专业能力和监督作用，提高公司治理水平，进而提高各个主体的共同利益，才能使公司获得长远发展。本书以利益相关者理论为基础，使用分析师跟踪、媒体关注以及机构投资者参与等指标构建公司外部信息环境，研究公司外部信息环境与债务资本成本之间的关系，是利益相关者理论在公司债务融资研究方面的进一步运用。

第3章 文献研究综述

3.1 公司债务资本成本相关文献回顾

资本成本备受金融经济学家的关注，最早可追溯到 Modigliani 和 Miller（1958）的开拓性研究。Modigliani 和 Miller（1958）认为源于商业模式和运营环境的经营风险是资本成本的重要影响因素。文献关于公司债务资本成本的研究主要集中在两个方面：一是公司债务资本成本的度量；二是公司债务资本成本的影响因素。

相对于权益资金，债务或债券风险溢价的成本定义更明确，也更容易衡量①（Dhaliwal 等，2011）。公司债务资本成本的度量相对较容易，没有文献专门对它进行系统研究，一般是在公司债务资本成本影响因素的实证研究中谈及公司债务资本成本的衡量。国际上，公司债务资本成本的度量通常有五种方法。第一种是利率，包括贷款利率和债券利率，贷款利率是借款人需向其所借金钱支付的代价，也是放款人延迟其消费，借给借款人所获得的回报。债券利率是公司在金融市场上以发行债券方式筹措资金，对债券购买者所支付的回报。如 Francis 等（2012）、Costello 和 Wittenberg - Moerman（2011）、Lin 等（2014）、Tanaka（2016）等采用贷款利率或债券利率度量公司债务资本成本。第二种是债务到期收益率，即本

① 权益资本成本的度量模型研究主要沿着市场的预期收益率和公司的预期收益折现率两个路径展开，分为事后估计法和事前估计法。

金和利息支付的现值与贷款人支付的金额相等的实际利率。如 Sengupta（1998）采用公司在 t+1 年首次债券发行的到期收益率度量公司债务资本成本。第三种是利率差或收益率差，即债券的利率或到期收益率减去国债利率或国债到期收益率。如 Bradley 和 Chen（2011）采用公司所有优先无担保债券的加权平均价差度量债务资本成本。权重为债券发行规模占发行公司样本中给定年份所有未偿债券总发行规模的百分比。单个债券的利差定义为债券的到期收益率与最接近到期日的国债到期收益率之差。Boubakri 等（2015）采用公司债券到期收益率与基于同等到期日的国债到期收益率之间的差额度量公司债务资本成本。Ghouma（2017）采用公司未偿交易债务的加权平均到期收益率（用发行量作权重）减去类似到期日的国债到期收益率度量债务资本成本。第四种是利息费用占有息负债的比重，这实际表示本金和利息支付的现值等于公司收到的金额（扣除承销商折扣）的实际利率。如 Sengupta（1998）采用总利息费用占公司在 t+1 年首次发行债务的比重度量公司债务资本成本。第五种是债券的信用评级，相关文献将这些信用字母等级转换为排序数字类别，如 Boubakri 和 Ghouma（2010）、Ghouma（2017）把信用等级为 AAA，排序数字为 7；信用等级为 AA－至 AA+，排序数字为 6；信用等级为 A－至 A+，排序数字为 5；信用等级为 BBB－至 BBB+，排序数字为 4；信用等级为 BB－至 BB+，排序数字为 3；信用等级为 B－至 B+，排序数字为 2；信用等级为 D 至 CCC+，排序数字为 1。Boubakri 等（2015）采用相类似的方法，把 AAA 到 C 字母评级分别转换为 21 到 1 之间的数字评级。信用评级是公司债务资本成本的反向代理变量，即信用评级越高，公司债务资本资本越低。如 Boubakri 和 Ghouma（2010）、Boubakri 等（2015）、Ghouma（2017）采用信用评级度量公司债务资本成本，并将信用等级转换成排序数字。

Merton（1974）指出，债务违约风险和违约后的债务回收率是决定公司债务资本成本的主要因素。若债权人预期公司的债务违约风险上升或评估与债务相对应的抵押、担保价值较低以致公司违约后的债务回收率较低，则会向公司要求更高的风险溢价补偿，从而造成公司承担更多的债务利息，导致公司债务资本成本上升。由于公司特征和债务特征因素对公司债务违约风险和债务回收率造成影响，因此先前的文献从公司特征（如公司规模、杠杆、公司成长性等）（Malitz，1986；Titman 和 Wessels，1988；Diamond，1991；Nash 等，2003；Benmelach 等，2005；Rajan 和 Zingales，1995；Booth 等，2001；赵晓琴和万迪昉，2011）、债务特征（如债务金额、债务期限等）（Xu 等，2017；Gao 和 Lin，2018）等视角研究公司债务资本成本的影响因素。如文献揭示了公司债务资本成本与公司特征变量之间的关系，包括规模、资产有形性、公司成长性、盈利能力和杠杆水平（Rajan 和 Zingales，1995）。通常来讲，公司规模越大、资产负债率越低、获得收益能力越突出、资产有形性越大、资产流动性越强以及评级越高的公司，债务资本成本更低。一些研究强调了规模与公司债务资本成本的相关性（Rajan 和 Zingales，1995；Booth 等，2001）。事实上，公司规模越大，违约概率越低。破产成本随着公司规模的增大而减少。规模也是公司进入市场能力的代表，与较高的估值和套利难度有关。对小公司而言，股东和债权人之间的利益冲突更加严重，因为小公司的管理者更受制于大股东，且更容易从一个投资项目向另外一个投资项目转移。在大型企业中，信息不对称程度往往较低，从而有助于公司利用其他机制来降低信息成本。大公司比小公司更倾向于向贷款人提供更多的信息。因此，经验证据揭示了企业规模与企业债务资本成本之间的负相关关系。资产有形性也对公司债务资本成本产生重大影响，因为更高的有形性可以减少利益冲突、信息不对称、潜在破产成本（Titman 和 Wessels，1988；Rajan 和 Zingales，1995），从而降低公司债务资本成本。企业盈利能力与较强的债务融资能力相关，也可能与债务资本成本呈负相关关系（Titman 和 Wessels，1988）。企业成长性是与公司债务资本成本相关的另一个变量。然而，之前的研究得出的结论较少（Titman 和 Wessels，1988；Rajan 和 Zingales，1995）。一些研究发现，更高的成长性与公司及其债权人之间的利益冲突增加有关，也与从事风险更高的投资所产生的潜在破产成本有关。另一些研究发现，更高的成长性可以产生利润，使公司能够满足当前的债务资本成本并鼓励贷款人提供更好的还款条件。此外，更高的债务水平显然与更高的破产成本有关，并可能与代理冲突的加剧有关，这表明杠杆与公司债务资本成本存在正相关关系（Anderson 等，2004）。另外，债务期限是债务融资定价的重要影响因素，随着债务期限的延长，债务人的不可控因素增加，违约风险也随之上升，因此对于较长期限的债务，债权人会要求更高的债务融资利息，从而增加债务人的融资成本（肖作平和廖理，2007）。

自 Jensen 和 Meckling（1976）将信息不对称和委托代理理论引入公司金融研究以来，学术界开始关注信息环境对公司融资的影响，以及如何缓解债权人和债务人之间的信息不对称和代理冲突，从而促进公司融资和发展。人们越来越关注直接影响债务人和债权人之间信息不对称严重程度的变量，这可能对公司债务资本成本产生重大影响。具体而言，这些分析包括公司治理（如所有权结构、董事会结构、内部控制等）（Anderson 等，2004；Piot 和 Misonier Piera，2007；Elyansiani 等，2010；Boubakri 和 Ghouma，2010；Francis 等，2012）、披露和会计信息质量（Sengupta，1998；Anderson 等，2004；Yu，2005；Francis 等，2005；Armstrong 等，2011）、政治关联（Cull 和 Xu，2003；Brandt 和 Li，2003；Li 等，2008；Faccio，2010）、分析师活动（Güntay 和 Hackbarth 2010；Mansi 等，2011；Boubakri 等，2015；Ferrer 等，2019）以及制度环境等（Shleifer 和 Vishny，1997；Demirgüç－Kunt 和 Maksimovic，1998；

Levine 和 Zervos，1998；La Porta 等，1998）。

关于公司治理和债务资本成本之间的关系，Cremers 等（2007）调查了股东治理机制对债权人的影响。研究发现，当公司面临被收购风险时，更强的股东控制权与更高的债券利差相关。而 Klock 等（2005）分析了反收购条款对债券收益率利差的影响。研究表明，反收购治理条款虽然（不）有利于（股东）经理，但却会影响债务人定价。他们发现，与反收购条款较弱的公司相比，反收购条款较强的公司的债务融资成本较低，约为 34 个基点。Lin 等（2011）研究表明，在银团贷款市场中，现金流权和控制权分离度越高的公司，其贷款利差较高，且在信息不透明的公司中，这种治理相关利差的敏感性较高。Lin 等（2014）研究发现，当控制股东两权分离度越低、董事持股比例越低、公司不存在双层董事会模式时，银行贷款利率越低。Tanaka（2016）研究发现，公司管理者所有权越高，公司发行债券的利率越高。Ghouma（2017）研究指出，当公司的管理者存在机会主义倾向时，公司发行债券会被要求更高的利率补偿，且不利于公司债的信用评级，即在信息不对称情况下，债权人和评级机构会考虑到管理者的潜在机会主义行为，从而要求更高的信用利差和给出更低的信用评级。由于股东和债权人之间的信息不对称，构成公司所有权结构的投资者类型也可能在决定代理成本水平方面发挥关键作用。现有的研究表明，公司（终极）所有者的身份对债务投资者和评级机构都很重要。如 Anderson 等（2003）观察到，创始家族手中的所有权集中度与债务资本成本呈负相关关系。另外，家族企业通常在亲属中任命经理（Faccio 等，2011）。债务投资者可能会认为这种共谋增加了掠夺的风险。他们的理性反应是要求更高的收益率。同样，评级机构可能会将较低的评级授予家族企业。然而，也有文献认为，家族企业更可能采取价值最大化战略，以确保公司的生存，因为他们打算将其传给后代（Anderson 等，2003）。这种行为可能有利于债务投资者和其他利益相关者，并可能导致较低的债券收益率利差和较高的信用评级。这两种效应中哪一种将占主导地位仍然是一个开放的实证问题。如 Anderson 等（2003）研究发现，家族企业的债务融资成本比非家族企业低约 32 个基点。家族似乎更关心公司的生存，以便将其传给后代，因此，他们倾向于避免风险项目，这会减少掠夺债券持有人的可能性，从而降低观察到的债券利差。而 Boubakri 和 Ghouma（2010）研究发现，股东身份是家族的公司，具有相对高的债券利差和较低的信用评级。除了企业所有权类型所起的作用外，文献还表明，公司治理的质量具有显著降低债务资本成本的能力（Piot 和 Missonier - Piera，2007）。Bhojraj 和 Sengupta（2003）研究发现，外部董事比例较大的公司，债券收益率较低、评级较高。Ashbaugh 等（2006）研究发现，债券评级受到董事会独立性、所有权和专业知识的积极影响。此外，评级与股东权利、CEO 兼任董事会主席以及股权集中度呈负相关关系。Chava 等（2009）研究表明，G 指数代表的公司的抗收购强度与较低的债务资本成本相关。Francis 等（2012）对公司董事会的有效性进行了研究，结果发现，那些董事会独立性越强的公司，越能够以更加优惠的利率获得银行贷款。Costello 和 Wittenberg - Moerman（2011）研究指出，对于内部控制质量较低的公司，债权人会提高其贷款利率，同时会倾向于增加担保条件替代财务限制性条款。Ge 等（2012）的研究结果表明，内部治理水平更高的公司能够以更低的银行利率获得贷款进行债务融资，且这种关系在法律制度较好的国家中更加显著。英美法系国家和大陆法系国家之间所有权集中程度的差异也可能对代理成本产生重大影响，从而对债务资本成本产生重大影响（Ferrer 等，2019）。此外，还有大量的研究发现，良好的公司治理意味着较低程度的债务双方之间的信息不对称和代理冲突，以及较低的公司道德风险，进而减少代理成本和债权人对公司的监督成本，最终降低公司债务资本成本（Piot 和 Misonier Piera，2007；Elyansiani 等，

2010；Boubakri 和 Ghouma，2010；Francis 等，2012）。

关于披露、会计信息质量与公司债务资本成本之间的关系，Sengupta（1998）分析了公司信息披露质量与债务资本成本之间的关系，发现公司债务资本成本与信息披露质量呈负相关关系，尤其是对于股票回报率波动（作为市场不确定性的代理，即公司的违约风险）较大的公司。Miller 和 Puthenpurackal（2002）报告称，更详细的信息披露降低了非美国公司发行的公开扬基债券（Yankee Bonds）成本。Francis 等（2005）提供了会计质量对债务利息成本影响的证据。他们专注于未偿债务的公司层面总利息成本，并发现会计质量最低的公司的利息成本比会计质量最高的公司高 126 个基点。Ashbaugh 等（2006）报告称，债券评级受到财务透明度质量的积极影响，即财务透明度质量越高，公司债务资本成本越低。Bharath 等（2008）指出，会计信息质量较差的公司承担了更高的债务资本成本，且其非公开债务有着更短的期限和更多的担保和抵押。Brown 等（2009）实证发现在债权人保护比较薄弱的转型国家，信息共享能够使得公司在同样条件下获得的信贷资本成本更低，这种效应在那些信息透明度较低的公司中更为明显。Armstrong 等（2011）研究指出，公司披露高质量的会计信息能够缓解管理者、董事、股东以及债权人之间的信息不对称和代理冲突，提高债权人对公司的融资信心，从而有助于降低公司债务资本成本。他们研究表明，会计信息质量对公司融资成本的影响，在于其提高盈余可预测性从而减少信息不对称的潜力。经理人有动机扭曲其报告的收益，以保护其在职租金（Fudenberg 和 Tirole，1995）或为了满足市场预期而牺牲长期公司价值（Graham 等，2005）。Ge 和 Kim（2014）研究发现，公司信用评级机构和债权人能够识别公司真实盈余管理蕴含的信用风险，从而降低公司的信用评级和增加公司的债券融资成本，即公司盈余管理越多，公司信用评级越低，债券融资成本越高。Ge 和 Liu（2015）研究指出，企业社会责任相关信息显示出关于公司环境的风险水平，能在一定程度上缓解信息不对称，从而降低公司债务资本成本。与此类似的研究发现，较高质量的企业社会责任信息披露能降低公司的债券融资成本，且当公司内外部治理较差、公司存在不当行为或公司信息披露质量较差时，企业社会责任信息披露对债券融资成本的负面影响更加显著，这说明企业社会责任信息披露能在一定程度上缓解信息不对称和代理冲突，从而有利于公司以较低成本发行债券（Gong 等，2018）。会计信息质量最广泛使用的指标之一是公司对审计公司的选择。人们普遍认为，声誉良好的公司进行高质量审计可以提高公司财务报告的可信度，并使其能够获得更有利的债务融资条款（Kim 等，2013）。Mansi 等（2004）研究发现，审计师有助于提高公司会计信息的可信度，其质量和任期与债务资本成本负相关，并且这种关系在非投资级别的债务中更为显著。Anderson 等（2004）也以类似的方式表明，独立审计师的存在，作为高质量财务报告的一个标志，降低了债券利率。Kim 等（2013）表明，被国际“四大”会计师事务所审计的公司，银行贷款成本显著降低，且审计师为会计信息的准确性和可信度提供了独立的证据，这一点随着他们的声望而增长。然而，在其他研究中，这一总体观点存在细微差别。Piot 和 Missonier Piera（2007）没有发现债务成本与审计质量之间存在显著关系，而 Fortin 和 Pittman（2004）则表明，尽管审计质量降低了债务成本，但并非所有公司的影响都是一致的，而且在年轻公司和信息不对称更明显的公司中，这种影响似乎更强。

关于政治关联与公司债务资本成本之间的关系，Engelberg 等（2012）使用 2000－2007 年向美国公司发放的 20000 笔商业贷款样本进行实证研究，认为在金融和法律体系高度发达、投资者保护较好的成熟市场中，企业通过预先存在的个人关系与银行建立联系，可以缓解信息不对称和监控成本，进而降低借贷和契约成本。作为资本的政治联系可以通过帮助创业企业获得银行贷款，并通过寻租降低借贷成本（Cull 和 Xu，2003；Brandt 和 Li，2003；Li 等，2008；Faccio，2010）。相对于没有政治关系的企业，企业拥有政治关系能获得更多的政府救助、政府合同及相关政策倾斜与保护、税收优惠等，企业破产和债务拖欠风险更低，从而降低银行的风险预期和贷款利率，获得更多优惠的银行信贷资源（Leuz 和 Oberholzer - Gee，2006；Claessens 等，2008）。

关于财务分析师活动与公司债务资本成本之间的关系，Crabtree 和 Maher（2005）使用分析师的准确度作为收益可预测性的代理变量，研究表明，分析师对收益的预测误差和离散度与债券利差正相关。这说明财务分析师，作为比普通投资者更了解情况的老练代理人，能在提高盈利预测可信度和降低信息风险方面发挥作用。Mansi 等（2011）检验了美国公司发行的债券的信用评级和信用利差与分析师预测变量之间的关系。研究发现，分析师活动与公司债务融资成本之间存在显著的负相关关系，该结论支持了财务分析师的信息和监控作用的论点。Hasan 等（2012）在对美国银行贷款的分析中发现，分析师对收益的预测误差和离散度在确定银行贷款契约条款方面起着关键作用，包括价格和其他条款。Derrien 等（2013）发现，较低的分析师覆盖率会提高公司债券利率，并降低信贷可用性的可能性。同样，Boubakri 等（2015）研究了分析师预测特征与国际市场债务资本成本之间的关系，研究发现，分析师的预测准确性降低了债券收益率利差，而预测的离散度和对预测的修改增加了债券利差。此外，在产权、债权人保护和披露监管薄弱的国家，这种关系更为强烈。Suárez 等（2019）基于五个国家（法国、德国、西班牙、英国和美国）的数据考察分析师预测精确性与公司债务资本成本之间的关系，研究结果表明，分析师预测的准确性有效地减少了债权人和公司之间的信息不对称，从而大大降低了公司的平均债务资本成本。此外，这种影响在大陆法系国家的公司中更加显著，因为在大陆法系的国家中，监督和控制管理层的公司治理机制较少更需要分析师这种外部治理机制的参与。Ferrer等（2019）考察了分析师的预测准确性对降低企业平均债务资本成本的影响，结果表明，分析师的准确性能够有效地减少贷款人和借款人之间的信息不对称，从而显著降低企业的平均债务资本成本。

就制度框架的质量影响企业获得的外部融资量（Giannetti，2003；Fan等，2012）而言，法律环境的质量可能会影响融资模式和财务资源成本。研究债务资本成本时要考虑的一个重要因素是制度环境实施监管机制的能力。La Porta等（2002）研究发现，在投资者法律保护程度较高的国家中，公司内部股东或管理者对债权人利益侵占的可能性较低，此时债权人愿意以较低利率为公司提供资金。Miller和Puthenpurackal（2002）研究了法律保护对非美国公司发行的公开扬基债券（Yankee bonds）成本的影响[①]，发现更好的投资者保护降低了这些债券的成本。Iturriaga（2005）研究发现，债权人保护程度、信息披露要求、执法质量等因素会对银行贷款产生显著影响。Djankov等（2007）记录了私人信贷（银行对私营部门的债权）的发展与法定债权（通过债权指数或公共和私人登记处的存在来衡量）之间的重要关系。研究发现，受到良好保护的债权人通常会要求更低的利率。Qian和Strahan（2007）研究发现，在投资者保护程度较高的国家，银行倾向以较低利率提供贷款。Lin等（2011）研究发现，股东与债权人的法律保护程度越高，越有助于缓解道德风险和逆向选择问题，从而

① 在美国债券市场上发行的外国债券，即美国以外的政府、金融机构、工商企业和国际组织在美国国内市场发行的、以美元为计值货币的债券。扬基债券具有如下几个特点：（1）期限长，数额大；（2）美国政府对其控制较严，申请手续远比一般债券繁琐；（3）发行者以外国政府和国际组织为主；（4）投资者以人寿保险公司、储蓄银行等机构为主。

使银行在提供贷款时愿意降低贷款利率。虽然在普通法框架下运营的公司主要受市场纪律约束，但在民法框架下运营的公司更受投资者性质的影响，尤其是当银行拥有所有权时（La Porta 等，1997；1998）。经济越发达的地区，经济、金融制度体系越健全，信息环境越好，金融机构之间的竞争更激烈，从而越有利于公司进行债务融资活动，使公司能以较低成本获取债务融资（Liu 等，2020）。此外，研究发现，产品竞争市场也会影响公司债务资本成本。如 Valta（2012）对竞争与债务资本成本的关系进行了研究，发现产品市场竞争程度较大的公司，在采取银行贷款进行融资时的成本普遍较高，并且这种竞争影响在小公司面临财务上的强劲对手、公司之间战略竞争激烈以及流动性不足的行业中更为显著。总体来说，研究表明，银行在进行贷款定价时应考虑产品市场竞争方面的风险。Waisman（2013）将美国国家反收购法的实施作为衡量公司被收购风险的外生指标，研究竞争性的产品市场能否通过改善公司治理达到降低公司债务资本成本的作用。研究发现，在竞争程度非常高的市场上，银行会对那些容易被收购的公司要求更高的贷款利差。

国内的研究，Ding 等（2009）基于中国公司数据发现，机构投资者持股比例越高，公司的短期债务水平越低，反之亦然。这意味着公司的债务融资决策会受到机构投资者的影响，进而抑制股东的短期债务融资偏好。姚立杰等（2010）研究指出，银行贷款利率与监事会规模负相关、与股权集中度正相关，即公司治理越好，银行贷款成本越低。赵晓琴和万迪昉（2011）研究发现，公司治理效应会随着持股比例的变化而有所不同，公司发行债券的票面利差与第一大股东的持股比例之间的关系是非线性的 U 形关系，即当持股比例在一定范围时，大股东的控制和监督有利于公司治理，从而减少公司的债务资本成本；但是当持股比例过高时，大股东的控制权有可能会损害中小股东利益，反而对公司债务资本成本产生负面影响。Yang等（2014）利用中国非国有上市公司数据，基于媒介监督的视角来扩展政治联系与债务融资的研究。研究发现，媒体报道会在一定程度上抑制政治关联在公司债务融资活动中的寻租行为。肖作平和张樱（2015）对终极所有权结构与银行贷款契约之间的关系进行了实证研究。结果表明，控制权的强度、控制权与现金流量的分离度、金字塔层级数量等因素都与银行契约的宽松程度负相关。张合金等（2014）研究发现，产品市场竞争与公司债务资本成本呈正相关关系，即银行会对处于竞争激烈行业或在行业竞争中处于不利地位的公司收取更高的贷款利息。国内学者很少直接研究法律制度与公司债务资本成本之间的关系，但从债务融资的其他方面揭示了法律制度对债务融资活动的影响。如孙铮等（2005）研究发现，即使公司处于市场化发展较为完善的地区，但由于当地的司法体系薄弱，这些公司的长期债务资本成本也较高。陈德球等（2013）研究发现，家族超额控制由于隐含着较高的代理成本和债务风险，因而不利于公司从银行贷款。在这种情况下，法律保护能够缓解家族超额控制引起的上述成本和风险，从而减弱其对银行贷款产生的负面影响。

3.2 法律诉讼相关文献回顾

近年来，诉讼作为解决双方纠纷的强制性法律实施工具发挥着越来越重要的作用。管理层在管理公司时越来越多地使用法律手段解决纠纷，因而与法律纠纷有关的风险和费用也越来越受到业界和学术界的关注。

20世纪70年代末和80年代初，学术界开始对公司诉讼的成本和风险进行研究。早期学者大多采用案例分析法研究重大诉讼对公司市场价值的影响。如Cutler和Summers（1988）基于德士古公司（Texaco，Inc.）和鹏斯公司（Pennzoil，Co.）之间关于收购盖帝（Getty）石油公司的诉讼进行案例研究。该诉讼的涉诉金额超过100亿美元，其上诉次数之多、影响之大、持续时间之长，为研究诉讼对公司价值的影响提供了一个独特的研究环境。他们利用德士古公司和鹏斯公司股东获得的异常收益数据，考察在诉讼过程中资源是否流失。研究发现，在判决后的七个交易日中，德士古公司的市值下降了18亿美元，而鹏斯公司的市值只上升了6亿美元。最终，这两家公司的总市值下降了12亿美元。巨额的损失主要是由于两家公司支付的庞大的律师费用、诉讼相关费用以及因德士古公司业务中断、难以获得信贷、对德士古公司停止经营预期而产生的管理问题导致的额外代价。Engelmann和Bradford（1988）基于五个不同类型的重大诉讼案件，如恶意竞争纠纷、收购纠纷以及债务纠纷等，逐一进行案例分析，在Cutler和Summers（1988）单一案例研究的基础上考虑了诉讼案件异质性因素。研究发现，被告公司的市场价值会遭受巨大的损失，且这些损失大大超过原告公司获得的利益。其中，律师费用等直接费用不足以解释上述不对称结果，被告公司的损失主要是来自后续诉讼的风险、法院施加限制性惩罚措施的风险以及不断上升的交易成本，甚至包括破产的威胁。此外，相关证据表明，被告公司通常承担上述成本的大小取决于诉讼的性质。Engelmann和Bradford（1988）明确指出了被告公司市场价值遭受巨大损失的原因，即被告公司承担的具体诉讼成本和风险。然而，他们同时也指出，重大诉讼造成的公司声誉损失究竟会引起被告公司多大程度的交易成本上升，还有待进一步的研究。在21世纪初互联网泡沫破灭后，纽约南区法院对过去三年承销IPO的投资银行提起了大量IPO分配诉讼。如Zhu（2009）分析了259例IPO配售案例，涉及1998－2000年上市的906家公司中的28%。与传统的IPO诉讼不同，配售诉讼对承销商收取售后市场价格过度上涨的费用。因此，抑价较高的IPO更有可能引发分配诉讼。

虽然这些案例分析在探索重大诉讼对公司价值影响方面有非常重要的作用，但基于个案的研究结果不太适合普及至所有公司。随后，一些学者开始尝试使用大样本实证研究诉讼风险的度量及影响因素、诉讼的市场反应，以及诉讼对公司行为、决策和后果的影响等。诉讼风险最常见的衡量标准之一是将事前代理设定为一个虚拟变量，对于在下一年成为诉讼被告的公司，该虚拟变量等于1，否则为0（Lowry 和 Shu，2002；Field 等，2005；Arena 和 Julio，2015）。公司前一年是否有诉讼的虚拟变量提供了事前诉讼风险的代理，可用于两种不同的研究。第一个是建立公司诉讼的预测模型；第二个是本质上是事后的，旨在解释公司被起诉的原因。公司诉讼风险的很大一部分是基于行业的。如 Francis 等（1994）研究发现，生物技术、计算机、电子和零售行业的公司在1988－1992年诉讼发生率最高。他们使用 SIC 代码，根据这四个行业的隶属关系，创建诉讼风险代理变量。一些研究使用这个简单的行业指标作为诉讼风险的替代指标（Ali 和 Kallapur，2001；Johnson 等，2000，2001；Johnson 等，2007）。Chandra 等（2004）、Choi（2006）使用了这种诉讼代理的一种变体，将零售行业的公司排除在外，并将其分析限制在属于 Francis 等（1994）使用的三个高科技行业（即计算机硬件、计算机软件和制药）的公司。然而，Kim 和 Skinner（2012）表明，这些诉讼风险的行业衡量标准具有较低的预测能力[①]。他们发现，虽然诉讼往往集中在某些行业，但行业的集合会随着时间而变化。他们表明，将公司特征因素添加到行业指标中会显著提高未来诉讼的预测能力。这种更为复杂的诉讼风险度量，包

---

① Kim 和 Skinner（2012）通过比较各种潜在证券集体诉讼风险的度量模型及其预测能力，指出仅仅采用行业虚拟变量来估计公司潜在证券集体诉讼风险的不足，并在先前相关研究成果的基础上，对证券集体诉讼潜在风险模型相关指标进行了调整，在一定程度上提高了模型的预测能力。

括公司特征因素，在某些情况下还包括整个行业的因素，是诉讼的logit或probit回归模型的产物。这些模型使用二元选择回归产生的预测概率作为诉讼风险的度量。最近，关于诉讼风险的文献已经开始研究行为因素在诉讼启动中的作用。如Hutton等（2015）研究发现，具有相反政治价值观的公司面临不同类型的诉讼。倾向于共和党的公司更有可能面临劳工、公民权利和环境诉讼，而倾向于民主党的公司更有可能面临证券和知识产权诉讼。Banerjee等（2014）发现高管过度自信会增加证券集体诉讼的可能性。Adhikari等（2016）报告称，拥有女性高管的公司的诉讼风险较低。Arena和Ferris（2016）探索了影响全球诉讼风险的因素，发现总部位于大陆法系国家以及法律和司法系统效率较低的国家的被告公司面临的诉讼风险较低。与以美国为中心的诉讼风险研究不同，他们并未发现股票周转率、累积回报和被起诉概率之间存在显著关系。

关于公司诉讼的最早的法与金融的研究集中于被告公司在诉讼过程中特定时间的股价反应。如Ellert（1976）研究了市场对联邦贸易委员会和司法部在20世纪50年代和60年代宣布的合并法律挑战的反应。他发现，在提交诉讼后的一个月内，被告公司的股价平均下跌2%。Fischel和Bradley（1986）分析了管理层在派生诉讼中驳回判决动议时的股价反应，并发现当诉讼被驳回时，回报显著为负。Romano（1991）关注了1966－1987年被起诉的上市公司的随机样本，进行了关于诉讼文书的第一个事件研究。她没有观察到发起诉讼的任何重大异常回报。然而，随后的证据大都表明，股市对提起公司诉讼的反应是消极的。如Karpoff和Lott（1993）通过对美国1978－1987年的132个样本公司研究表明，在宣布指控时，这些公司遭受了巨大的市场损失。他们将股价下跌的大部分原因归咎于声誉成本。Bhagat等（1994）对公司间诉讼进行了事件研究，其中原告和被告都是公司。研究发现，诉讼提起会造成被告公司价值的损失，这是由于诉讼会引起被告公司的破产风险上升。此外，被告公司的股价随着诉讼宣布和解会出现一定程度的回升。Bizjak 和 Coles（1995）针对公司间的反垄断诉讼发现，诉讼提起对被诉公司的市场价值有明显的负面影响，这种反垄断纠纷中的价值损失可归因于法院施加的行为限制、后续诉讼的可能性以及财务困境风险。此外，相关证据表明，当诉讼涉及被告公司主要业务的潜在限制或当被告公司发生财务困境的可能性较大时，该诉讼更有可能和解。Bhagat 等（1998）使用更广泛的法律诉讼样本，实证研究了法律诉讼对公司市场价值的影响。诉讼样本包括不同类型诉讼和不同类型的起诉人，如起诉人是政府、公司和个人。其中，政府实体往往提起环境和产品责任诉讼；公司通常提起反垄断、合同违约和专利侵权诉讼；个人一般就涉及公司治理和违反证券法的问题提起诉讼。研究结果表明，无论是政府、公司还是个人提起诉讼，被告公司都会经历重大的财富损失：被告公司的平均财富损失为股权市值的 0.97%，且与其他起诉人（公司和个人）相比，政府提起诉讼的被告公司股东财富下降幅度更大，与涉及反垄断、合同违约和其他纠纷的诉讼类型相比，环境诉讼、产品责任诉讼和违反安全法等导致被告公司的财富损失更大。相比之下，诉讼对原告公司以及被告和原告在和解时的财富影响往往要小得多。Bhattacharya 和 Getoor（2007）研究了股票市场对非美国公司遭遇诉讼的反应。结果发现，非美国公司在诉讼提起后遭受了更大的股票市场损失，这主要是由于非美国公司在美国的诉讼案件中更容易败诉。Bhattacharya 等（2007）研究了美国法院起诉非美国公司的诉讼文书这一事件对股市的反应。他们发现，与美国被告公司相比，非美国公司在公告时承受更大的股市损失，这是对其更高的损失概率的合理调整。Gande 和 Lewis（2009）基于证券集体诉讼研究指出，在诉讼实际发生前，投资者就会基于行业内其他公司的诉讼发生情况提高对公司诉讼风险的预期，并对股票价格造成负面影响。他们的证据表明先前围绕诉讼发生日的研究低估了股东的损失，因为在诉讼发生之前，诉讼对公司的负面影响就体现在股价损失中了。Klock（2015）调研了1995－2012年的证券集体诉讼对公司价值的影响，其研究结果与Gande和Lewis（2009）一致。

此外，相关研究还涉及法律诉讼与公司治理之间的关系。如Haslem（2003）研究发现，公司内部缓解代理冲突的各种措施与诉讼和解后的市场反应之间存在着密切的关系，例如，当公司管理层拥有较大比例股权、公司大股东持有更大比例股权以及更多利用期权作为管理层一部分薪酬时，公司股东与管理者之间的利益更趋于一致，从而缓解了两者之间的代理冲突，进而使市场对公司诉讼和解的事件反应更加积极。反之，当CEO同时也是公司董事、公司管理层有更高的固定薪酬以及公司拥有更多自由现金流时，公司管理层的道德风险更高，导致市场对公司诉讼和解更加负面。Karpoff等（2008）研究指出，证券虚假陈述案件会造成大部分管理者离职，从而导致管理者在离职前后期间的机会主义行为增加，进而加剧代理冲突，降低公司治理水平。Rogers和Buskirk（2009）以1995－2005年的827家被诉公司为样本，分析被诉前后公司信息披露行为的变化。研究结果表明，公司发生法律诉讼后会减少对外披露的信息量。例如，由公司主持的与业绩相关的电话会议和业绩预告频率降低了；当公司对外签发业绩预告时，主要采取短窗口或尽可能多地采取非量化方式披露。Aharony等（2015）研究发现，公司诉讼会导致公司管理层的变更，比如，有合同诉讼的公司更易发生CEO和内部董事变更；有环境诉讼和知识产权诉讼的公司更易发生外部董事离职，并且在他们离职后公司并未有新的任命，这可能是由于潜在的应聘者出于声誉的考虑拒绝接受该类公司的雇用。

诉讼风险和诉讼对被告公司及其高管、董事具有重大的长期影响。法与金融文献对公司诉讼如何影响公司活动、政策、行为和结果等进行了广泛研究，如股票发行和IPO抑价、公司政策、资本成本、公司治理和内幕交易等。诉讼风险是长期以来关于抑价的主要解释之一，还有信号和信息不对称假说。Ibbotson（1975）是第一个提出IPO公司低估其股票价格以保护自己免受诉讼风险的学者。Tinic（1988）把1933年《证券法》（即1923－1930年）之前的抑价与该法颁布后（即1966－1970年）的抑价进行了比较。他发现，在后期，抑价显著较高，这与诉讼风险假设的抑价一致。然而，Drake和Vetsuypens（1993）报告称，1972－1977年的平均初始回报率实际上低于1933年之前的水平。他们认为Tinic（1988）的结果可能是由诉讼风险以外的因素驱动的。Keloharju（1993）测试了芬兰股市中不同的抑价假设。研究发现，平均抑价率为8.7%，远低于同期美国IPO公司的平均抑价率。他得出结论，由于芬兰几乎不存在IPO诉讼，诉讼风险至少可以部分解释抑价的差异。Lowry和Shu（2002）使用联立方程模型来控制诉讼风险和抑价之间的内生性。研究表明，定价过低对诉讼既有保险作用，也有威慑作用。诉讼风险较高的公司对IPO定价过低，以降低被起诉的风险，而更明显的定价过低会降低预期诉讼成本。Ferris等（2013）得出结论，信誉较好的审计师倾向于鼓励发行人采用稳健主义，这可能是出于对声誉和法律责任的担忧。近年来，研究人员开始使用跨国框架在国际层面上分析诉讼风险与IPO抑价之间的关系。与抑价的诉讼风险假设一致，Banerjee等（2011）、Lin等（2013）发现特定国家的诉讼风险越高，该国IPO的抑价越大。由于其巨大的直接和间接成本，公司诉讼对被告公司的资本成本有重要的影响。Murphy等（2009）发现在提起诉讼或披露公司不当行为后，被告公司的股票往往会经历特殊波动性的增加，这会对公司的资本成本产生影响。Chava等（2010）报告称，在提起集体诉讼时，被告公司的权益资本成本显著增加，且在披露公告的影响下，这种增加是递增的。他们还发现，会计欺诈诉讼和高价值诉讼对资本成本的影响更大。金融文献还研究了诉讼对公司财务政策的影响。公司经理可能会通过修改财务政策来管理预期的未来诉讼成本。如 Arena 和 Julio（2015）发现，公司在预期诉讼的情况下显著增加了现金持有量。对于面临诉讼风险的公司来说，现金的市场价值要低得多。企业积累现金的一种机制是减少企业投资。相反，过度投资的公司更有可能被起诉（McTier 和 Wald，2011）。他们还发现，公司在诉讼后减少了薪酬。此外，公司可能会减少过度投资活动、现金持有量和公司多元化。高成本诉讼风险的公司更有可能通过收购实现积极增长，以分散风险（Gormley 和 Matsa，2011）。诉讼对公司价值和流动性的全部影响只有在诉讼解决时才知道。因此，在诉讼和解时，公司可能会进一步调整财务政策。Arena 和 Julio（2016）研究表明，公司根据感知到的诉讼风险制定支付政策，然后在诉讼解决后改变股份回购政策。面临重大诉讼风险的公司支付较低的股息或忽略股息，同时通过股份回购计划分配更多现金。这种支付灵活性的增加，使公司在预期的诉讼费用随后发生时，能够更容易地减少对股东的现金分配。Autore 等（2014）发现，在严重的诉讼事件之后，公司也倾向于减少对债务和股权融资的依赖。诉讼对内部治理机制也有重大的影响。如 Romano（1991）发现，对于卷入诉讼的公司来说，管理层更替更为频繁。虽然 Agrawal 等（1999）、Helland（2006）没有发现被控欺诈的公司高管和董事出现异常离职，但 Nieahaus 和 Roth（1999）研究表明，以大额和解终止的诉讼可能会导致 CEO 离职。同样，被美国证券交易委员会（SEC）和美国司法部认定犯有财务虚假陈述罪的高管几乎总是被免职，并承担重大财务损失（Karpoff 等，2008）。集体证券诉讼增加了首席执行官薪酬降低或被解雇的可能性，并增加了公司收到纪律收购要约的可能性（Humphery - Jenner，2012）。在涉及诉讼的公司中，外部董事不会面临异常的更替，但他们往往会失去在其他公司中持有的大量董事席位（Fich 和 Shivdasani，

2007）。提交衍生诉讼后，董事会的监督质量显著提高。特别是衍生诉讼之后，独立董事的数量增加（Ferris 等，2007）。同样，在卷入欺诈案件后，公司会采取行动，通过增加独立董事和审计委员会会议的数量来改善其治理实践。经过这些变化后，公司经营业绩和股票表现都有所改善（Farber，2005；Marciukaityte 等，2006）。当机构投资者作为证券集体诉讼的主要原告时，董事会独立性的改善尤为显著（Cheng 等，2010）。尽管上述证据将诉讼视为改善公司内部治理实践的有效外部力量，但一些研究提供的证据表明，在某些情况下，诉讼可能会产生增加代理冲突的效果（Peng 和 Roell，2008；Gormley 和 Matsa，2011；Dai 等，2014）。Nieahus 和 Roth（1999）分析了 1988 - 1994 年的一小部分集体诉讼，没有发现集体诉讼期间的异常内幕交易活动。然而，后来对更大样本的研究确实提供了围绕诉讼的内幕交易证据。Griffin 等（2004）确定，在集体诉讼期间，内部人员净销售额显著高于匹配的未起诉公司的内部人员。他们确定，在集体诉讼期间，内部人净销售额显著高于匹配的未起诉公司的内部人。Iqbal 等（2007）在提起诉讼之前找到了内幕交易的证据。Bradley 等（2014）报告称，公司管理者在集体诉讼期间显著增加了知情选择权。总体来说，除 Nieahus 和 Roth（1999）外，所有关于诉讼和内幕交易的研究都提供了经理人利用集体诉讼事件相关的私人信息的证据，支持了证券集体诉讼的优点。

在债务市场中，债权人同样会识别公司的法律诉讼风险，并改变对公司的债务融资策略。由于数据的可获得性，国外文献主要集中于证券类诉讼对公司债务融资的影响。Deng 等（2014）研究发现，在遭遇证券集体诉讼后，被告公司面临更高的贷款成本、更多的前期借款费用、限制性条款和抵押品。Autore 等（2014）发现近期发生证券诉讼，特别是相对严重的证券诉讼的公司，会减少外部债务融资，这种结果在信息不对称程度较高的公司中更加明显。

Yuan 和 Zhang（2015）研究发现，银行在公司遭遇证券集体诉讼后会提高贷款利率。此外，银行通过使用更严格的非价格条款加强对被诉公司的监控。进一步研究发现，证券集体诉讼对公司银行贷款的负面影响对于公司治理水平较差的公司更为显著。Chu（2017）发现提高证券集体诉讼的难度会降低银行贷款的利率，这是由于当公司破产时，证券集体诉讼会帮助股东掠夺债权人财富。Crane 等（2011）研究了管理层在面临诉讼时是否战略性地改变财务政策，结果发现，诉讼风险会迫使公司更多地进行债务融资以回购公司股份。相反，Malm 和 Krolikowski（2017）基于手工收集的美国 S&P 1500 公司诉讼数据研究发现，诉讼风险的增加会导致总债务显著减少，进一步将总债务划分为长期债务和短期债务后发现，这种负相关关系只存在于诉讼风险与长期债务之间。该研究结果支持了这样一种观点，即债权人会密切监督公司的诉讼风险，并通过制定严格的债务条款和收取更高的利息控制债务风险。Arena（2017）探讨了诉讼风险和诉讼成本对公司信用评级和债务融资的影响。研究发现，那些诉讼风险较高的公司，在还没有提起诉讼时就已经受到了潜在诉讼风险带来的负面影响，导致其公司的信用评级降低，从而使公司承担更高的贷款和债券融资利率。在诉讼结束时，和解成本对公司信用质量有额外的影响。具体而言，较大的和解赔偿会导致公司信用评级下降、债务融资利率上升。

由于中国的市场经济和法制建设起步较晚，基于中国的法律诉讼与公司金融研究出现也相对较晚。冯延超等（2010）研究发现，当公司面临较高的法律风险时，公司审计将被要求支付更多费用，签发的审计报告中也更可能出现非标准保留意见。也就是说，在出具审计报告时，公司面临的法律诉讼风险也在审计师的考虑范围之内，并体现在审计费用上。Firth 等（2011）以中国为研究背景，发现诉讼公告会对涉诉双方股票价格产生负面影响。此外，相较于没有政治关联的被诉公司，有政治关联的被诉公司在公司诉讼中具有一定的优势。同时，相较于没有政治关联的被诉公司，股票市场对有政治关联的被诉公司的负面反应较弱。这意味着法院更偏向于国有控股公司和有政治关联的公司，这种偏好导致该类公司更有可能提起诉讼或者更有可能获取较好的诉讼结果。该结果在一定程度上揭示了中国司法程序中存在一定程度的不公正性，导致公司难以通过正规法律程序维护自身利益。高敬忠等（2011）研究了公司诉讼风险对公司管理层盈余预告披露的影响。研究发现，随着面临诉讼风险的增大，盈余预告披露的精确度更低、时效性更差，且在表述上也更加乐观。祝继高（2011）根据公司债务诉讼数据实证考察涉诉公司的会计政策是否有所变化。研究发现，相比原告公司而言，被告公司的会计政策更加稳健。并且，非国有四大银行在与公司签订债务契约时，会要求更高水平的公司会计稳健性。此外，诉讼发生前的潜在诉讼风险也会对债务资本成本产生负面影响，即公司在被起诉前，就面临债务资本成本的不断增加。林斌等（2013）对内部控制与公司诉讼的关系进行了实证研究，结果表明，低质量的内部控制会对法律诉讼产生负向影响，即内部控制质量越高，公司的诉讼风险越低；反之亦然。公司遭遇法律诉讼会导致其市场价值下降，并且这种公司市场价值的损失对于内部控制质量较差的公司而言更加明显。潘越等（2015）将公司诉讼类别划分为资金类和产品类，并以被告涉诉次数和金额来衡量公司法律诉讼风险，考察了法律保护对公司诉讼风险与公司创新之间负相关关系的影响。研究发现，资金类诉讼不利于公司创新，而产品类诉讼有利于公司创新。此外，司法地方保护主义会加剧资金类诉讼对被诉公司创新活动的负面影响，并削弱产品类诉讼对被诉公司创新活动的激励作用。俞国栋等（2015）指出法律诉讼具有外部治理功能，公司诉讼的发生会影响公司投融资等方面的财务政策。研究发现，公司的投资和融资规模在法律诉讼发生后显著减少，而且外部融资依赖程度较高的公司，其融资规模的减少幅度更大。刘慧等

(2016）研究发现，银行会识别公司未决诉讼的风险，并对这类公司收取更高的债务资本成本，并且未决诉讼的发生次数越多、金额越大，公司的债务资本成本越高。王彦超等（2016）的研究结果表明，公司潜在的债务诉讼风险会提高公司的债务资本成本。这是因为从整体上来说，中国的法律诉讼赔偿率较低，这意味着公司涉及法律诉讼会产生非常高的执行成本，最终对公司债务融资活动产生负面影响。张俊瑞和刘慧（2016）的研究表明，公司涉及的诉讼是否已完结对高管薪酬业绩敏感性的影响具有显著差异。相较于已决诉讼而言，未决诉讼产生的风险明显降低了高管薪酬业绩敏感性，并且未决诉讼的严重程度越高，高管薪酬业绩敏感性的降低幅度越大。刘慧等（2018）的研究表明，那些有未决诉讼的公司在审计时更可能出现延迟报告的情况，并且这种影响仅在法治水平较高的地区成立。肖作平和邓春梅（2019）研究发现，企业发生法律诉讼会降低银行贷款金额，缩短银行贷款期限，且这种负面影响随着诉讼强度的增强而增加。Guo 和 Xiao（2020）研究了重大诉讼对中国公司银行贷款的影响。研究发现，无论公司作为被告还是原告涉及重大诉讼，遇到重大诉讼的公司的银行贷款规模显著减少。

3.3 信息环境相关文献回顾

关于信息不对称对股票市场影响的研究是相对多的。经济理论表明，自愿披露和信息质量的提高减少了信息不对称（企业与市场参与者之间或知情者与非知情者之间）。这种信息不对称的减少反过来又增加了企业的股票流动性（Glosten 和 Milgrom，1985；Amihud 和 Mendelson，1986；Diamond 和 Verrecchia，1991；Kim 和 Verrecchia，1994；Easley 和 O'Hara，2004）。Amihud 和 Mendelson（1986）的实证研究表明，提供更多公共信息的公司可以减少买卖价差中的逆向选择成分。Welker（1995）发现，投资管理与研究协会（AIMR）排名较高的公司信息不对称程度较低，这可以通过买卖价差来衡量。Leuz 和 Verrecchia（2000）指出，采用德国会计准则自愿转向国际会计准则的公司表现出较低的信息不对称，这反映在较低的买卖价差和较高的交易量上。利用基于信息交易概率（PIN）的市场微观结构模型，Easley 等（2002）认为信息不对称是在股票收益中定价。然而，其他研究人员发现，在大型经济体中，信息不对称不在股票收益中定价，与知情交易相关的信息风险是可分散的。Hughes 等（2007）、Lambert 等（2007）、Armstrong 等（2011）认为，当市场接近完全竞争时，信息不对称不会在股票收益中定价。关于公司债券如何包含信息不对称的证据相对较少。Datta 和 Iskandar Datta（1996）记录了内部人的股票交易为债券投资者提供了大量信息。与安全债券相比，风险较高的债券对内幕交易的信息内容更敏感。他们认为，如果不严格披露内幕交易，内部人就更有可能攫取私人利益。Duarte 和 Young（2009）、Lu 等（2010）研究发现，调整后的信息交易概率（PIN）被信息不对称或流动性因素定价。

目前关于信息环境与公司金融的研究还较少，且大多只关注构成公司信息环境的某一个方面，如公司信息披露质量（Duffie 和 Lando，2001；Yu，2005；Zhang，2008）、分析师跟踪（Yu，2008；张纯和吕伟，2009；Suárez 等，2019）和媒体报道（Dyck 和 Zingales，2003；Dyck 等，2008；Fang 和 Peress，2009）。总体来说，经验证据表明，更高质量的会计信息和披露与公司股票流动性的改善有关，这意味着逆向选择的减少。如 Botosan 和 Harris（2000）利用 SFAS 第 14 号的财务报告环境（即在 1997 年采用 SFAS 第 131 号之前，季度分部披露是自愿的），记录了发起季度分部披露的公司在自愿披露频率变化之前经历了流动性下降和信息不对称增加的情况。这些公司在开始季度分部披露的那一年，分析师人数也有所增加。

Myers 和 Majluf（1984）的融资优序理论首次指出了信息环境对公司内外部融资选择的影响：当信息不对称程度较高（不良信息环境）时，避免遭受更高资本成本的公司很可能遵循融资优序理论进行融资。当信息不对称程度较低（良好的信息环境）时，这种行为可能就不成立。简言之，融资优序理论只在信息环境较差时成立。近年来，一些学者尝试针对这一理论进行实证研究。如 Liao 和 Lin（2015）选择非系统性风险、财务报表的信息质量、信息不对称程度、财务报表的价值相关性作为衡量信息环境的指标，然后提取以上指标的主成分作为信息环境的代理变量，实证研究信息环境对公司融资策略的影响。研究发现，信息环境越差，公司选择内部融资和债务融资的概率越高，这一证据与融资优序理论一致。Albring 等（2016）利用美国信息披露制度的变更[①]作为信息环境的外生变量来进行自然实验，实证研究了信息环境对公司融资策略的影响。研究发现，采用了更广泛和公开的信息披露政策的公司更有可能转向股权融资。该结果符合融资优序理论——公司信息环境恶化增加了对信息较不敏感的债务融资的使用，而信息环境有所改善的公司则更倾向于使用股权融资筹集资金。

分析师不仅促进了信息的传播，而且影响了企业的信息生产。Jensen 和 Meckling（1976）认为，“由于证券分析活动降低了与所有权和控制权分离相关的代理成本，它们确实具有社会富有的成效。”现有的关于股票分析师的研究侧重于分析师在投资中的作用，并研究分析师如何影响投资者的决策、股价和投资者行为（Chung 和 Jo，1996；Irvine，2003；Chang 等，2006）。如 Chung 和

① 美国证券交易委员会 2000 年 10 月 23 日颁布的《公平披露条例》规定，禁止向公司外部利益相关者，如分析师和机构投资者选择性地披露公司特定信息。该条例旨在以公开披露的形式促进公司特定信息流动。

Jo（1996）发现分析师覆盖率与托宾Q正相关。Healy等（1999）发现，分析师披露质量评级（AIMR分数）持续改善的公司表现出股票流动性、分析师跟踪、机构所有权和股票表现的增加。Irvine（2003）表明，在分析师开始报道后，公司的流动性增加了。Chang等（2006）指出，分析师的覆盖范围会影响公司的证券发行模式和资本结构。分析师在企业欺诈监测中也发挥着积极的作用。如Dyck等（2006）发现最有效的公司欺诈行为外部举报人是分析师，而证券交易委员会和审计师在发现欺诈行为方面只起次要作用。分析师的参与有助于发现许多公司的欺诈行为。由于分析师积极参与信息发布过程，管理者的财务报告决策可能会受到分析师报道强度的影响。Healy和Palepu（2001）认为，分析师和评级机构等信息中介参与私人信息生产，有助于发现管理者的不当行为。在Graham等（2005）对401位财务总监（CFO）的调查中发现，约90%的财务总监表示分析师要么是设定公司股价的最重要群体，要么是仅次于机构投资者的第二重要群体。Yu（2008）在分析师覆盖率对盈余管理的影响背景下探讨了信息中介在公司治理中的作用。研究发现，分析师覆盖率越高，盈余管理越少，分析师覆盖率的变化与盈余管理的变化呈负相关。这项研究通过强调更多的分析师导致更少的盈余管理是不对称信息减少的一个直接来源。总之，现有文献表明，分析师的高水平覆盖为公司创造了更好的信息环境，并导致信息不对称程度降低（Bushman和Smith，2001；Healy和Palepu，2001）。国内学者张纯和吕伟（2009）以分析师关注度来衡量公司外部信息环境，并研究其对公司财务决策的影响。结果表明，以分析师为代表的信息中介改善了公司的外部信息环境，降低了公司的信息不对称程度，进而降低了公司外部融资约束和公司对内部资金的依赖，提高了公司发放的现金股利水平。

在公司信息环境与公司资本成本方面，如Hail和Leuz（2006）指出，各国不同的法律制度和证券法规导致的国家级信息环境的差异，在很大程度上解释了全球股权资本成本的差异。有两个主要的论点支持为什么信息披露特征和资本成本是联系在一起的：估计风险的定价和信息质量的定价。信息披露和资本成本可以通过风险估计联系起来（Brown，1979；Barry 和 Brown，1984；1985）。这些研究表明，企业可以通过提供更多的披露来降低估计风险，如果估计风险被定价，提供更多的信息将降低企业的资本成本。Lamber 等（2007）研究了在多元化的情况下，公共会计报告和披露是否以及如何影响公司的权益资本成本。通过使用与 CAPM 一致的模型，并考虑到现金流量相关的多个证券，他们证明了会计信息的质量可以直接或间接地影响资本成本。会计信息的质量直接影响公司现金流量与其他公司现金流量的协方差，表明盈余质量可以通过公司的贝塔系数影响资本成本。此外，如果盈余质量影响实际决策，进而影响公司现金流量，则盈余质量将对资本成本产生间接的影响。Amihud 和 Mendelson（1986）、Easley 等（2002）、Easley 和 O'Hara（2004）表明，在信息不对称程度较高的情况下，投资者持有股票需要更高的风险溢价，权益资本成本上升。Botosan（1997）发现，披露水平指数与权益资本成本之间存在负相关关系，仅适用于证券分析师跟踪低的制造业企业子样本。Botosan 和 Plumlee（2002）发现年度报告披露水平（由 AIMR 评级衡量）与权益资本成本之间存在负相关关系，但也发现资本成本与季度报告披露水平之间存在正相关关系。Daske 等（2008）、Li（2010）指出，由于信息不对称程度降低，采用 IFRS 的公司具有更高的股权估值和更低的权益资本成本。强制采用国际财务报告准则改善了信息环境［如更多的分析师关注和更小的分析师预测分散度（Horton 等，2013；Landsman 等，2011）］，并导致更具流动性的股票市场、更高效的资本投资、更高的公司估值和更低的权益资本成本（Daske 等，2008；Li，2010；Biddle 等，2011）。相关研究还关注了会计信息质量和披露等信息环境与公司债务资本成本之间的关系。如 Duffie

和 Lando（2001）预测，不完整的会计信息将影响信用利差的期限结构。继 Duffie 和 Lando（2001）之后，Yu（2005）表明，信息披露质量较低的公司短期信用利差较高，因为缺乏透明度可能表明公司存在隐藏的坏消息。现有文献大多表明，改进信息披露可以降低信用利差（Francis 等，2005；Andrade 等，2014；Cassar 等，2014）。Sengupta（1998）记录了年度报告披露水平（由 AIMR 评级衡量）与事前债务成本负相关。从会计政策的另一个角度来看，Zhang（2008）认为，会计政策较为稳健的公司更有可能及时识别财务报告中的坏消息，同时还认为，会计稳健性通过让贷款人有机会更快地限制下行风险，使贷款人事后受益。稳健的借款人可以与债券投资者分享这些好处，因为他们可以通过向贷款人承诺采用更稳健的会计政策，与贷款人协商更低的利率。Deng 等（2013）指出，信息环境是相对于会计信息披露的一个更广泛的公司信息透明度概念。他们选择信息不对称程度、信息不确定性和盈余质量作为信息环境的指标，以 1980 年至 2009 年 38 个国家的国际债券为研究样本，考察公司信息环境与债务资本成本的关系。研究发现，具有更好信息环境的公司的债务资本成本较低。Frankel 和 Li（2004）使用公司财务报表的信息充分度、分析师跟踪和媒体报道代表公司的信息环境，实证检验信息环境对公司管理者与投资者之间信息不对称的影响。研究表明，财务报表的信息充分度和分析师跟踪减少了信息不对称，限制了内部人在私人信息上进行有利可图的交易的能力。此外，信息环境指标之间存在线性关系，即公司的分析师跟踪和媒体报道会随着公司财务报表信息充分度的增加而下降。Paananen 等（2016）采用会计标准的选择、审计质量以及董事会大小构建了一个衡量公司信息环境的指标。他们发现，公司信息环境的改善，如选择审计质量更高的国际“四大”会计师事务所审计和增加独立董事成员，能够帮助公司获取长期债务融资，同时降低债务资本成本。

媒体作为信息传播的一种有效途径，能够提高信息流动性，改善信息环境（Peress，2014）。先前的研究表明，通过向广泛的受众或特定的投资者群体传播信息，媒体报道可以扩大投资者的认可度，同时减少信息不对称，对股票溢价产生重大的影响，从而降低融资成本。如 Dyck 和 Zingales（2003）研究了股票价格对媒体公布的收益公告的反应，发现当投资者可选择的信息来源较少时，媒体报道对股票价格的影响更大。媒体通过向公众传播高质量信息，加速信息流的运转，改善信息环境，进而降低权益资本成本（Bushee 等，2010）。相关研究调查了媒体报道的语言内容的影响（Tetlock，2007；Tetlock 等，2008）。Tetlock（2007）发现媒体报道的语言内容会影响未来的股价走势。Tetlock 等（2008）发现媒体报道中负面词的比例预示着公司未来的收益和股价。媒体在降低资本成本方面的作用已在股票市场中得到检验（Fang 和 Peress，2009）。媒体报道提高了投资者的认可度，减少了信息不对称，降低了公司的股权风险溢价。关于媒体报道影响的研究几乎只关注与股票定价相关的问题（Duarte 等，2008；Fang 和 Peress，2009；Bushee 等，2010）。而关于媒体报道对公司债券定价的影响，人们知之甚少。最近的研究，Gao 等（2019）调查了媒体报道对公司发行公共债务成本的影响，研究表明，媒体报道显著降低了公司的债务成本。这一发现支持媒体报道缓解了信息摩擦，提高了投资者的认可度，从而降低了债券发行收益率差的结论。国内的研究，肖作平和黄璜（2013）研究发现，媒体作为主要的信息机构，其对公司的各类报道构成市场公开信息的重要组成部分，会显著降低信息不对称，进而降低权益资本成本。卢文彬等（2014）研究发现，当公司受到的媒体关注度越高时，内部人信息往往被认为是更值得信任或者更可靠，有助于减少投资者对未来损失索要的补偿，从而降低权益资本成本。肖作平和周婧霏（2021）研究发现，媒体关注可以减少市场摩擦（如信息不对称和代理冲突），增强投资者信心，进而降低权益资本成本。

关于公司地理位置与信息环境研究方面，相关文献记录了地方经济主体相对于更远的经济主体所获得的信息优势，信息不对称随着投资者与其目标之间的物理距离而增加。Coval 和 Moskowitz（1999）的一篇开创性论文指出，共同基金经理在本地公司的投资中获得的回报更高，并将他们的发现归因于具有更好的监控能力或更好地获取私人信息的能力。随后，一系列关于公司地理位置的金融研究表明，信息不对称程度随着外部利益相关者与目标之间实际距离的增加而增加，近距离的外部利益相关者具有的信息优势能够促进合作。Coval 和 Moskowitz（2001）、Ivkovic 和 Weisbenner（2005）发现，投资者在本地公司投资比在非本地公司获得更高的回报——尤其是当关于投资目标的公开信息很少时。同样，Malloy（2005）、Bae 等（2008）发现本地分析师能够比非本地分析师更准确地预测收益，即邻近的地理位置所具有的信息优势能够促进分析师作出更准确的盈利预测。Kedia 等（2008）对地理位置与公司收购方的回报之间的关系进行了研究。实证结果表明，上市公司在收购本地目标时能够获得明显高于非本地交易的回报，因此公司更愿意收购那些位于本地的目标公司。这种结果与地理位置上的接近所产生的信息优势有关。Ivkovic 和 Weisbenner（2005）基于散户投资者的投资决策和结果研究发现，本地投资者能更好地挖掘本地公司的重要信息，这种近距离带来的信息优势使投资者对当地公司表现出强烈的投资偏好——家庭投资组合中平均近 1/3 投资于总部位于 250 英里以内的公司。此外，对当地公司的投资能够获得更高的回报——特别是在几乎没有关于投资目标公开信息的情况下。另外，一系列论文研究了专业监督者的地理效应——也就是说，对于那些专注于监督而不是通过投资直接获得经济收益的各方而言，这些研究结果也与距离表示的信息不对称一致。如 Kedia 和 Rajgopal（2007）表明，上市公司与最近的美国证券交易委员会（SEC）办公室之间的距离与财务误报的可能性呈正相关。尽管这一结果与公司的行为一致，就好像他们明白 SEC 的监控成本是距离的增函数，但他们也指出，距离较远的公司可能对监控过程的总体意识较低。在审计方面，DeFond 等（2008）发现证据表明，随着客户与 SEC 办公室之间距离的增加，审计师更有可能修改其审计报告。虽然这一结果并没有说明监控质量本身，但它确实表明审计师的报告决定与他们认为 SEC 的监控成本随着距离的增加而增加的看法有关。Jensen 等（2015）基于信息不对称理论研究了审计质量与审计师和客户之间的空间距离接近度之间的关系。结果发现，在控制监控成本（审计费用）和公司对审计人员选择的基础上，审计人员与公司地理位置越接近，两者之间的信息不对称程度就越低，从而导致审计质量越高。

相关研究开始关注地理距离和资本成本之间的关系，如 De Young 等（2006）基于大量美国小规模公司的贷款数据研究指出，由于较远的距离会妨碍信息的收集和对借款人的监管，小公司贷款违约的可能性随着其与银行之间距离的增加而增加。Hauswald 和 Marquez（2006）研究指出，不知情的贷款人向远程借款人收取更高的贷款利息，以补偿相比知情贷款人更严重的逆向选择问题。以上研究表明，经济活动参与人之间地理位置的邻近度会影响其信息环境，进而影响公司诸多经济活动的成本和收益。Agarwal 和 Hauswald（2010）利用小公司向大银行提出的所有贷款申请数据，研究空间距离对信息不透明的信贷市场中私人信息获取和使用的影响。结果表明，地理位置上的邻近有利于银行收集关于借款人的“软”信息[①]，这种信息优势使本地公司获取银行贷款的可能性更

① Coval 和 Moskowitz（1999）指出，相较于会计信息等“硬”信息，“软”信息（如公司文化、管理者的未来发展计划、当地经济环境和公司社会资本等）是无形的，更难以获取、传播和理解，但也被认为会对关于公司的风险判断和投资决策产生重要影响。“软”信息很难写在纸上或以电子方式存储（Stein，2002）。

大，并且成本更低。El Ghoul 等（2013）研究表明，相较于位于偏远地区的公司，靠近中心地点的公司股权融资成本更低，这意味着当公司远离主要金融中心时会产生更严重的信息不对称，这时，理性的投资者会要求更多的不确定性补偿。

目前，鲜有关于高铁开通与债务融资方面的研究，但本书在以上关于公司地理位置与信息环境的相关研究中得到启发。随着中国高铁建设的迅速发展，高铁开通与中国经济和金融方面的研究得到了学术界的关注。如张俊（2017）使用各地区夜间平均灯光亮度来度量地区经济发展水平，并将其与高铁开通数据相结合，研究高铁开通对县级市经济发展的影响，结果发现，高铁开通对县级市带来了显著的正向溢出效应，提高了县级市的固定投资规模，促进了县级市的经济增长。张梦婷等（2018）研究了高铁开通对公司生产率的影响及其内在机制。结果发现，高铁开通具有“集聚效应”，即某个城市开通高铁会推动周边城市的资本、劳动力等生产要素向其集聚，促进中心城市的经济发展。然而，这对于外围城市而言，却产生了相对应的“虹吸效应”，进而对外围城市的经济发展产生不利影响。饶品贵等（2019）利用高铁开通数据研究基础交通设施对公司供应商布局的影响。研究发现，公司所在地在高铁开通后与供应商的地理距离明显增加，从整体上拓展了公司的供应商分布网络。认为高铁开通能够有效降低公司在获取信息、物流、交易等方面的成本，为公司提供了一个重新考虑供应商布局的契机，以调整和优化供应商布局、为公司增加经济效益。黄张凯等（2016）从 IPO 定价视角考察高铁开通对经济运行效率的影响，结果发现，高铁开通有利于信息的流动和传递，这在一定程度上缓解了投资者与公司之间由于远距离而产生的信息不对称，从而提高了公司的 IPO 定价效率，最终对资本市场的运行效率产生积极影响。龙玉等（2017）考察了高铁开通对当地风险投资的影响。研究发现，有高铁开通的城市能够吸引更多的风险投资，这说明高铁开通能够在一定程度上突破风险投资的地理限制，从而促进地方经济转型和创新。此外，高铁开通带来的时空距离的缩短能够缓解投资人和创业者之间的信息不对称，这使得对信息要求更高的公司初创期和扩张期的风险投资明显增加。赵静等（2018）对高铁开通与股票崩盘的关系进行了实证研究，结果表明，公司所在地城市的高铁开通有利于促进地区间的信息流动，缓解公司和外部利益相关者之间的信息不对称，提高公司治理水平，降低外部监督成本，最终抑制公司的股价崩盘风险。以上研究表明，高铁开通作为一个外部事件瞬间缩短了公司与外部利益相关者之间的时间距离，从新的角度为公司地理位置对经济活动影响的相关研究提供了准自然实验的数据支持。

3.4 本章小结

先前关于债务资本成本影响因素的研究主要集中于公司特征（公司规模、资产有形性、杠杆和成长机会等）。近年来，随着信息不对称理论和委托代理理论的发展，大量文献集中研究了股权结构、董事会结构、内部控制等公司内部治理和市场参与者的外部监督效应（如披露、新闻媒体和分析师活动等）、产品竞争市场和法律制度等公司外部治理对公司债务资本成本的影响。随着“法与金融”研究的兴起，法律制度这一重要的外部治理机制逐渐受到学者们的关注，相关研究开始涉及法律制度对公司资本成本（尤其是权益资本成本）的影响，但这些研究主要集中于考察投资者保护程度、执法质量等法制因素如何影响公司资本成本。然而，法律诉讼作为解决双方纠纷的最后途径，通常会导致被诉公司价值和声誉受损。鉴于法律诉讼对债务人产生的负面影响（如公司价值减损、声誉受损等），债务投资者往往会通过提高债务资本成本

（如利率）来缓解债务双方之间的信息不对称和代理冲突问题。目前，国内还没有出现从法律诉讼视角研究公司债务资本成本的文献，国外文献研究法律诉讼如何影响公司债务资本成本也是刚刚起步（Yuan 和 Zhang，2015；Chu，2017；Malm 和 Krolikowski，2017；Arena，2017）。然而，国外关于法律诉讼与公司债务资本成本的研究样本很少涵盖所有的诉讼类型，而为数不多的涉及全部诉讼类型的研究几乎都是以构建诉讼潜在风险变量的方式来进行实证。如 Arena（2017）通过三种方式即将公司下一年是否有诉讼作为虚拟变量，构建 Probit 模型估计以及采用公司所在行业诉讼发生的概率来衡量公司的诉讼风险。本书关注的是重大诉讼实际发生后公司债务资本成本的变化，且由于本书认为原告公司在提起诉讼时也是对自身损失的一种宣告，同时也会承担诉讼成本和无法收回损失的风险，因而重大诉讼同样会对原告公司债务融资产生重大影响，因此，不同于其他仅关注被告公司的研究，本书将重大诉讼原告公司的数据也纳入研究样本。此外，本书还研究重大诉讼对公司债务资本成本的影响在不同公司偿债能力、不同公司政治背景以及不同公司内控质量下是否有差异，以进一步深入探究这种影响机理和不同情况下的演变，是对“法与金融”研究的有益补充。

目前，关于公司信息环境与公司金融的研究较少，且大多数研究只关注构成公司信息环境的某一个方面，如披露、媒体关注和分析师活动等。鲜有文献将信息环境的各方面融合起来以综合度量信息环境。本书的信息环境代理变量由分析师关注度、媒体跟踪和机构投资者参与度构成，并采用主成分分析法（PCA）提取三个指标的主成分，以综合考察信息环境质量。另外，自 Coval 和 Moskowitz（1999）发现公司所在地与投资者之间的距离能够影响投资者的信息获取效率以来，公司与利益相关者之间的空间距离通常被用以衡量构成公司信息环境要素的信息不对称和监督成本（Devos 和 Rahman，2014）。除了公司与外部利益相关者之间的空间距离能影响公司的信息环境之外，公司与外部利益相关者之间的时间距离也能影响公司与外界的信息交流，从而影响公司的信息环境。随着中国高铁建设的迅猛发展，涌现出一系列高铁开通与中国经济和公司金融方面的研究。然而，目前还鲜有学者关注高铁开通对公司债务资本成本的影响。受到关于公司地理位置与信息环境的相关研究启发，高铁开通带来的时间距离的瞬间缩短是否可以替代空间距离变量，从而成为衡量公司信息环境的一个代理变量，为基于信息不对称和代理冲突理论的空间距离研究提供一个新的视角。

此外，现有文献没有考虑重大诉讼与信息环境对公司债务资本成本的交互效应。信息环境与重大诉讼对公司债务资本成本的交互效应至关重要，这使得人们能够观察到重大诉讼与公司债务资本成本之间的基本关系如何随着信息环境的变化而变化。如果忽视这一交互效应，人们将无法深刻把握和理解重大诉讼与信息环境如何影响公司债务资本成本的作用机理。因此，本书把重大诉讼与信息环境对公司债务资本成本的交互效应纳入研究框架。

第 4 章

重大诉讼对公司债务资本成本的影响

随着中国法治水平的提高，诉讼已成为解决公司间纠纷的一种重要且普遍的方式。2016 年，参与诉讼的上市公司有 846 家，占上市公司总数的 23.4%。诉讼总数达到 4126 次，平均每家上市公司遭遇 1.14 起诉讼①。尽管中国一直在推进法制建设，但目前的法律制度仍然不够完善且多变，投资者保护薄弱，司法效率低下，最终导致法律维权成本较高（Chen 等，2013；王彦超等，2016）。与此同时，中国的金融市场发展还不成熟，中国公司受到较多的融资约束，进而存在过度依赖银行贷款的现象（Allen 等，2005）。银行信贷在中国是一种稀缺的债务融资资源，当公司发生重大诉讼后，银行作为债务市场中的强势一方，很可能会提高公司的贷款利

① 根据世界银行（2001）对 2000 年 1500 家中国企业的调查数据，38.8% 和 29.8% 的企业在最终解决至少一个客户和一个供应商的纠纷时分别使用了诉讼。1983 年至 2001 年，一审法院受理的经济纠纷案件从 43553 起增加到 1149101 起，1999 年达到峰值，高达 1515848 起。根据国家统计局数据，2004 年法院受理的合同纠纷案件数量为 2247841 件，其中 2235890 件通过判决获得解决。最高人民法院院长周强向十三届全国人民代表大会四次会议作最高人民法院工作报告。报告提到，2020 年最高人民法院受理案件 39347 件，审结 35773 件，制定司法解释 28 件，发布指导性案例 17 个，加强对全国法院审判工作的监督指导；地方各级人民法院和专门人民法院受理案件 3080.5 万件，审结、执结 2870.5 万件，结案标的额 7.1 万亿元。最高人民检察院检察长张军在第十三届全国人民代表大会第五次会议上作最高人民检察院工作报告。报告提到，2021 年，检察机关更加自觉融入国家治理，依法能动履职，刑事、民事、行政、公益诉讼等各项检察工作取得新进展。

率以补偿因重大诉讼而增加的债务风险，而此时公司由于正需要应对重大诉讼的额外资金而不得不接受较高的银行贷款利率。对于公司债券融资，公司和分散的债券投资者之间存在更加严重的信息不对称和代理冲突，这让发生重大诉讼的公司不得不提高债券信用利差以对投资者进行风险补偿。我们试图基于中国的特殊背景，实证研究重大诉讼与公司债务资本成本之间的关系。

值得注意的是，虽然公司诉讼在中国很普遍，但它们的严重程度差别很大。具体来说，目前上市公司发生的诉讼中，很大一部分是常见的小金额诉讼，如小额索赔、小额劳动合同纠纷等，而有些则可能严重影响公司的未来发展，甚至威胁到公司的生存，如广药集团和加多宝之间的商标侵权纠纷。此外，外部利益相关者可以感知到部分事前诉讼风险，如行业中的常见诉讼，这会极大地削弱诉讼实际发生时带来的不利影响（Yuan 和 Zhang，2015；Arena，2017）。因此，并不是所有的诉讼都会向市场释放出明显的负面信号。只有当它们足够严重时，才会通过债权人的风险评估影响公司的债务融资活动。据此，本书选择重大诉讼作为主要研究变量，研究重大诉讼对公司债务资本成本的影响。目前，上海和深圳证券交易所发布的股票交易规则对公司的重大诉讼有明确的定义和披露要求，这为我们的实证部分提供了一个客观的数据条件。

本章第一部分就重大诉讼对公司债务资本成本的影响进行理论分析，并提出研究假设 H1。第二部分对数据来源、样本选择、研究变量度量和模型设定进行说明，并对描述性统计和相关性检验结果进行分析，然后，分别从公司是否发生重大诉讼、发生重大诉讼的频率以及发生重大诉讼的金额三方面实证检验重大诉讼对公司债务资本成本的影响并解释实证结果。第三部分使用 Heckman 两阶段模型、倾向得分匹配法（PSM）以及替代被解释变量等进行稳健性检验。第四部分实证检验不同类型的重大诉讼对公司债务资本成本的影响。第五部分进一步分析公司异质性对重大诉讼与债务资本成本之间关系的影响。第六部分是本章小结。

4.1　重大诉讼对公司债务资本成本影响的理论分析

大多数研究认为，一个国家的制度和法律环境，包括法律的制定和执行，对于创造可持续增长和培养创业精神至关重要（North，1990）。根据这个论点，企业部门的活力取决于一个运转良好、公平和独立的司法机构。法律诉讼作为解决双方纠纷的最后途径，会使公司承担远远大于合理估计的高昂的诉讼成本（Cutler和Summers，1988；Bhagat等，1998）。这些高昂的诉讼成本不仅包括诉讼相关费用（如律师费）、法院判决的经济赔偿以及其他惩罚（如行业准入限制）等直接成本，还包括各种间接成本，如声誉方面的损失（Karpoff和Lott，1993）、管理者时间和资源方面的消耗（Karpoff等，2008）、未来不确定性的增加如公司战略变化、管理层更替（Marciukaityte等，2006）、后续诉讼风险的增加（Engelmann和Cornell，1988）以及客户和供应商的损失导致业绩恶化（Graham等，2008）等，且这些间接成本占据了诉讼总成本的绝大部分（Engelmann和Cornell，1988；Karpoff和Lott，1993）。Karpoff等（2008）使用Peltzman（1981）引入的经验程序的修正版本，估算了因财务虚假陈述而被起诉的公司所遭受的声誉损失。他们发现，名誉损失超过法定惩罚的7.5倍以上。并且，更多依赖隐性合同的公司（如研发支出和无形资产较大的公司）的声誉损失更大（Klein和Leffler，1981；Landes和Posner，1987）。Murphy等（2009）的经验研究表明，公司不当行为暴露后的市值损失部分是由于公司风险较高和未来盈利能力较低导致的。公司诉讼产生了巨大的成本，对盈利能力、现金持有量和公司价值产生了巨大的负面影响。当公司遭遇重大诉讼时，这些后果将更加严重和深远，并引发债务投资者的高度关注。Yuan 和 Zhang（2015）研究发现，无论是在公司面临诉讼风险时，还是在提起诉讼之后，公司都会对其银行贷款维持较高的利息。银行通过收取更高的息差、提供期限更短的贷款，或向更有可能被起诉的公司提供更多承诺的贷款，为贷款合同中的诉讼风险定价。Deng 等（2014）报告称，在提起证券集体诉讼后，被告公司的贷款利差增加，预付借款费用增加，财务契约和抵押品要求增加。当公司董事因有限责任和赔偿条款而不受潜在诉讼的影响时，公司将受益于更高的信用评级和更低的收益率差（Bradley 和 Chen，2011）。

对于公司债务融资而言，公司能否顺利获取资金融通主要取决于债权人对公司偿债能力及道德风险的评估（Kisgen，2006）。公司发生重大诉讼主要会向外界传递以下负面信号：原告公司利益受到严重损害，并且公司管理层需要进一步付出时间、精力和资源在重大诉讼中获胜，才有可能弥补之前遭受的损失；被告公司除了需要承担相应的诉讼成本外，还可能会因为支付高昂的经济赔偿而面临现金流短缺[①]，或受到法院的经济制裁导致未来发展受阻。然而，先前文献大多关注被告公司的损失，因为被告公司更有可能承担声誉损失，更容易引发后续诉讼，更可能受到法院施加的行为限制惩罚等，从而导致其更可能出现财务困境（Engelmann 和 Cornell，1988；Cutler 和 Summers，1988；Bizjak 和 Coles，1995；Autore 等，2014；Yuan 和 Zhang，2015；Arena，2017）。虽然 Bhagat 等（1998）早期针对重大诉讼对股票市场的影响研究中有关于原告公司的发现，但结果显示原告公司的股票下跌幅度相比被告公司而言是微不足道的。Firth 等（2011）基于中国上市公司数据实证

① 诉讼会带来一系列的现金流出，如法律顾问的佣金、向法院缴纳的诉讼费、鉴定费和评估费等，这将减少公司的现金流，增大公司资金周转的压力，使公司发生财务困境的可能性加大，从而增加债权人对债务人违约风险的预期。

发现，诉讼使被告公司的股价下降了 1.67%，而原告公司的股价平均仅损失了 0.77%。总之，在股票市场中，投资者对被诉公司的负面反应更加强烈。然而，这个研究结论在债务市场中可能会有所不同。Patell 等（1982）指出原告公司已经被剥夺了资金或其他资产，在追偿成功之前，这种资本是有机会成本的。此外，我们还需要注意原告的一些潜在风险和损失，例如，当诉讼最终解决时，被告可能没有足够的资金支付赔偿；损害还可能包括被剥夺的影响公司未来业绩的商业机会等。总体来说，公司无论是作为原告还是被告涉及重大诉讼，对公司而言都是负面事件，谨慎的债权人会感知这一负面事件相关的不确定性和潜在风险提高对债务的投资回报要求，从而增加公司债务资本成本。此外，在中国，执法效率低、执法成本高，诉讼赔偿率相对较低（王彦超等，2016）。在这种情况下，债权人可能对原告公司不能收回损失的风险更加谨慎，进一步导致原告公司债务融资能力减弱，债务资本成本上升。

此外，以往的研究指出，债务双方之间存在信息不对称，从而加剧了资产替代和过度投资等代理问题，引发道德风险和逆向选择，最终对公司债务融资活动产生不利的影响（Jensen 和 Meckling，1976；Myers 和 Majluf，1984）。重大诉讼会导致公司声誉受损，并引发一系列后续的不确定性风险，从而导致股东和债权人之间的信息不对称和代理冲突进一步恶化，进而迫使债权人要求更多的投资回报以对相关风险进行补偿。具体而言，本节将从以下三方面进行详细阐述。

首先，由于重大诉讼往往持续数年才能结束，利益相关者可能在很长时间内都无法确定诉讼的最终结果。特别是当重大诉讼涉及公司主营业务方面的潜在限制时，法院的裁决可能会严重损害公司的核心竞争力和未来发展潜力，如公司在重要专利权纠纷中败诉、在国外反倾销诉讼中败诉等，进而影响公司的长期偿债和发展能力。因此，重大诉讼结果的不确定性使得债权人很难评估公司的债务价值，从而加重逆向选择问题，导致公司债务资本成本上升。

其次，重大诉讼给被告公司带来的声誉损失可能会导致公司未来发展受阻、盈利能力和现金创造能力降低。Engelmann 和 Cornell（1988）提出，重大诉讼会传递出一种关于被告公司愿意参与违法活动的信号，从而可能损害被告公司的声誉。因此，当公司遭遇重大诉讼时，公司的贸易伙伴将更加谨慎，如在与该公司签订合同之前要求更详细的条款、将之前的隐性承诺书面化等，从而增加公司的交易成本。债务融资本质上也是一种关于资金使用时间的交易。根据债务契约理论，如果契约双方的信息完全对称，那么双方可以以较低的签约成本达成完美契约，并且还能降低其后的履约成本（Smith 和 Warner，1979）。重大诉讼的不确定性直接加剧了债权人和债务人之间的信息不对称程度，并且重大诉讼的发生和后续进程还可能会揭露出关于公司的某种不良行为从而导致公司声誉受损。在这种情况下，债权人为了对重大诉讼发生后的公司债务价值进行更准确的预估，将要花费更多的时间和精力；同时将直接提高关于公司道德风险的评估，如潜在的损害债权人利益的短视行为或管理者的机会主义行为等，从而增加了债务融资合同的签订成本和后续履约成本，进而增加公司债务资本成本。

最后，重大诉讼可能会导致高管流失。在这一过程中，管理者可能会对股东产生不利行为，从而削弱公司治理，增加代理成本（Karpoff 等，2008；Aharony 等，2015）。此外，重大诉讼发生后，公司战略也可能发生变化，这将导致公司估值的不确定性增加（Murphy 等，2009）。这些潜在的风险和不确定性也会加剧债权人和债务人之间的信息不对称和代理冲突，导致债权人要求更高的债务融资回报以对增加的债务风险进行补偿，进而增加公司债务资本成本。

总之，重大诉讼会削弱公司在金融债务市场中的谈判能力，使公司面临的债务融资环境恶化，最终将对公司债务资本成本产生负面的影响（Autore 等，2014；Yuan 和 Zhang，2015；Arena，2017）。

据此，我们提出研究假设 H1：公司发生重大诉讼与公司债务资本成本正相关。

4.2　实证研究设计

4.2.1　数据来源和样本选择

沪深证券交易所对上市公司重大诉讼有明确的定义及披露要求[①]。对于满足公司重大诉讼定义的诉讼事项，如上市公司发生诉讼的涉案金额达到一定标准或者经公司董事会或交易所认定其严重程度较高可能对公司股票价格产生较大影响的，公司应及时披露。由于 CSMAR 数据库整理了 A 股上市公司在公司年报中披露的重大诉讼信息，包括重大诉讼发生的时间、次数、涉案金额等数据，我们从 CSMAR 数据库下载该数据形成重大诉讼的研究样本。CSMAR 数据库中的重大诉讼发生日期是按重大诉讼披露日期整理的，经对样本的整理核对发现，重大诉讼披露日期和发生日期有时不一致。针对该问题，我们手工收集了公司披露的重大诉讼公告（根据交易所规定，公告中必须披露重大诉讼的上诉日期，即实际发生日期），然后使用手工整理的重大诉讼实际发生日期替代 CSMAR 数据库中的重大诉讼发生日期，确保重大诉讼的发生年份是准确的。债务资本成本的利息支出数据来源于 WIND 数据库[②]，并对利息支

---

① 详见《上海证券交易所股票上市规则》第十一章“其他重大事项”第一节“重大诉讼和仲裁”、《深圳证券交易所股票上市规则》第十一章“其他重大事项”第一节“重大诉讼和仲裁”以及《创业板股票上市规则》第八章“其他重大事项”第六节“其他”。

② WIND 是一家中国信息软件服务公司，提供财务数据和分析工具。大量的媒体、研究报告和学术论文经常使用该数据库提供的数据。网址：*https：//www.wind.com.cn/NewSite/edb.html*。

出数值小于等于零①的部分予以删除。控制变量中的公司特征和债务特征数据来源于 CSMAR 数据库，制度因素相关数据参见《中国分省份市场化指数报告（2018）》（王小鲁等，2019）、国家统计局网站和《中国金融年鉴》。

由于第 5 章关于高铁开通与公司债务资本成本的实证研究中，中国高铁的持续开通始于 2008 年，同时，为了配合第 6 章重大诉讼、高铁开通与公司债务资本成本交互效应的实证研究，本章的样本期间设为 2008 年至 2018 年，并按照如下标准筛选：（1）由于金融行业企业本身的特殊性，删除该部分样本；（2）由于部分上市公司的相关数据披露不全，同样将其删除；（3）对所有连续变量进行上下 1% 的缩尾处理以避免异常值对模型的干扰。根据上述原则，我们最终得到了 19958 个观察值。

4.2.2　变量定义与实证模型设计

4.2.2.1　被解释变量

中国公司的债务资本成本主要包括银行贷款和公司债券的利息。由于债务资本成本属于公司的商业秘密，上市公司并未分债务类型公开披露所有债务的成本，因此本书借鉴 Sengupta（1998）、蒋琰（2009）、陈汉文和周中胜（2014）以及刘慧等（2016）等关于公司债务资本成本的研究，采用公司利息支出与期初、期末平均带息负债总额的比值来代表公司的债务资本成本②。由于公司利息

① 当利息收入大于利息支出时，利息支出为负值，这种情况一般意味着公司几乎没有带息负债或公司利息支出很少。

② 前面文献综述部分，我们对国际上度量公司债务资本成本的五种方法进行了总结归纳。在中国，公司不会公开债务融资的所有相关信息，特别是银行贷款利率的信息披露缺失严重，但是由于交易所对债券的发行信息有强制性的披露要求，因而可以获取公司债的发行利率，因此，作为该研究的一个补充，我们在第 6 章的进一步分析中，以债券利差（公司债发行利率和同期国债收益率之差）作为公司债务资本成本的代理变量，研究重大诉讼、信息环境与公司债务资本成本之间的关系。

支出金额相对于带息负债总额较小，为了与其他变量单位保持一致，将该比值乘以 100。利息支出数据来自上市公司年报中“财务费用”科目项下明细科目中的“利息支出”。

4.2.2.2　解释变量

我们从公司是否涉及重大诉讼、重大诉讼发生频率以及重大诉讼涉诉金额三方面来考察公司发生重大诉讼对债务资本成本的影响。公司是否涉及重大诉讼采用虚拟变量 *ISI* 来代表，公司发生重大诉讼，*ISI* = 1，否则 *ISI* = 0。由于有的公司在同一年不止发生一次重大诉讼，因此我们使用 *Frequency* 作为重大诉讼的发生频率来代表公司发生重大诉讼的次数，并对 *Frequency* 取对数。此外，*Amount* 为公司重大诉讼的累计发生金额与期末公司总资产的比值，代表重大诉讼的发生金额。

4.2.2.3　控制变量的定义

关于控制变量的选择，我们参考了先前有关公司债务资本成本的实证研究（如 Sengupta，1998；Costello 和 Wittenberg – Moerman，2011；Bradley 和 Chen，2011；Francis 等，2012；Lin 等，2014；Tanaka，2016；Boubakri 等，2015；Ghouma，2017），在实证模型中加入公司特征、债务特征、制度因素、行业和年度虚拟变量等。

公司规模（*Size*）：按照研究惯例，将公司年末总资产的数值取对数，以度量公司规模。一般而言，公司规模较小反映其自身实力的不足，信息不对称程度较高，声誉较差，因而需要承担较高的公司债务资本成本；反之，规模越大的公司拥有较强的实力，声誉也较高，容易获得更低成本的债务融资。

盈利能力（*ROA*）：参考以往文献，我们使用资产收益率（*ROA*）对其进行度量。一般而言，那些盈利能力较高的公司债务违约的可能性较低。因此，我们预期盈利能力越好的公司，债务资本成本越低。

公司成长性（*TBQ*）：参考以往文献，我们使用托宾 Q 值（*TBQ*）对公司成长性进行度量。Ortiz – Molina（2006）指出，成长性越高的公司越容易面临财务困境，进而提升公司的违约风险，此时，为了弥补高成长性产生的违约风险对债权人造成的损失，公司面临更高的债务资本成本。基于此，我们预期较高的成长性会导致较高的公司债务资本成本。

有形资产比率（*Tangible*）：公司的有形资产比率等于固定资产除以公司期末总资产。公司的有形资产比率一方面代表了公司的债务融资能力，另一方面也体现出公司违约后的债务回收率。当公司的有形资产比率较高时，公司的抵押物较多，债务融资能力较强，债务违约回收率较高。因此，有形资产比率与公司债务资本成本负相关。

利息保障倍数（*InterestP*）：其计算方法为先将公司的净利润、所得税、财务费用相加，然后除以财务费用。数值越高，公司偿债能力越强，违约风险较低，因此较高的利息保障倍数能使公司以较低成本获取债务融资。

债务规模（*LoanBond*）：我们使用公司期初、期末平均带息负债总额的对数进行度量。一般而言，公司带息债务规模与公司的融资能力、公司质量间存在很强的相关性。偿债能力较高的公司才能获取较多的带息负债，从而也伴随着较低的债务资本成本。因此，公司债务规模与债务资本成本负相关。

债务期限（*Maturity*）：公司债券发行期限一般在一年以上，因此我们使用长期借款和应付债券之和的期初、期末平均值，并将其与短期借款、长期借款以及应付债券之和的期初、期末平均值的比值来表示债务期限。一般而言，债务期限越长，债务违约风险越高，债务发行利率越高，公司的债务资本成本也越高。

市场化指数（*MarketInd*）：我们采用市场总指数评分来度量，数据来自《中国分省份市场化指数报告（2018）》（王小鲁等，

2019）。该指数评分可以系统地评价全国各省份的市场化相对进程，并且由五个一级分项指数组成，包括政府与市场的关系、非国有经济的发展、产品市场的发育程度、要素市场的发育程度以及信息中介组织的发育和法治环境。由于该报告仅提供2008年至2016年的指数评分，2017年和2018年的数值采用计算以前年度平均增长率的方法进行推算。市场化指数的值越大，说明公司所在地的地区市场化发展程度越高，投资者环境越好，债务资本成本越低。同时，市场化程度越高，债务风险向债务资本成本的传导会更加充分和全面，对债务资本成本的影响也会更大。

国内生产总值（*GDP*）：我们采用地级市国内生产总值代表一个城市的经济发展水平，国内生产总值与经济发展水平正相关。为了使该数据与其他变量数据单位一致，我们对该变量数值取对数。通常，经济发展水平较高的城市，其市场参与者更多也更活跃，有利于形成一个良好的信息环境，提高公司的信息透明度，同时还能加强对公司的外部监督，从而缓解债权人和债务人之间的信息不对称和代理冲突，有利于公司以较低成本获取债务融资。因此，我们预期国内生产总值与公司债务资本成本负相关。

信贷市场供给（*Finance*）：我们使用各省份年末金融机构贷款余额取对数来度量该地区的信贷市场供给水平。由于信息沟通成本的降低和金融机构之间竞争的加剧，债务融资在城市之间的地域限制在一定程度上被打破，同一个省份区域内的贷款供给水平应能代表省内各城市上市公司享有的贷款资源，因此这里采用省级数据。一般而言，地区信贷市场供给水平越高，越有利于公司以较低成本获取债务融资。因此，我们预期信贷市场供给与债务资本成本负相关。

另外，为了控制行业因素和年度对实证结果的影响，我们引入了年度和行业虚拟变量。研究变量的定义见表4-1。

表 4-1　　研究变量定义

变量类型	变量名称	变量符号	变量定义
被解释变量	债务资本成本	*Cost*	利息支出/短期借款、长期借款以及应付债券之和的期初、期末平均值
解释变量	公司是否有重大诉讼	*ISI*	如公司有重大诉讼，则 *ISI* 取 1，否则为 0
	重大诉讼发生频率	*Frequency*	Log（公司重大诉讼发生次数）
	重大诉讼涉诉金额	*Amount*	重大诉讼的累计金额/期末总资产
控制变量	公司规模	*Size*	Log（期末总资产）
	盈利能力	*ROA*	净利润/期末总资产
	公司成长性	*TBQ*	公司股票年末总市值/期末总资产
	有形资产比率	*Tangible*	期末固定资产/期末总资产
	利息保障倍数	*InterestP*	息税前利润与财务费用的比值
	债务规模	*LoanBond*	Log（短期借款、长期借款以及应付债券之和的期初、期末平均值）
	债务期限	*Maturity*	长期借款和应付债券之和的期初、期末平均值/短期借款、长期借款以及应付债券之和的期初、期末平均值
	市场化指数	*MarketInd*	《中国分省份市场化指数报告（2018）》中的市场总指数评分
	国内生产总值	*GDP*	Log（地区国内生产总值）
	信贷市场供给	*Finance*	Log（地区年末贷款余额）

4.2.2.4　实证模型的设计

为了考察重大诉讼如何影响公司债务资本成本，我们构建如下实证模型：

$$Cost_{it} = \alpha + \beta_1 Litigation_{it} + \sum_{j=1}^{10} \beta_{1+j} ControlVAR_{it} + \sum Year + \sum Industy + \varepsilon_{it} \quad (4-1)$$

其中，i 代表第 i 家公司，t 代表第 t 年；α 为截距；β 为解释变量及控制变量的回归系数，ε_{it} 为随机误差项。$Litigation_{it}$ 为重大诉讼代理变量，包括公司是否有重大诉讼（*ISI*）、公司发生重大诉讼的频率（*Frequency*）、公司发生重大诉讼的金额（*Amount*），并在实证中单独、逐一使用以上三种重大诉讼代理变量进行回归。$\sum_{j=1}^{10} \beta_{1+j} ControlVAR_{it}$ 为所有控制变量的合集，包括公司规模（*Size*）、盈利能力（*ROA*）、公司成长性（*TBQ*）、有形资产比率（*Tangible*）、利息保障倍数（*InterestP*）、债务规模（*LoanBond*）、债务期限（*Maturity*）、市场化指数（*MarketInd*）、国内生产总值（*GDP*）以及信贷市场供给（*Finance*）。为了控制行业因素和年度的影响，在模型中加入行业和年度虚拟变量①。为了确保回归结果的稳健，对所有回归的标准误采用怀特异方差进行修正（White，1980）。

对于随机误差项 ε_{it} 的不同假设，将产生不同的面板数据模型。如果 $\varepsilon_{it} \sim idd(0,\sigma^2)$，即忽略每个截面的个体效应（即截面上无个体差异），此时模型称为混合回归模型。如果考虑到截面数据中的个体特殊效应，可将随机误差项 ε_{it} 假设为：

$$\varepsilon_{it} = b_i + \mu_{it}$$

其中，$\mu_{it} \sim idd(0,\sigma^2)$，而 b_i 的不同假设将导致两个面板数据模型。如果认为个体之间的差异是系统的，是确定的，则假设 b_i 为常数，此时模型称为固定效应（Fixed Effect）模型；如果认为个体之间的差异是随机的，是不确定的，则假设 b_i 为随机变量，此

① 根据中国证监会 2012 年 10 月 26 日发布的《上市公司行业分类指引》，本书对样本中 3296 家上市公司按照行业代码进行分类。同时，本书在实证分析中对制造行业按照大类进行细分，总共分为 28 个制造业小类，其他行业仍按门类进行划分。

时模型称为随机效应（Random Effect）模型①。

4.2.3 描述性统计和相关性统计

4.2.3.1 重大诉讼的年度和行业样本分布

表4-2列示了公司重大诉讼的行业和年度样本分布情况②。图4-1和图4-2分别列示了公司重大诉讼的样本年度分布情况和行业分布情况。由表4-2、图4-1和图4-2可知：（1）2008年

---

① 不论是混合回归模型还是固定效应模型的变截距，在个体效应不显著的原假设下，应当有如下假设成立：所有的常数项 b_i 都相等。为此，可以使用以下的 F 统计量进行检验：

$$F = \frac{(S_L^2 - S_M^2)/(N-1)}{(1-S_L^2)/(NT/N-K)} \sim F(N-1, NT-N-K)$$

其中，S_L 表示不受约束的模型，即固定效应模型的残差；S_M 表示受约束的模型，即混合回归模型的残差，N 为截面样本点的个数，T 为时序期数，K 为解释变量个数。

对于是否存在随机效应，即检验零假设 $\sigma_b=0$。如果拒绝假设，意味着存在随机效应。可以通过 Breusch 和 Pagan（1980）的 LM 检验统计量和基于 Wald 检验的 Hausman 检验统计量（W）进行检验。

$$LM = \frac{NT}{2(T-1)}\left[\frac{\sum_{1}^{N}\left[\sum_{t-1}^{T} e_{it}\right]^2}{\sum_{i-1}^{N}\sum_{i-1}^{T} e_{it}^2} - 1\right]^2 \sim \chi^2(1)$$

其中，e_{it}是线性回归的残差。

$$W = [\beta_{PLS} - \beta_{GLS}]'\Psi^{-1}[\beta_{PLS} - \beta_{GLS}] \sim \chi^2(K-1)$$

其中，β_{PLS}是固定效应的最小二乘估计，β_{GLS}是随机效应的广义最小二乘估计，Ψ 采用固定效应和随机效应模型的协方差矩阵进行计算。当原假设成立时，W 渐进服从自由度为 $K-1$ 的χ^2 分布。在给定的显著水平下，若统计量 W 的值大于临界值，选择固定效应模型，否则采用随机效应模型。

在面板数据模型方法的选择上，通常采用 F 检验决定选用混合回归模型还是固定效应模型，然后用 Hausman 检验确定应该建立随机效应模型还是固定效应模型。通过相关的检验，我们发现本书研究的面板数据模型适合混合最小二乘法估计，即直接把面板数据混合在一起用普通最小二乘法（OLS）估计参数。因此，如果没有特殊说明，本书的面板数据模型估计采用混合最小二乘法。

② 为了最大限度体现重大诉讼数据的分布情况，我们在删除利息支出小于等于零的数据和其他变量的缺失数据前对重大诉讼样本进行统计。

至 2014 年发生重大诉讼的公司占比、公司发生重大诉讼的频率和涉诉金额都大致呈现水平或震荡走低的趋势。2015 年发生重大诉讼的公司占比为 20.1%，公司发生重大诉讼的频率平均为 0.595，公司发生重大诉讼的金额平均为 0.004，相比往年均有较为明显的上升，且这种上升趋势一直持续到 2018 年。2018 年，发生重大诉讼的公司占比达到 26.9%，涉诉频率平均达 1.116，涉诉金额平均达 0.005。(2) 不同行业的公司重大诉讼发生情况存在显著差异。发生重大诉讼的公司占比较高的前三个行业依次为住宿和餐饮业、建筑业、综合行业，分别为 30.7%、29.5%、29.4%。这与俞国栋等（2015）研究中的统计结果相符。此外，这三个行业的重大诉讼发生频率和涉诉金额都相对靠前。

表 4－2　　　　　　年度与行业的样本分布

年份	样本量	*ISI*	*Frequency*	*Amount*
2008	1385	0.108	0.362	0.004
2009	1431	0.101	0.296	0.004
2010	1580	0.091	0.247	0.003
2011	1925	0.083	0.216	0.002
2012	2158	0.080	0.198	0.001
2013	2289	0.083	0.189	0.002
2014	2335	0.093	0.246	0.002
2015	2450	0.201	0.595	0.004
2016	2641	0.227	0.774	0.004
2017	2922	0.244	0.969	0.005
2018	3294	0.269	1.116	0.005
行业名称	样本量	*ISI*	*Frequency*	*Amount*
农、林、牧、渔业	346	0.156	0.676	0.005
采矿业	671	0.151	0.461	0.002
制造业	14830	0.137	0.437	0.003

续表

行业名称	样本量	*ISI*	*Frequency*	*Amount*
电力、热力、燃气及水生产和供应业	981	0.212	0.719	0.004
建筑业	665	0.295	1.411	0.006
批发和零售业	1454	0.234	0.970	0.004
交通运输、仓储和邮政业	854	0.155	0.509	0.002
住宿和餐饮业	88	0.307	1.102	0.009
信息传输、软件和信息技术服务业	1654	0.117	0.268	0.003
房地产业	1228	0.204	0.633	0.005
租赁和商务服务业	368	0.269	1.361	0.007
科学研究和技术服务业	225	0.200	0.622	0.006
水利、环境和公共设施管理业	320	0.144	0.559	0.006
教育	45	0.244	0.311	0.002
卫生和社会工作	78	0.115	0.462	0.001
文化、体育和娱乐业	375	0.173	0.600	0.006
综合	228	0.294	1.092	0.006

注：本表样本公司的行业划分是根据中国证监会2012年制定的行业分类标准统计的。

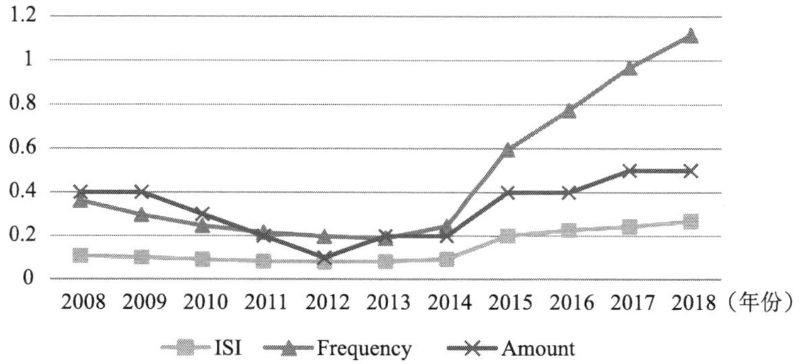

图4-1　样本年度分布图

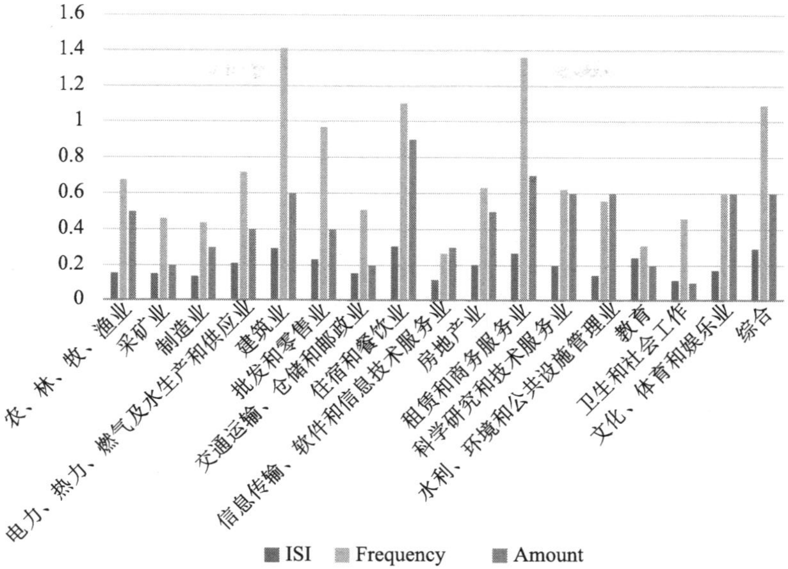

图 4-2　样本行业分布图[①]

4.2.3.2　变量的描述性统计

表 4-3 为本章主要变量的描述性统计。

表 4-3　描述性统计

变量符号	数量	均值	标准差	最小值	25 分位数	中位数	75 分位数	最大值
Cost	19958	7.148	6.059	0.501	4.589	6.060	7.828	49.44
ISI	19958	0.191	0.393	0	0	0	0	1
Frequency_before_Log[②]	19958	0.538	1.868	0	0	0	0	13
Frequency	19958	0.253	0.610	0	0	0	0	3.045
Amount	19958	0.004	0.020	0	0	0	0	0.164
Size	19958	22.21	1.287	19.44	21.30	22.05	22.96	26.01

① 为了便于趋势对比，图 4-1 和图 4-2 中的 Amount 数据统一乘以 100。

② *Frequency_before_Log* 代表对 *Frequency* 取对数前的变量值，下文中的 *_before_Log* 与此处一致，不再赘述。

续表

变量符号	数量	均值	标准差	最小值	25 分位数	中位数	75 分位数	最大值
ROA	19958	0. 063	0. 163	-0. 910	0. 0210	0. 060	0. 121	0. 552
TBQ	19958	1. 975	1. 254	0. 899	1. 222	1. 569	2. 243	9. 306
Tangible	19958	0. 233	0. 172	0. 002	0. 0980	0. 199	0. 336	0. 725
InterestP	19958	11. 91	33. 90	-19. 02	0	3. 056	8. 945	263. 5
LoanBond	19958	20. 00	2. 081	6. 422	18. 77	20. 08	21. 33	24. 81
Maturity	19958	0. 321	0. 327	0	0	0. 222	0. 575	1
MarketInd	19958	7. 912	1. 840	2. 940	6. 660	8. 010	9. 540	10. 57
GDP	19958	17. 77	1. 172	13. 50	16. 98	17. 87	18. 77	19. 61
Finance	19958	10. 26	0. 879	7. 611	9. 713	10. 39	10. 98	11. 62

从被解释变量来看，公司债务资本成本（*Cost*）的均值为 7. 148，若恢复处理前的单位（为了与其他变量单位保持一致，回归前将该比值乘以 100），则公司债务资本成本的均值为 7. 148%，与目前中国上市公司债务融资实际情况相符，也与先前的研究一致（蒋琰，2009；陈汉文和周中胜，2014；刘慧等，2016）。从解释变量来看，发生重大诉讼的公司（*ISI*）平均占比为 19. 1%。公司重大诉讼的发生频率（*Frequency_before_Log*）为 0. 538，即平均 53. 8%的公司会发生一次重大诉讼，说明公司重大诉讼发生频率较高，这主要是因为重大诉讼的法律流程耗时较长，最长可达十几年，因此有重大诉讼的公司一般持续几年都会披露该重大诉讼事件，并且，公司一旦发生重大诉讼后，很容易再发生与此相关的后续诉讼，CSMAR 在统计时会将这些未决诉讼以及后续诉讼都统计在内，因而导致重大诉讼发生频率较高。重大诉讼的涉诉金额（*Amount*）平均为 0. 004，即涉诉金额占总资产的比例平均为 0. 4%。从控制变量来看，公司特征方面，公司规模（*Size*）的均值为 22. 21，盈利能力（*ROA*）、公司成长性（*TBQ*）和有形资产比率（*Tangible*）的均值分别为 6. 3%、1. 975 和 23. 3%，利息保

障倍数（*InterestP*）均值为 11.91。债务特征方面，债务规模（*LoanBond*）即带息负债总额的对数值平均为 20.00，债务期限（*Maturity*）平均值为 32.1%，表明公司的债务融资主要以短期银行贷款为主。市场化指数的平均值为 7.912，最大值为 10.57，最小值为 2.940。国内生产总值平均值为 17.77，最大值为 19.61，最小值为 13.50。信贷市场供给平均值为 10.26，最大值为 11.62，最小值为 7.611。

4.2.3.3　主要变量的相关性统计

为了初步验证重大诉讼和公司债务资本成本之间的关系，我们进行了 Pearson 和 Spearman 相关性检验，如表 4－4 所示。由表4－4 可知，Pearson 相关性检验结果显示，公司是否发生重大诉讼（*ISI*）、公司发生重大诉讼的频率（*Frequency*）以及公司发生重大诉讼的金额（*Amount*）均与公司债务资本成本呈显著正相关关系，该结果说明重大诉讼与公司债务资本成本呈正相关关系。Spearman 相关性检验结果与 Pearson 一致。该结果初步证实研究假设 H1，即公司发生重大诉讼与公司债务资本成本正相关。

表 4－4　　　　　　变量的相关性统计结果

变量	*Cost*	*ISI*	*Frequency*	*Amount*
Cost		0.010	0.014 *	0.020 ***
ISI	0.015 **		0.992 ***	0.905 ***
Frequency	0.023 ***	0.854 ***		0.914 ***
Amount	0.091 ***	0.459 ***	0.535 ***	

注：左下三角区和右上三角区分别为 Pearson 和 Spearman 相关系数；***、** 和 * 分别代表在 1%、5% 和 10% 水平上显著。由于篇幅限制，省略控制变量的相关性检验结果。

4.2.4　实证结果分析

为验证假设 H1，我们首先使用模型（4－1）来检验重大诉讼与公司债务资本成本之间的关系。表4-5报告了实证分析结果，其中，第（1）列报告了公司是否有重大诉讼对公司债务资本成本的影响，第（2）列报告了公司重大诉讼发生频率对公司债务资本成本的影响，第（3）列报告了公司重大诉讼涉诉金额对公司债务资本成本的影响。

表4-5　　重大诉讼与公司债务资本成本的多元回归结果

变量	(1)	(2)	(3)
	Cost	*Cost*	*Cost*
ISI	0.441***		
	[4.04]		
Frequency		0.368***	
		[5.34]	
Amount			22.766***
			[6.99]
Size	2.130***	2.126***	2.155***
	[19.81]	[19.76]	[20.07]
ROA	-4.870***	-4.795***	-4.383***
	[-12.32]	[-12.11]	[-10.87]
TBQ	0.343***	0.341***	0.296***
	[5.64]	[5.61]	[4.96]
Tangible	2.620***	2.640***	2.757***
	[8.25]	[8.33]	[8.75]
InterestP	-0.009***	-0.009***	-0.009***
	[-5.90]	[-5.87]	[-5.90]
LoanBond	-1.955***	-1.957***	-1.958***
	[-23.51]	[-23.53]	[-23.58]

续表

变量	(1)	(2)	(3)
	Cost	*Cost*	*Cost*
Maturity	0. 180	0. 187	0. 190
	[0. 92]	[0. 95]	[0. 97]
MarketInd	-0. 165***	-0. 165***	-0. 161***
	[-3. 05]	[-3. 05]	[-2. 98]
GDP	-0. 074	-0. 071	-0. 071
	[-1. 57]	[-1. 53]	[-1. 51]
Finance	0. 174	0. 177	0. 168
	[1. 48]	[1. 50]	[1. 43]
Constant	0. 202	0. 225	-0. 266
	[0. 13]	[0. 15]	[-0. 18]
Year	Yes	Yes	Yes
Industry	Yes	Yes	Yes
Adjusted R^2	0. 186	0. 187	0. 191
N	19958	19958	19958

注：[　] 内的值为 t 值；***、**、* 表示系数的显著性水平分别为 1%、5%、10%。

表 4-5 第（1）列中，*ISI* 的系数为 0. 441，且在 1% 的置信水平上显著，表明有重大诉讼的公司，债务资本成本较高。第（2）列中，*Frequency* 的系数为 0. 368，且在 1% 的置信水平上显著，表明公司发生重大诉讼的频率越高，债务资本成本越高。第（3）列中，*Amount* 的系数为 22. 766，且在 1% 的置信水平上显著，表明公司发生重大诉讼的金额越大，公司债务资本成本越高。上述研究结果说明，重大诉讼会向外部债权人传递一种关于公司的负面信息（如公司价值下降、公司声誉受损等），并引发一系列后续的不确定性风险，导致公司融资环境恶化，从而使债权人要求更多的投资回报以补偿公司因重大诉讼增加的债务违约风险。

根据控制变量的检验结果，公司规模（*Size*）与债务资本成本之间的相关系数显著为正，该结果与预期相反，这可能是由于公司规模与带息债务金额之间存在一定的共线性。删除带息债务金额这一控制变量后再重新回归，公司规模的系数则变为负数，且在1%的置信水平上显著，即规模较大的公司能以较低成本获取债务融资，这与一般预期相一致。公司成长性（*TBQ*）与公司债务资本成本显著正相关，表明成长性较高的公司一般与债权人之间的信息不对称和代理冲突更严重，从而导致更高的债务资本成本，与预期一致。有形资产比率（*Tangible*）与公司债务资本成本显著正相关，该结果与预期相反，这可能是由于重资产行业的公司需要的资金投入也越大，其带息负债就越多，债务风险就越高，因而也需要承担较高的债务资本成本。盈利能力（*ROA*）和利息保障倍数（*InterestP*）与债务资本成本显著负相关，这是由于拥有较强盈利能力的公司抗风险能力较强、违约风险较低，有助于公司以较低成本获取债务融资，与预期一致。债务规模（*LoanBond*）与债务资本成本显著负相关。一般而言，能获取较大金额债务融资的公司，本身规模较大或实力较强，具备较强的偿债能力，从而能以较低成本获取债务融资。市场化指数（*MarketInd*）与债务资本成本显著负相关，说明市场化程度越高，信息环境越好，金融机构之间的竞争也会更加激烈，从而有利于公司以较低成本获取债务融资。其他宏观环境因素的结果在统计上不显著，这可能是由于宏观环境变量之间存在一定程度的多重共线性，导致回归结果有偏差。总之，控制变量的回归结果大致符合预期。

进一步地，我们借鉴 Autore 等（2014）对证券诉讼的研究，考察重大诉讼与公司债务资本成本之间的动态关系。为此，本书将重大诉讼数据分别滞后一年（*ISI_lag*1）、两年（*ISI_lag*2）和三年（*ISI_lag*3），动态检验公司当年、前一年、前两年和前三年发生重大诉讼对公司债务资本成本的影响。

表 4 - 6　重大诉讼与公司债务资本成本的动态检验结果

变量	(1)	(2)	(3)	(4)
	Cost	*Cost*	*Cost*	*Cost*
ISI	0.441 ***			
	[4.04]			
*ISI_lag*1		0.374 ***		
		[3.22]		
*ISI_lag*2			0.533 ***	
			[4.06]	
*ISI_lag*3				0.649 ***
				[4.56]
Size	2.130 ***	2.130 ***	2.126 ***	2.126 ***
	[19.81]	[19.81]	[19.78]	[19.78]
ROA	-4.870 ***	-4.938 ***	-4.928 ***	-4.928 ***
	[-12.32]	[-12.54]	[-12.52]	[-12.51]
TBQ	0.343 ***	0.345 ***	0.341 ***	0.337 ***
	[5.64]	[5.66]	[5.59]	[5.53]
Tangible	2.620 ***	2.612 ***	2.618 ***	2.631 ***
	[8.25]	[8.22]	[8.25]	[8.28]
InterestP	-0.009 ***	-0.009 ***	-0.009 ***	-0.009 ***
	[-5.90]	[-5.91]	[-5.93]	[-5.96]
LoanBond	-1.955 ***	-1.954 ***	-1.954 ***	-1.955 ***
	[-23.51]	[-23.50]	[-23.50]	[-23.50]
Maturity	0.180	0.177	0.170	0.167
	[0.92]	[0.90]	[0.87]	[0.85]
MarketInd	-0.165 ***	-0.165 ***	-0.163 ***	-0.162 ***
	[-3.05]	[-3.06]	[-3.02]	[-2.99]

续表

变量	(1)	(2)	(3)	(4)
	Cost	*Cost*	*Cost*	*Cost*
GDP	-0.074	-0.074	-0.074	-0.075
	[-1.57]	[-1.59]	[-1.58]	[-1.61]
Finance	0.174	0.172	0.167	0.164
	[1.48]	[1.46]	[1.42]	[1.39]
Constant	0.202	0.216	0.317	0.367
	[0.13]	[0.14]	[0.21]	[0.24]
Year	Yes	Yes	Yes	Yes
Industry	Yes	Yes	Yes	Yes
Adjusted R^2	0.186	0.186	0.186	0.187
N	19958	19958	19958	19958

注：[　] 内的值为 t 值；***、**、* 表示系数的显著性水平分别为 1%、5%、10%。

表 4-6 结果表明，公司当年和前三年内发生重大诉讼都会对债务资本成本产生负面影响，具体而言，公司前一年（*ISI_lag*1）、前两年（*ISI_lag*2）以及前三年（*ISI_lag*3）发生重大诉讼的系数分别为 0.374、0.533 和 0.649，且均在 1% 的置信水平上显著。该结果印证了重大诉讼过程会持续数年，由其产生的未决诉讼和后续诉讼会持续对债务资本成本产生影响。

4.3 稳健性检验

4.3.1 Heckman 两阶段模型

公司发生重大诉讼可能不是随机的，比如，持有较多应收应付款项的公司因与合作伙伴有更多经济方面的牵扯从而更可能发生重大诉讼。为了解决类似的选择偏误问题，我们参考 Francis 等（2013）的做法，使用 Heckman 两阶段模型（Heckman，1979）。具体做法为：第一阶段，将公司是否发生重大诉讼作为因变量，参考 Kim 和 Skinner（2012）和王彦超等（2016）研究中构建的诉讼风险模型，将公司规模（*Size*）、盈利能力（*ROA*）、有形资产比率（*Tangible*）、公司成长性（*TBQ*）、资产负债率（*Leverage*）、公司性质（*Control*）以及两权分离度（*Seperation*）等可能影响重大诉讼发生概率的因素作为自变量，同时控制年度和行业因素，构建 Probit 模型，估算出逆米尔斯系数（Inverse Mills Ratio，IMR）。具体模型如下：

$$ISI_{it} = \alpha + \beta_1 Size_{it} + \beta_2 ROA_{it} + \beta_3 Tangible_{it} + \beta_4 TBQ_{it} + \beta_5 Leverage_{it} + \beta_6 Control_{it} + \beta_7 Seperation_{it} + \sum Year + \sum Industry + \varepsilon_{it} \tag{4-2}$$

其中，公司性质（*Control*）以是否为国有企业的虚拟变量进行度量，资产负债率（*Leverage*）采用期末总负债与总资产的比值来度量，两权分离度（*Seperation*）采用控制权与现金流权的比值来度量。第二阶段，我们将 IMR 纳入模型中，重新回归模型（4-1）。表4-7和表4-8分别列示了 Heckman 第一阶段、第二阶段的结果。

表4-7 Heckman 第一阶段结果

变量	*ISI*
Size	0.016 [1.31]
ROA	-0.901*** [-12.46]
Tangible	-0.155* [-1.81]

续表

变量	*ISI*
TBQ	0.031 *** [2.80]
Leverage	0.087 * [1.64]
Control	0.069 *** [2.58]
Seperation	-0.003 ** [-2.41]
Constant	-1.721 *** [-5.88]
Year	Yes
Industry	Yes
Log likelihood	-8671.919
N	19958

注：[ ] 内的值为 z 值；***、**、* 表示系数的显著性水平分别为 1%、5%、10%。

表 4-8　　Heckman 第二阶段结果

变量	(1)	(2)	(3)
	Cost	*Cost*	*Cost*
ISI	0.417 *** [3.83]		
Frequency		0.366 *** [5.33]	
Amount			22.858 *** [7.13]
Size	2.014 *** [18.79]	2.009 *** [18.74]	2.038 *** [19.06]

续表

变量	(1)	(2)	(3)
	Cost	*Cost*	*Cost*
ROA	1. 163	1. 283	1. 733
	[1. 08]	[1. 19]	[1. 64]
TBQ	0. 094	0. 090	0. 043
	[1. 42]	[1. 36]	[0. 66]
Tangible	3. 532 ***	3. 559 ***	3. 682 ***
	[9. 97]	[10. 05]	[10. 49]
InterestP	-0. 009 ***	-0. 009 ***	-0. 009 ***
	[-5. 82]	[-5. 80]	[-5. 82]
LoanBond	-2. 012 ***	-2. 014 ***	-2. 016 ***
	[-23. 87]	[-23. 90]	[-23. 94]
Maturity	0. 188	0. 195	0. 198
	[0. 96]	[1. 00]	[1. 02]
MarketInd	-0. 143 ***	-0. 143 ***	-0. 139 ***
	[-2. 67]	[-2. 66]	[-2. 60]
GDP	-0. 120 **	-0. 118 **	-0. 117 **
	[-2. 54]	[-2. 50]	[-2. 49]
Finance	0. 212 *	0. 215 *	0. 207 *
	[1. 80]	[1. 83]	[1. 76]
IMR	-8. 554 ***	-8. 610 ***	-8. 660 ***
	[-6. 00]	[-6. 01]	[-6. 20]
Constant	19. 467 ***	19. 614 ***	19. 237 ***
	[5. 70]	[5. 72]	[5. 75]
Year	Yes	Yes	Yes
Industry	Yes	Yes	Yes
Adjusted R^2	0. 192	0. 192	0. 196
N	19958	19958	19958

注：[　] 内的值为 t 值；***、**、* 表示系数的显著性水平分别为 1%、5%、10%。

由表4-7可知，成长性较高、公司性质为国有企业以及资产负债率较高的公司更容易发生重大诉讼；相反，盈利能力较强和控制权相对于现金流权越高的公司，发生重大诉讼的概率较低。

表4-8的结果显示，在控制了样本选择性偏差产生的影响后，公司是否发生重大诉讼、重大诉讼发生频率以及重大诉讼涉诉金额的系数均显著为正，该结果与主回归结果一致。同时，逆米尔斯系数（*IMR*）的回归系数在统计上均显著，说明主回归确实存在一定程度的样本选择偏差问题。

4.3.2 倾向得分匹配法（PSM）

在本章样本中，发生重大诉讼的公司平均占比为19.1%。为了确切比较有严重诉讼的公司和没有严重诉讼的公司之间债务资本成本的差异，运用倾向得分匹配法（PSM）对原样本进行分组。具体而言，将公司是否发生重大诉讼作为因变量，将主回归中的控制变量作为自变量，对发生重大诉讼的公司（控制组）进行1:1无放回的倾向得分匹配，从而得到与控制组相对应的实验组，即没有发生重大诉讼但控制变量特征（公司和债务特征）相近的样本组。表4-9为倾向得分匹配前后控制变量的样本均值差异。结果显示，匹配后控制变量的样本均值差异在统计上不再显著，说明倾向得分匹配法（PSM）有效地消除了控制变量之间可能存在的系统性差异。

表4-9　倾向得分匹配法（PSM）平衡性检验

变量	样本匹配	均值		偏差	偏差减少（%）	T检验	
		处理组	控制组			T	P
Size	U	22.397	22.171	17.400		9.750	0.000***
	M	22.403	22.405	-0.200	99.100	-0.060	0.948

续表

变量	样本匹配	均值		偏差	偏差减少（%）	T 检验	
		处理组	控制组			T	P
ROA	U	0.024	0.073	-26.100		-16.650	0.000***
	M	0.031	0.035	-2.500	90.500	-0.990	0.324
TBQ	U	2.004	1.968	2.800		1.610	0.108
	M	2.004	1.981	1.8	34.800	0.740	0.457
Tangible	U	0.217	0.237	-11.500		-6.460	0.000***
	M	0.218	0.215	1.500	86.700	0.670	0.503
InterestP	U	9.377	12.510	-9.600		-5.130	0.000***
	M	9.520	9.822	-0.900	90.400	-0.440	0.660
LoanBond	U	20.320	19.922	19.200		10.620	0.000***
	M	20.320	20.285	1.700	91.200	0.730	0.464
Maturity	U	0.337	0.318	6.000		3.320	0.001***
	M	0.338	0.349	-3.400	43.900	-1.450	0.146
MarketInd	U	8.191	7.846	18.800		10.440	0.000***
	M	8.187	8.194	-0.400	98.000	-0.170	0.866
GDP	U	17.910	17.741	14.400		8.010	0.000***
	M	17.907	17.902	0.400	97.000	0.190	0.852
Finance	U	10.441	10.217	26.200		14.210	0.000***
	M	10.438	10.441	-0.400	98.500	-0.180	0.859

注：***、**、* 分别表示在 1%、5%、10% 的水平上显著。

表 4-10 列示了基于 PSM 配对样本的回归结果，结果显示，公司是否发生重大诉讼、公司重大诉讼发生频率以及公司重大诉讼涉诉金额的系数均显著为正，表明重大诉讼与公司债务资本成本仍呈显著的正相关关系，该结果与主回归结果一致。

表 4-10　基于 PSM 样本的公司重大诉讼对债务资本成本的影响

变量	(1)	(2)	(3)
	Cost	*Cost*	*Cost*
ISI	0.543***		
	[4.07]		
Frequency		0.457***	
		[5.74]	
Amount			23.426***
			[7.10]
Size	2.231***	2.223***	2.302***
	[12.30]	[12.25]	[12.72]
ROA	-4.119***	-3.997***	-3.527***
	[-8.20]	[-7.95]	[-6.85]
TBQ	0.488***	0.484***	0.409***
	[5.20]	[5.18]	[4.52]
Tangible	1.883***	1.934***	2.119***
	[3.62]	[3.73]	[4.14]
InterestP	-0.014***	-0.014***	-0.014***
	[-5.64]	[-5.60]	[-5.58]
LoanBond	-2.066***	-2.071***	-2.080***
	[-14.19]	[-14.22]	[-14.31]
Maturity	0.311	0.340	0.376
	[0.95]	[1.04]	[1.16]
MarketInd	-0.280***	-0.282***	-0.273***
	[-3.29]	[-3.30]	[-3.23]
GDP	-0.112	-0.105	-0.106
	[-1.47]	[-1.38]	[-1.41]

续表

变量	(1)	(2)	(3)
	Cost	*Cost*	*Cost*
Finance	0.398 **	0.412 **	0.395 **
	[2.00]	[2.07]	[2.01]
Constant	-0.524	-0.564	-1.797
	[-0.21]	[-0.22]	[-0.72]
Year	Yes	Yes	Yes
Industry	Yes	Yes	Yes
Adjusted R^2	0.206	0.208	0.216
N	7552	7552	7552

注：[ ] 内的值为 t 值；***、**、* 表示系数的显著性水平分别为 1%、5%、10%。

4.3.3 替换被解释变量

在有利息支出的公司样本（20756 个）中，公司带息负债期初、期末平均值有 796 个为 0 值，但同时又存在利息支出，这表明用带息负债期初、期末平均值可能不会全面体现公司在一个期间持有的带息负债量，从而导致在计算公司债务资本成本（即利息支出/带息负债期初、期末平均值）时就会损失这部分样本。为了最大限度保留样本，将主回归中的被解释变量替换为利息支出与期初、期末平均负债总额（无 0 值）的比值（$Cost^*$），同时，为了保持分母的一致，将控制变量中的债务期限替换为长期带息负债与期初、期末平均负债总额的比值（$Maturity^*$）。然后，在替换被解释变量后的样本基础上重新对模型（4-1）进行回归。回归结果如表 4-11 所示。

由表 4-11 可知，替换被解释变量后的重大诉讼代理变量的系数均显著为正，与主回归结果一致，从而再次验证了重大诉讼与公司债务资本成本之间呈正相关关系。

表 4-11 替换被解释变量后的公司重大诉讼对债务资本成本的影响

变量	(1)	(2)	(3)
	Cost*	Cost*	Cost*
ISI	0.037*		
	[1.68]		
Frequency		0.054***	
		[3.69]	
Amount			3.052***
			[5.14]
Size	-0.215***	-0.216***	-0.213***
	[-22.89]	[-22.98]	[-22.64]
ROA	-0.926***	-0.907***	-0.857***
	[-12.34]	[-12.14]	[-11.39]
TBQ	-0.028***	-0.028***	-0.034***
	[-2.94]	[-3.01]	[-3.67]
Tangible	1.128***	1.132***	1.146***
	[15.47]	[15.53]	[15.78]
InterestP	-0.005***	-0.005***	-0.005***
	[-21.95]	[-21.88]	[-21.87]
LoanBond	0.122***	0.122***	0.122***
	[49.19]	[49.21]	[49.23]
*Maturity**	2.647***	2.651***	2.653***
	[34.06]	[34.10]	[34.18]
MarketInd	-0.006	-0.006	-0.005
	[-0.52]	[-0.50]	[-0.45]
GDP	-0.077***	-0.077***	-0.076***
	[-7.44]	[-7.40]	[-7.40]

续表

变量	(1)	(2)	(3)
	*Cost**	*Cost**	*Cost**
Finance	0.072***	0.073***	0.071***
	[2.80]	[2.81]	[2.76]
Constant	5.812***	5.818***	5.754***
	[19.29]	[19.31]	[19.10]
Year	Yes	Yes	Yes
Industry	Yes	Yes	Yes
Adjusted R^2	0.396	0.397	0.398
N	20756	20756	20756

注：[　] 内的值为 t 值；***、**、* 表示系数的显著性水平分别为 1%、5%、10%。

4.3.4　替换解释变量

本节采用重大诉讼发生次数取对数来代表重大诉讼频率，由于在公司败诉情况下，重大诉讼涉诉金额被视为公司负债，这时将重大诉讼涉诉金额除以公司净资产得到的净资产负债率或许更能反映公司长期偿债能力，因此，这里采用重大诉讼涉诉金额与公司净资产的比值来代表重大诉讼涉诉金额。表 4－12 为替换解释变量后的回归结果。

表 4－12　替换解释变量后的公司重大诉讼对债务资本成本的影响

变量	(1)	(2)
	Cost	*Cost*
*Frequency**	0.078***	
	[5.43]	
*Amount**		0.306***
		[5.17]

续表

变量	(1)	(2)
	Cost	*Cost*
Size	2.122***	2.147***
	[19.72]	[19.97]
ROA	−4.788***	−5.041***
	[−12.08]	[−12.84]
TBQ	0.343***	0.337***
	[5.62]	[5.57]
Tangible	2.633***	2.620***
	[8.31]	[8.25]
InterestP	−0.009***	−0.009***
	[−5.89]	[−5.80]
LoanBond	−1.954***	−1.958***
	[−23.51]	[−23.56]
Maturity	0.190	0.194
	[0.97]	[0.99]
MarketInd	−0.166***	−0.162***
	[−3.07]	[−3.00]
GDP	−0.070	−0.078*
	[−1.49]	[−1.67]
Finance	0.177	0.176
	[1.50]	[1.49]
Constant	0.257	−0.049
	[0.17]	[−0.03]
Year	Yes	Yes
Industry	Yes	Yes
Adjusted R^2	0.187	0.187
N	19958	19958

注：[ ] 内的值为 t 值；***、**、* 表示系数的显著性水平分别为 1%、5%、10%。

表 4－12 的回归结果显示，替换解释变量后重大诉讼发生频率和重大诉讼涉诉金额的系数均显著为正，即重大诉讼与公司债务资本成本的正相关关系仍然成立。

4.3.5 小样本回归

本节提取有重大诉讼的公司样本，使用公司发生重大诉讼的频率和涉诉金额对债务资本成本再次进行回归，以进一步证明重大诉讼严重程度对公司债务资本成本的影响。回归结果如表 4－13 所示。

表 4－13　仅保留有重大诉讼公司样本的回归结果

变量	(1)	(2)
	Cost	*Cost*
Frequency	0.512*** [3.89]	
Amount		21.322*** [6.26]
Size	2.099*** [8.45]	2.252*** [9.16]
ROA	-4.004*** [-5.84]	-3.221*** [-4.58]
TBQ	0.837*** [5.78]	0.717*** [5.06]
Tangible	1.877** [2.42]	2.071*** [2.69]
InterestP	-0.016*** [-5.25]	-0.016*** [-5.26]

续表

变量	(1)	(2)
	Cost	Cost
LoanBond	-2.040*** [-10.31]	-2.055*** [-10.44]
Maturity	0.660 [1.38]	0.721 [1.51]
MarketInd	-0.387*** [-3.43]	-0.386*** [-3.45]
GDP	-0.235** [-2.06]	-0.231** [-2.05]
Finance	0.640** [2.24]	0.644** [2.28]
Constant	1.493 [0.41]	-1.226 [-0.34]
Year	Yes	Yes
Industry	Yes	Yes
Adjusted R^2	0.223	0.235
N	3804	3804

注：[ ] 内的值为 t 值；***、**、* 表示系数的显著性水平分别为 1%、5%、10%。

表 4-13 的回归结果显示，重大诉讼发生频率和重大诉讼涉诉金额的系数均显著为正。该结果表明，公司发生重大诉讼的频率越高，债务资本成本越高；公司发生重大诉讼的涉诉金额越高，公司债务资本成本越高，即公司重大诉讼越严重，公司债务资本成本越高。

4.4　不同类型重大诉讼对公司债务资本成本的影响

根据国内外相关研究结果，不同诉讼类型对公司金融方面的影响可能有所不同。Bhagat 等（1998）研究指出，与涉及反垄断、合同违约和其他纠纷的诉讼类型相比，环境诉讼、产品责任诉讼和违反安全法等导致被告公司的财富损失更大。Yuan 和 Zhang（2015）针对证券集体诉讼研究发现，诉讼会增加公司的债务资本成本。国内学者王彦超等（2016）借鉴 Kim 和 Skinner（2012）构建股东诉讼风险模型的思路构建了债务诉讼风险模型来估计公司发生债务诉讼的概率，并以此实证其对公司债务资本成本的影响。研究结果显示，公司的潜在债务诉讼风险与公司债务资本成本正相关。我们采用的重大诉讼数据涵盖了几乎所有的诉讼类型，为研究不同类型重大诉讼对债务资本成本的影响提供了必要的数据条件。

为了研究不同类型重大诉讼对公司债务资本成本的影响，我们在原样本中抽取当年仅发生过一次重大诉讼的公司形成新的样本，并根据不同的诉讼发生原因分为知识产权纠纷，买卖合同纠纷，证券欺诈和虚假信息责任纠纷，破产、清算以及重组纠纷，债权债务纠纷，倾销和反倾销纠纷，股东及股权纠纷及其他八种类型，并对每一种类型设置虚拟变量，再采用主回归中的模型对这八种类型进行回归。回归结果如表 4 - 14 所示。

表 4 - 14　　重大诉讼类型对公司债务资本成本的影响

变量	*Cost*	占比
知识产权纠纷	0.045 ** [2.03]	8.73%

续表

变量	*Cost*	占比
债权债务纠纷	1.612*** [2.91]	22.68%
倾销和反倾销纠纷	0.463 [0.65]	2.84%
买卖合同纠纷	0.068 [0.42]	48.05%
证券欺诈和虚假信息责任纠纷	0.866** [1.96]	1.98%
破产、清算以及重组纠纷	-1.107* [-1.82]	1.45%
股东及股权纠纷	0.174 [0.22]	8.61%
其他	-0.485 [-0.98]	5.65%
N	3048	100%

注：[　] 内的值为 t 值；***、**、* 表示系数的显著性水平分别为 1%、5%、10%。

表 4-14 的回归结果显示，相比于其他类型的诉讼，知识产权纠纷、债权债务纠纷以及证券欺诈和虚假信息责任纠纷与公司债务资本成本呈显著的正相关关系。知识产权纠纷一般涉及公司的关键技术或商誉，因此对公司未来发展有至关重要的作用。债权债务纠纷直接体现了公司与债权人之间的利益冲突，大多是源于公司偿债能力较差或者道德风险较高导致的债务违约，从而使债权人质疑公司的偿债能力和意愿，并要求更高的投资回报。此外，基于债权人和公司之间的信息不对称和代理冲突视角，证券欺诈和虚假信息责任纠纷反映出公司信息披露和内部治理方面的不良问题，会增加债

务双方之间的代理成本，从而导致公司债务资本成本上升。回归结果在一定程度上说明债权人出于理性考虑，会提高这三种类型重大诉讼公司的债务资本成本。然而，破产、清算以及重组纠纷与债务资本成本呈显著的负相关关系，即破产、清算以及重组纠纷反而会降低公司获取债务资本的成本，这可能是由于陷入破产、清算以及重组纠纷的公司通常存在严重的财务困境和债权债务问题，因而无法再次获得外部债务融资，而这部分后果无法在债务资本成本中体现，总的利息支出相应减少，而之前拖欠的债务也无法偿还，最终导致公司债务资本成本反而出现显著下降。

4.5　进一步分析

考虑到债权人会对公司债务风险和收益的权衡，重大诉讼对公司债务资本成本的影响程度，可能会受到公司异质性的影响，比如，不同偿债能力、不同政治背景以及不同信息披露质量的公司发生重大诉讼对债务资本成本的影响也会不同。下面分别从公司偿债能力、公司政治背景以及公司信息披露质量三方面对样本进行分组，然后重新对模型（4－1）进行回归，进一步探索公司异质性对重大诉讼与债务资本成本之间关系的影响，以便我们更加深入地理解重大诉讼与债务资本成本之间的关系。

4.5.1　公司偿债能力

重大诉讼对公司债务资本成本的影响与公司的偿债能力有密切的关系。若公司本身偿债能力较强，重大诉讼引起的资金需求和未来现金流变化在公司可控范围内，那么，债权人也只会对重大诉讼的后续进展予以跟踪，暂不会采取行动影响公司的正常债务融资活动。但当公司偿债能力较弱或已存在较高的债务违约风险时，重大诉讼的发生会让这类公司不得不依靠更高成本的债务融资以缓解经营现金流短缺和支付重大诉讼的各种费用和赔偿，甚至让公司面临破产威胁。在这种情况下，如果传统的融资渠道如银行贷款、债券融资拒绝提供资金，那么，公司就不得不寻求高成本的其他融资渠道，甚至陷入借更高成本的新债还旧债的恶性循环。因此，我们预期重大诉讼对公司债务资本成本的影响在不同的公司偿债能力下是不同的，重大诉讼与公司债务资本成本的正相关关系在偿债能力较弱的公司中更加明显。此处选取利息保障倍数的中位数（3.056）作为区分公司偿债能力强弱的标准，将样本分为偿债能力较弱公司组和偿债能力较强公司组，然后分别对模型（4－1）进行回归。回归结果如表4－15所示。

表4－15　不同公司偿债能力下重大诉讼对债务资本成本的影响

变量	（1）弱	（2）强	（3）弱	（4）强	（5）弱	（6）强
	Cost	*Cost*	*Cost*	*Cost*	*Cost*	*Cost*
ISI	0.657***	0.122				
	[3.88]	[0.95]				
Frequency			0.556***	0.041		
			[5.24]	[0.52]		
Amount					24.037***	12.525**
					[6.09]	[2.39]
Size	2.054***	3.850***	2.047***	3.850***	2.079***	3.857***
	[14.58]	[19.82]	[14.53]	[19.79]	[14.78]	[19.86]
ROA	−9.076***	2.593***	−8.937***	2.590***	−8.503***	2.631***
	[−14.25]	[3.75]	[−13.99]	[3.74]	[−13.15]	[3.80]
TBQ	0.403***	0.276***	0.401***	0.277***	0.354***	0.256***
	[4.45]	[4.02]	[4.43]	[4.02]	[3.98]	[3.76]

续表

变量	（1）弱	（2）强	（3）弱	（4）强	（5）弱	（6）强
	Cost	*Cost*	*Cost*	*Cost*	*Cost*	*Cost*
Tangible	3.190***	1.091***	3.246***	1.087***	3.403***	1.127***
	[6.65]	[2.85]	[6.78]	[2.84]	[7.18]	[2.95]
InterestP	0.255***	-0.028***	0.254***	-0.029***	0.253***	-0.028***
	[10.08]	[-15.96]	[10.07]	[-15.95]	[9.98]	[-15.96]
LoanBond	-1.857***	-3.551***	-1.861***	-3.550***	-1.859***	-3.546***
	[-18.29]	[-20.99]	[-18.34]	[-20.98]	[-18.36]	[-20.98]
Maturity	-0.047	0.328	-0.030	0.328	-0.035	0.344
	[-0.16]	[1.42]	[-0.10]	[1.43]	[-0.12]	[1.50]
MarketInd	-0.192**	-0.089	-0.189**	-0.088	-0.187**	-0.089
	[-2.30]	[-1.40]	[-2.28]	[-1.40]	[-2.26]	[-1.42]
GDP	-0.127*	0.007	-0.122	0.007	-0.120	0.006
	[-1.68]	[0.13]	[-1.62]	[0.13]	[-1.60]	[0.11]
Finance	0.181	0.144	0.176	0.143	0.157	0.159
	[1.02]	[1.02]	[0.99]	[1.02]	[0.89]	[1.13]
Constant	0.244	-6.231***	0.429	-6.225***	-0.093	-6.585***
	[0.11]	[-3.43]	[0.19]	[-3.42]	[-0.04]	[-3.62]
Year	Yes	Yes	Yes	Yes	Yes	Yes
Industry	Yes	Yes	Yes	Yes	Yes	Yes
Adjusted R^2	0.179	0.306	0.180	0.306	0.184	0.307
N	9979	9979	9979	9979	9979	9979

注：[ ] 内的值为t值；***、**、*表示系数的显著性水平分别为1%、5%、10%。

由表4-15可知，偿债能力较弱组［列（1）（3）（5）］中重大诉讼回归系数及其显著性水平都明显高于偿债能力较强组［列（2）（4）（6）］，且两组之间的重大诉讼回归系数差异通过Chow检验。以上结果表明，重大诉讼与公司债务资本成本的正相关关系主要体现在偿债能力较弱的公司中，该结果与预期一致。

4.5.2 公司政治背景

公司与政府之间因社会互动或人际交往而形成的连带关系被称为政治关系。Correia（2014）研究了美国证券交易委员会（SEC）发起的诉讼并报告称，政治关联公司面临的诉讼风险较小，处罚较低。Fulmer 和 Knill（2013）发现，在证券交易委员会或司法部起诉时，向 PACs（法国民事互助契约）捐款的 CEO 会受到较轻的处罚。Abdulmanova（2016）对大量美国公司与联邦和州的政治关系进行了研究，得出结论认为，这种影响有助于减少联邦集体诉讼相关的损失。中国正处于经济转型时期，投资者法律保护不健全，金融市场发展水平相对较低。在这种情况下，可能存在社会关系、声誉等非正式机制以弥补正式制度的不足，从而保证金融交易活动正常运行，促进经济发展（Allen 等，2005）。中国是一个典型的关系型社会，关系型交易具有深厚的文化基础。在中国，通过依赖社会网络建立可信赖的人际关系以建立交易合作关系（Farh 等，1998）。另外，Gong（2004）指出，中国的司法作为政治体系中的一个行政单位运作，其权力来源于国家而非法律。在中国，是否以及在多大程度上利用法律机构来解决问题是政府的决定。Clarke 等（2006）指出，中国的法律制度通常被认为是治理和控制的工具，本质上附属于政治和政府。Firth 等（2011）得出结论，在中国法院系统中，存在对政治关联公司的偏袒。中国社会历来“以官为本、以官为尊”，所以政治关系在非正式机制中处于强势地位，能够充当法律制度的部分替代机制以保证金融交易活动的正常运行，在公司融资活动中发挥重要的作用（肖作平和邓春梅，2019）。政治关联公司在业务上享有更多的优待：一方面，债权人会将政治关联的存在视为与债务人信誉度有关的有利信号；另一方面，政治关联有助于公司获得有利的监管条件和优惠的待遇，从而增加公司价值，降低违约风险，因此有助于公司获得更有利的债务融资条款（Houston等，2014）。此外，具有政治关联的公司更容易在陷入危机时获得财政救助（Brandt和Li，2003）。因此，即使公司发生违约，债权人也会考虑到公司可以通过政府的“援助之手”获得帮助，从而给予债务人较低的风险评估。在中国，金融系统由四大国有银行主导，在配置信贷资源时会更“宠爱”政府实施直接控制的国有企业或能够承担更多政治责任的政治关联企业。政治关系能够通过声誉机制向外界传递出企业利好信号。企业家的政治身份会发挥传递信号、降低信息不对称程度的作用。这是因为企业家的人大代表和政协委员的政治身份，一方面表明企业具有相当的经济实力和规模，另一方面也说明民营企业为经济的发展作出了贡献，得到了社会和政府的认可。相对于无政治关系的企业，有政治关系的企业对银行而言声誉更好。具有良好声誉的企业，银行相信其有动力和能力最终履行债务契约，因此银行付出的监督成本和风险控制成本也相对较低，通过市场的评估和转化，并最终通过债务契约显现出来。国内一系列文献也证明了政治关联能够帮助公司以较低成本获取更多债务融资。如余明桂等（2008）指出，在我国金融发展较落后，法治水平较低和产权保护不强的制度条件下，政治关系可以作为一种替代性的非正式机制，缓解落后的制度对民营企业发展的阻碍作用，帮助民营企业获得银行的信贷支持，促进企业发展；张敦力和李四海（2012）研究发现，政治关系与公司银行贷款率、贷款期限显著正相关，与贷款成本显著负相关。

由此可见，政治关联在公司债务融资过程中发挥着重要作用，在中国特殊的制度背景下，重大诉讼对公司债务融资方面的“惩罚”机制可能会因为公司与政府的关系而受到削弱，即重大诉讼对公司债务资本成本的负面影响在较强政治关联的公司中并不显著。参考以往文献对公司政治关联的度量（余明桂等，2008；Peng等，2017），我们从公开财报中收集每一家公司的所有高管简历，逐一确认高管是否现在或曾经在各级政府或军队任职，然后加总每家公司有政治关联的高管人数作为公司政治关联的强弱指标，按照公司政治关联的平均数将样本分为政治关联较弱公司组和政治关联较强公司组，分别对模型（4－1）进行回归。回归结果如表4－16所示。

表4－16　不同公司政治背景下重大诉讼对债务资本成本的影响

变量	(1) 弱	(2) 强	(3) 弱	(4) 强	(5) 弱	(6) 强
	Cost	*Cost*	*Cost*	*Cost*	*Cost*	*Cost*
ISI	0.454***	0.391*				
	[3.52]	[1.94]				
Frequency			0.389***	0.296**		
			[4.75]	[2.44]		
Amount					23.619***	16.543**
					[6.56]	[2.24]
Size	2.219***	1.987***	2.215***	1.985***	2.255***	1.996***
	[17.37]	[9.35]	[17.34]	[9.35]	[17.69]	[9.40]
ROA	−4.994***	−4.287***	−4.907***	−4.251***	−4.444***	−4.106***
	[−11.36]	[−4.67]	[−11.16]	[−4.62]	[−9.94]	[−4.37]
TBQ	0.323***	0.403***	0.321***	0.403***	0.272***	0.377***
	[4.63]	[3.16]	[4.61]	[3.16]	[3.99]	[2.98]
Tangible	2.658***	2.612***	2.680***	2.628***	2.832***	2.627***
	[6.83]	[4.66]	[6.90]	[4.68]	[7.35]	[4.69]
InterestP	−0.009***	−0.008**	−0.009***	−0.008**	−0.009***	−0.008**
	[−5.55]	[−2.36]	[−5.52]	[−2.36]	[−5.54]	[−2.38]
LoanBond	−1.968***	−1.952***	−1.969***	−1.955***	−1.974***	−1.953***
	[−20.57]	[−11.42]	[−20.58]	[−11.43]	[−20.65]	[−11.42]

续表

变量	(1) 弱	(2) 强	(3) 弱	(4) 强	(5) 弱	(6) 强
	Cost	*Cost*	*Cost*	*Cost*	*Cost*	*Cost*
Maturity	0.248	-0.019	0.256	-0.014	0.252	0.002
	[1.11]	[-0.05]	[1.14]	[-0.04]	[1.13]	[0.00]
MarketInd	-0.095	-0.392***	-0.096	-0.388***	-0.087	-0.397***
	[-1.50]	[-3.69]	[-1.53]	[-3.65]	[-1.39]	[-3.75]
GDP	-0.082	0.009	-0.079	0.010	-0.079	0.011
	[-1.47]	[0.10]	[-1.41]	[0.11]	[-1.43]	[0.12]
Finance	0.046	0.502**	0.054	0.496**	0.041	0.503**
	[0.32]	[2.36]	[0.38]	[2.33]	[0.29]	[2.38]
Constant	-0.572	0.204	-0.607	0.286	-1.230	0.014
	[-0.31]	[0.07]	[-0.33]	[0.10]	[-0.66]	[0.00]
Year	Yes	Yes	Yes	Yes	Yes	Yes
Industry	Yes	Yes	Yes	Yes	Yes	Yes
Adjusted R^2	0.181	0.214	0.182	0.214	0.186	0.215
N	14702	5256	14702	5256	14702	5256

注：[　] 内的值为 t 值；***、**、* 表示系数的显著性水平分别为 1%、5%、10%。

由表 4-16 可知，政治背景较弱组［列（1）（3）（5）］中重大诉讼回归系数及其显著性水平都明显高于政治背景较强组［列（2）（4）（6）］，且两组之间的重大诉讼回归系数差异通过 Chow 检验，表明政治背景较弱的公司发生重大诉讼会承担更多的债务资本成本，该结果符合预期。

4.5.3　公司信息披露质量

先前的文献表明，高质量的公司信息披露能促进公司债务融资。如 Sengupta（1998）的实证研究结果表明，公司信息披露质量越高，其发行的债券评级越高，债券的收益率越低。Anagnostopoulou（2017）研究指出，在执法力度较强的国家，高质量的会计信息可以降低银行贷款利率。相反，信息披露质量较低的公司更容易发生损害外部人利益的机会主义行为，存在较高的信用风险，从而导致公司债务资本成本上升。Bhojra 和 Sengupta（2003）指出，财务信息准确性较低，会使得债权人在评估公司违约风险方面的可靠信息较少，从而导致债权人收取较高的债务资本成本。较差的公司信息披露质量会加剧公司与债权人之间的信息不对称和代理冲突，当这类公司发生重大诉讼时，债权人更可能通过增加债务资本成本等手段以弥补对公司潜在机会主义行为的监督成本和潜在损失。由此我们预期，相较于公司信息披露质量较高的公司，重大诉讼与债务资本成本在公司信息披露质量较低的公司中呈更显著的正相关关系。

这里根据沪深证券交易所公布的公司信息透明度等级，对公司信息透明度等级进行赋值，即 A＝4；B＝3；C＝2；D＝1，数值越大，代表公司信息披露质量越高。若公司信息透明度等级为 A 或 B，则归入公司信息披露质量较高组；若公司信息透明度等级为 C 或 D，则归入公司信息披露质量较低组。表 4－17 报告了重大诉讼与债务资本成本在不同信息披露质量的公司组间的回归结果。

表 4－17　不同公司信息披露质量下重大诉讼对债务资本成本的影响

变量	（1）低	（2）高	（3）低	（4）高	（5）低	（6）高
	Cost	*Cost*	*Cost*	*Cost*	*Cost*	*Cost*
ISI	0.516***	0.212				
	[3.32]	[1.40]				
Frequency			0.484***	0.123		
			[5.06]	[1.29]		
Amount					24.618***	14.418***
					[6.11]	[2.86]

续表

变量	(1) 低	(2) 高	(3) 低	(4) 高	(5) 低	(6) 高
	Cost	Cost	Cost	Cost	Cost	Cost
Size	2.058***	2.340***	2.058***	2.338***	2.088***	2.352***
	[13.11]	[15.37]	[13.12]	[15.34]	[13.34]	[15.47]
ROA	-4.184***	-5.432***	-4.053***	-5.431***	-3.608***	-5.243***
	[-8.66]	[-7.74]	[-8.39]	[-7.72]	[-7.33]	[-7.34]
TBQ	0.412***	0.206**	0.407***	0.206**	0.336***	0.196**
	[4.58]	[2.55]	[4.54]	[2.55]	[3.82]	[2.44]
Tangible	2.773***	2.295***	2.799***	2.298***	2.999***	2.320***
	[5.95]	[5.36]	[6.02]	[5.36]	[6.50]	[5.42]
InterestP	-0.011***	-0.007***	-0.011***	-0.007***	-0.011***	-0.007***
	[-5.27]	[-3.26]	[-5.25]	[-3.26]	[-5.31]	[-3.25]
LoanBond	-2.012***	-1.982***	-2.018***	-1.982***	-2.022***	-1.980***
	[-15.69]	[-17.94]	[-15.75]	[-17.94]	[-15.80]	[-17.93]
Maturity	-0.253	0.569**	-0.233	0.570**	-0.205	0.555**
	[-0.86]	[2.13]	[-0.79]	[2.14]	[-0.70]	[2.09]
MarketInd	-0.234***	-0.133*	-0.235***	-0.132*	-0.228***	-0.131*
	[-3.04]	[-1.68]	[-3.06]	[-1.68]	[-2.99]	[-1.66]
GDP	-0.025	-0.115*	-0.017	-0.115*	-0.018	-0.117*
	[-0.40]	[-1.67]	[-0.27]	[-1.67]	[-0.29]	[-1.70]
Finance	0.096	0.406**	0.102	0.407**	0.087	0.401**
	[0.57]	[2.43]	[0.60]	[2.43]	[0.51]	[2.40]
Constant	2.462	-4.210*	2.382	-4.186	2.037	-4.402*
	[1.18]	[-1.65]	[1.14]	[-1.64]	[0.98]	[-1.73]
Year	Yes	Yes	Yes	Yes	Yes	Yes
Industry	Yes	Yes	Yes	Yes	Yes	Yes
Adjusted R^2	0.197	0.193	0.199	0.193	0.205	0.194
N	9997	9961	9997	9961	9997	9961

注：[ ] 内的值为 t 值；***、**、* 表示系数的显著性水平分别为 1%、5%、10%。

由表 4-17 可知，信息披露质量较低组［列（1）（3）（5）］中重大诉讼回归系数及其显著性水平都明显高于信息披露质量较高组［列（2）（4）（6）］，且两组之间的重大诉讼回归系数差异通过 Chow 检验。该结果与预期一致，即相较于信息披露质量较高的公司，重大诉讼对债务资本成本的负面影响在公司信息披露质量较低的公司中更加明显。

4.6 本章小结

公司诉讼一直存在于市场经济环境中，随着中国法制建设的推进和市场经济活动参与者法律意识的逐步增强，法律诉讼已演变为公司主要的风险来源之一。重大诉讼的发生会对公司现金流量、偿债能力、公司价值和公司声誉等产生负面影响，从而影响公司的债务资本成本。本章的研究样本为 2008 年至 2018 年非金融行业 A 股上市公司，通过构建多元回归模型考察公司发生重大诉讼与公司债务资本成本之间的关系，以及在信息不对称和代理理论基础上探讨不同偿债能力、不同政治背景和不同信息披露质量对重大诉讼与公司债务资本成本之间关系的影响。实证发现：重大诉讼对公司而言是负面事件，债权人考虑到重大诉讼的成本和风险会作出不利于公司的债务价值和风险评估，因而对公司债务资本成本产生负面影响，即重大诉讼会增加公司的债务资本成本。具体而言，公司是否发生重大诉讼、公司发生重大诉讼的频率以及公司发生重大诉讼的金额均与债务资本成本正相关，说明有重大诉讼的公司会面临更高的债务资本成本，而且公司发生的重大诉讼越严重，公司债务资本成本越高。重大诉讼一方面导致公司承担高昂的诉讼成本，消耗公司短期现金流，导致短期偿债能力受损；另一方面会增加公司未来现金流和经营等方面的不确定性风险，进一步加剧债权人和公司之间的信息不对称和代理问题，导致债权人要求更多的风险补偿，最终导致公司债务资本成本上升。

在稳健性检验部分，我们使用 Heckman 两阶段模型和倾向得分匹配法（PSM）来缓解样本选择性偏误产生的内生性问题。此外，我们还进行了替换被解释变量、替换解释变量以及小样本回归等一系列稳健性检验，检验结果与主回归结果一致，印证了本章的研究结论。

在进一步分析中，我们发现重大诉讼与公司债务资本成本的关系在不同偿债能力、不同政治背景和不同公司信息披露质量的公司中是不同的。具体而言，重大诉讼对公司债务资本成本的负面影响在偿债能力较弱的上市公司中更加显著，这是因为公司发生重大诉讼会进一步提高公司的债务违约风险，使本就难以支付利息的公司雪上加霜，此时公司不得不以更高的资本成本进行融资以满足资金需求。政治背景较强的公司由于受到政府的隐性担保，能更好地应对重大诉讼这种突发负面事件，从而削弱了重大诉讼对公司债务资本成本的负面影响。公司信息披露质量较低的公司一般会被债权人认为具有更高的道德风险，债权人为了防范管理层的机会主义行为，本来就会对该类公司施加较严格的价格条款，在这种情况下，重大诉讼的发生更容易引发债权人的信任危机，从而使债权人要求更高的风险补偿。总体来说，重大诉讼与公司债务资本成本的正相关关系在偿债能力较弱、政治背景较弱和公司信息披露质量较低的公司中更加明显。

作为一个新兴市场国家，中国的投资者保护程度较低，司法效率低下，金融市场发展尚不完善。在这种情况下，公司发生重大诉讼意味着高昂的诉讼成本和风险，并因此面临债权人施加的更多的融资成本。本章的实证结果是从法律角度对公司的一种警示，从而有利于约束管理者行为，提高公司治理水平。此外，由于重大诉讼对纠纷双方（不论是被告公司还是原告公司）都会产生负面的影响，这意味着公司应增强法律意识，加强自身在经济活动中的行为规范，在尽量避免重大诉讼发生的同时为可能出现的法律纠纷建立完善的诉讼应对机制。

第 5 章

信息环境对公司债务资本成本的影响

文献表明，在不完全市场中，证券的估值至少会在两个方面受到公司信息环境的影响。第一，正如 Merton（1987）指出的，投资者认可度较低的证券必须提供较高的回报溢价，以补偿投资者因次优多元化而造成的损失。Diamond 和 Verrecchia（1991）表明，向公众披露私人信息会通过降低交易成本来增加投资者的需求，从而降低公司的资本成本。第二，信息较少的证券应该提供额外的溢价来吸引更多不知情的投资者（Rock，1986）。Easley 和 O'Hara（2004）表明，公共信息和私人信息构成的差异会影响资本成本，并且投资者在持有具有更多私人（相应地较少公开）信息的股票时需要更高的回报。

通过承诺更可信、更透明的信息，企业往往会降低投资者的信息风险，并从外部资金的较低成本中获益。投资银行通常会争辩说，他们的财务分析师会通过吸引更多的机构跟踪证券以降低公司的资本成本来招揽承销业务。虽然媒体、财务分析师各自明显不同，但这些因素都可以被认为会影响公司的信息结构。现有文献探讨了透明度与资本成本之间的关系（Duffie 和 Lando，2001；Yu，2005；Lambert 等，2007；Zhang，2008）。然而，正如 Armstrong 等（2010）所指出的，调查透明度和债务契约之间直接关系的研究仍然缺乏。公司债务投资者面临的信息风险远大于披露会计信息的不确定性。透明的信息环境对于债权人等外部人监控内部人（大股东/管理者）至关重要，这样债权人就能够在事态恶化时迅速采取行动，并减少被公司内部人掠夺的机会。Aghion 和 Bolton（1992）认为，内部人保持控制权和获取私人利益的能力是债务契约的核心。为了更好地理解透明度对金融市场的影响，我们有必要研究信息环境如何在决定公司债务资本成本方面发挥作用。考虑到并非所有的利益冲突都能在合同启动前得到解决，债务合同本质上是不完整的（Aghion 和 Bolton，1992）。因此，债务合同的不完整性要求建立未来分配控制权的机制，以特定事件或借款人的财务特征为条件。债权人确实在公司治理中发挥了积极作用（Nini 等，2012）。大量的研究表明，在启动债务合同时，贷款人意识到内部人可能会进行掠夺。透明的信息环境有助于启动债务合同，并在债务工具有效期内持续监控借款人。同样，不良的信息环境给债权人在评估与借款人有关的可预见和不可预见的未来不确定性方面造成了巨大困难。公司内部人，如管理者和控股股东，他们有动机掩盖其私人控制权利益掠夺行为，并平滑收益（从而防止外部干预），直接控制或操纵对外披露的信息。债权人可能无法获得与公司内部人相同或可信的信息，面临着由该信息劣势而导致的债务风险，从而在签订债务契约时会要求更高的风险溢价来弥补由于信息不对称和代理冲突导致的投资风险。即债权人在签订合同时要求的风险溢价既反映了投资风险，也反映了各方利益冲突带来的治理相关风险。透明的信息环境降低了债权人面临的信息风险，从而降低了公司债务资本成本。

公司利益相关者之间的信息不对称和代理冲突产生了市场对公司信息披露完整性、可靠性和及时性的需求。随着分析师、商业媒体等信息中介和其他市场参与者对信息进行评估的重要性增加，信息披露整体机制的规模不断扩大，市场信息环境也在发生变化。

Garmaise 和 Natividad（2010）指出，信息不对称在现代公司金融理论中占据着至关重要的地位，但分析和评估信息摩擦的影响在实证研究中是困难的。可靠的外生性信息代理变量很难找到，而且能导致信息环境发生显著变化的自然实验也相对较少。因此，与信息不对称和债务融资契约相关的重要而完善的一系列理论研究相比，这方面的实证研究仍处于早期阶段。

人们早就认识到了金融中介在信息生产中的重要性，以及它们在改善信贷市场功能方面的作用。信息中介可能会捕获信息环境带来的部分风险（Mansi 等，2004）。文献研究了中介机构之间的差异信息如何导致贷款专业化。如 Gehrig（1996，1998）关注银行提供信息的动机。Winton（1999）认为，如果多元化降低了银行监控借款人的动机，从而增加了银行倒闭的可能性，那么银行可能会有专业化的动机。我们采用市场信息中介和机构投资者的参与程度来构建公司外部信息环境代理变量，检验公司外部信息环境对公司债务资本成本的影响。虽然公司信息披露质量、审计师等也是影响公司信息透明度的重要因素，但是这些由公司内部人可以决定的因素（如公司可以选择是否采用质量更高的国际四大会计师事务所审计）与公司外部信息环境变量之间可能存在线性关系（Frankel 和 Li，2004）。为了避免类似问题，我们主要关注公司的外部信息环境。公司的外部信息环境由信息的分析、整理、传播、鉴证等机制共同构成，在公司外部信息环境的形成中，信息中介的发展起着决定性的作用（Kothari 等，2009）。信息中介组织可以通过对原始信息的核对、分析和整理，降低信息的固有不确定性；同时通过对公司的多次调研及其自身的外部影响力形成外部监督机制，降低信息的动机不确定性，是构建和改善公司信息环境的外部主力，在缓解债务双方之间的信息不对称和代理问题、促进资本市场的健康有效运行方面发挥着至关重要的作用（Healy 和 Palepu，2001；Bhojraj 和 Sengupta，2003；Dyck 等，2010；Gao 等，2019）。

此外，我们还基于中国几十年来交通基础设施建设快速发展的时代背景，选取具有代表性的高铁开通这一外生事件，实证研究高铁开通后外部信息环境的变化对公司债务资本成本的影响。同时，我们还深入探索了高铁开通对公司债务资本成本的影响机制，采用渠道检验方法，选择外部信息环境、公司信息披露质量以及公司财务宽松度等中介变量，验证高铁开通影响公司债务资本成本的路径。

本章具体内容安排如下：首先，对公司外部信息环境与公司债务资本成本之间的关系进行理论分析，并提出假设；其次，介绍实证研究方案；再次，进行一系列稳健性检验，并分析高铁开通是通过何种机制影响公司债务资本成本；最后，是本章小结。

5.1 公司外部信息环境

5.1.1 理论分析与研究假设

公司内部人（管理者/控股股东）可能拥有更多的信息，当法律环境没有施加适当惩罚时，他们可以滥用其私人信息来掠夺债权投资者。信息如何传播给投资者可能对资产定价产生重要影响。在不完善的资本市场背景下，溢价通常用来补偿投资者的风险。如Merton（1987）的投资者认知经典理论表明，在不完全市场中，投资者只有有限数量的证券的信息。结果，他们只投资于证券的一个子集，这导致他们的投资组合不完全多样化。因此，投资者认知较低的证券必须提供更高的回报溢价，以补偿投资者因次优多元化而造成的损失。此外，信息较少的证券应该提供额外的溢价来吸引更多不知情的投资者（Rock，1986；Easley和O'Hara，2004）。大量理论文献表明，信息环境与资本成本之间存在联系。在文献中，信息环境对资本成本的影响至少有三种方式。第一，透明的信息环境可能会提高证券的流动性，因为不透明的信息环境往往会降低公司内部人和外部人之间以及公司现有和潜在投资者之间的信息不对称程度（Diamond 和 Verrecchia，1991；Amihud 和 Mendelson，1986；Easley 和 O'Hara，2004）。信息不对称扩大了做市商要求的买卖价差中的逆向选择成分，从而增加了证券交易的成本。在均衡状态下，证券价格的结算水平使投资者在扣除交易成本后，对每种证券产生相等的风险调整回报率。第二，投资者不知道证券预期收益率参数的真实值。关于估计风险的文献表明，估计参数值的错误代表了不可分散风险的来源，因此构成了资本成本的一个组成部分（Klein 和 Bawa，1976；Barry 和 Brown，1984）。透明的信息环境使投资者能够减少估计参数的错误程度，从而降低公司的资本成本。第三，Lambert 等（2007）认为，更精确的披露将降低一家公司现金流与其他公司现金流的协方差，从而降低了公司进行更精确披露的资本成本。透明的信息环境对公司资本成本产生影响的另一个原因是，管理者可获得的信息质量提高，从而改善了投资决策。这种改善的部分原因是由于信息更加准确，现金流的不确定性减少了。类似地，Lin 等（2011）认为，不透明的公司信息环境可能会降低控股股东从公司转移资源和为私人利益从事其他道德风险活动的边际成本。公司特定信息的不确定性给债务投资者带来了另一种信息风险。由于息票支付有限，债务投资的回报率受到限制。因此，债务投资者担心与借款人相关的下行风险。历史较长、分析师人数较多、预测更准确的公司的盈利能力被认为更可信，可以更有效地向市场传达信息。如果情况恶化，债务投资者可以立即采取行动，将损失降至最低。由较年轻的公司、分析人员较少的公司或分析人员预测分散度或误差较大的公司发行的公司债券对债务投资者来说意味着更高的风险，因为更难预测具有这些特征的公司是否有能力产生足够的现金流来支付定期利息和偿还本金。因此，债务投资者需要额外的风险溢价，以补偿投资年轻公司和分析师难以准确预测的公司的风险。在公司进行债务融资之前，由于公司和外部债权人之间存在信息不对称，公司具有不为债权人所知的内部信息。上市公司按照证券交易所规定需要定期向投资者披露相关信息，投资者可以据此了解公司及这些公司投资项目的信息，但这些公开披露的信息相对于公司内部人掌握的信息而言是十分有限的。例如，高新技术企业的很大部分资产是无形资产。这部分资产的估值很大程度上基于企业的“软”信息，即无法体现在会计信息中的关于企业关键技术、研究和开发人员素质以及行业地位等。此外，公司的重要信息还可能因为管理者的操纵而在一定程度上被扭曲。管理层的道德风险会导致管理者、股东以及债权人之间的利益冲突，而操纵信息披露（如盈余管理），则成为管理者获取私利的工具。

在债务市场中，债权人享有优先于股东的破产求偿权，而其债务收益的浮动范围相对股东却是非常有限的，因此债权人对债务风险的防范具有强大的动机，债权人对公司债务风险的评估直接影响公司获取债务融资的能力，并通过公司债务资本成本反映出来。债权人在处于信息劣势的情况下，为了保护自己的利益、减少可能发生的损失，通常会对公司拟投资项目做出低于公司内部人的价值评估，这时公司进行债务融资时就会产生逆向选择成本，从而导致公司债务资本成本上升。公司为了降低逆向选择成本，可以向债权人披露尽可能多的信息，将公司内部信息转化为公开信息，降低债权人和债务人之间的信息不对称（Easley 和 O’Hara，2004）。

Liang 和 Zhang（2010）将信息的不确定性划分为固有不确定性和动机不确定性。固有不确定性指的是关于未来现金流的原始信息质量的不确定性。动机不确定性指的是管理层在传递原始信息过程中产生的关于信息披露质量的不确定性。管理者和大股东（他们对向外界发布的会计政策和信息拥有自由裁量权）有动机平滑报告的收益（尤其是负面变化），以防止任何可能妨碍他们获取私人控制权利益的外部干预。管理者不喜欢收入变异。收益平滑将阻止公司的“干预”，这将导致管理者的私人利益减少。Leuz 等（2003）提供的跨国证据，证明收益平滑与内部人的掠夺有关，因为内部人试图向外部人隐瞒有关公司业绩的信息，以保护其控制权的私人利益。信息环境差的公司被收取更高的利率，并在美国私人债务市场受到更严格的条款约束（Bharath 等，2008）。由于未来现金流入的不确定性增加会导致未来现金支出（包括偿还利息和本金的未来现金支出）的不确定性，进而导致债务违约风险的上升。因此，信息的不确定性越高，公司越难以获得债务融资，这也进一步印证了信息不对称会导致逆向选择问题。

分析师是资本市场中重要的信息中介。他们在收集信息和撰写研究报告上花费了大量资源。这些活动通常被认为是为了提高价格反映可用信息的能力。分析师作为公司与投资者之间的信息中介，凭借其在金融方面的专业培训和丰富的行业背景知识，定期跟踪公司表现并发布相关专业分析报告（Frankel 等，1999；Chen 和 Matsumoto，2006；Ke 和 Yu，2006）。分析师在管理者和投资者之间扮演着重要的中介角色。如 Givoly 和 Lakonishok（1979）、Lys 和 Sohn（1990）发现市场对个别分析师预测的发布做出反应。文献认为，分析师覆盖范围越广的公司，信息不对称性越低，可见度越高（Frankel 和 Li，2004；Uysal 等，2008）。Cheng 和 Subramanyam（2008）认为，证券分析师对公司的更高覆盖率可以更有效地监控管理行为和行动，从而降低信息不对称性。在其他条件相同的情况下，将更多资源用于信息收集应该可以减少信息不对称，从而导致分析师跟踪与内幕交易利润之间的负相关。Boubakri 等（2015）研究表明，财务分析师作为信息中介发挥着重要作用，并表明分析师降低债券收益率利差这一关系在制度环境薄弱的国家尤为重要。与其他信息环境代理变量相比，分析师关注度在学术界得到了广泛的接受和应用，被认为是公司信息环境的指示器（Givoly 和 Lakonishok，1979；Lys 和 Sohn，1990；Lang 和 Lundhole，1996；Gu 和 Wu，2003；Frankel 和 Li，2004）。分析师会对公司财务报表和其他信息进行深入分析。除了强制性披露的公开信息外，分析师还会利用各种资源和渠道收集更多重要信息，如采访经理、客户、供应商以及对公司或其工厂进行实地调研，从而发布更加精确而全面的研究报告（Brown 等，2015）。分析师对公司的跟踪越密切，越能更好、更及时地传递关于公司的重要信息，从而为市场营造一个良好的信息环境。

作为另一重要的信息中介，媒体通过对信息的收集、整理与传播能够降低外部利益相关者的信息获取成本，提高公司信息披露质量，改善资本市场的信息环境（Dyck 等，2008；Fang 和 Peress，2009；Bushee 等，2010）。媒体在传播信息方面发挥着重要作用。通过征求公司经理和财务分析师的报价，新闻机构从股东的角度总结对公司经营发展的评论和解释。先前关于媒体报道影响的研究主要集中在股票、投资基金和股票市场中的 IPO（Dyck 和 Zingales，2003；Fang 和 Peress，2009；Solomon 等，2014；Liu 等，2014）。对商业报刊信息作用的研究表明，媒体报道有利于信息收集，降低信息获取成本，改善企业信息披露环境。因此，媒体大大提高了投资者的认可度，减少了信息不对称。两者都会将信息获取成本降低为证券价格，从而显著降低资金成本。媒体报道可以从各种来源收集、选择、验证、重新包装和传播公司基本面的信息，包括公司媒体、公共关系部门、经理、分析师和其他市场参与者（Dyck 等，2008；Fang 和 Peress，2009）。所有这些功能都大大提高了投资者的认可度，减少了信息不对称。媒体发挥经济效应的主要机制是向公众收集、选择、认证和重新包装信息。这种机制丰富了企业的信息环境。Verrecchia 和 Weber（2008）在公司经理和投资界之间的信息不对称框架内，建立了披露内容与资本成本之间的联系。具体而言，他们认为，由于新闻内容可能会对投资者预测公司未来现金流的不确定性产生方向性影响，因此披露内容对买卖价差的逆向选择部分的影响可能是方向性的。也就是说，好消息可能会减少买卖价差中的逆向选择成分，而坏消息则可能会增加这种成分。他们认为业绩报告，即披露内容可以预测未来收益的波动性：业绩良好的指标与未来收益的波动性较低相关，而业绩不佳的指标与未来收益的波动性较高相关。做市商使用业绩报告来评估公司的预期价值和该价值的不确定性。因此，业绩报告通过做市商对不确定性的评估来影响逆向选择成本。预计这些影响最终将体现在公司的资本成本上。金融媒体的新闻报道可能比分析师的报道更及时。分析员在自己的报告中进行深入分析时，经常重新包装和传输来自公司披露和金融新闻报道的可用信息（Lang 和 Lundholm，1996；Frankel 等，2006）。虽然此类报告可能对市场参与者的（投资）决策有价值，但它们可能对价格影响有限（即报告可能缺乏影响股价的新信息），或对资本成本的影响有限。Kothari 等（2009）研究发现，管理层的正面新闻声明不会对公司的资本成本产生重大影响。这一发现表明，管理层有利的披露可能对市场参与者不可信。他们研究表明，商业新闻中的正面和负面新闻披露都会影响资本成本。积极的新闻披露减少了资本成本，消极的新闻披露增加了资本成本。这一发现表明，媒体披露新闻的可信度和及时性高于管理层或分析师。媒体较少受到激励因素（代理）的影响，这反映在证据的一致性上。与财务报表信息公告、分析师披露不相关的新闻向市场参与者提供信息，因此预计会影响管理者和外部人之间的信息不对称程度（Thompson 等，1987；Mitchell 和 Mulherin，1994）。例如，先发制人的新闻发布会影响市场对收益公告的反应，从而影响收益公告前管理者和投资者之间的信息不对称（Atiase，1985）。此外，新闻分析故事可以直接影响公司的股价（Foster，1979）。因此，新闻报道可以减少信息不对称，影响内幕交易的预测能力。媒体的新闻报道可能比分析师出具的报告更及时。分析师经常重新包装和传递公司公开披露和新闻报道的现有信息，并作出更加深入的分析和判断（Lang 和 Lundholm，1996；Frankel 等，2006）。此外，新闻记者通常与单个公司没有牢固的经济联系和密切往来，更强调进行事实报道。一般而言，新闻报道既有可信性又有及时性，这对于市场参与者的决策而言是非常有价值的。Gao 等（2019）研究发现，媒体报道有利于提高信息效率，提高公司信息透明度，增加投资者认可度，从而降低债券融资成本。同样地，在公司外部治理机制中，媒体也扮演着重要角色，可以塑造公司声誉，提高公司治理水平，缓解公司和外部利益相关者之间的代理冲突（Fombrun 和 Shanley，1990；Dyck 等，2008；Dyck 等，2010）。戴亦一等（2013）指出，媒体对上市公司进行报道，将引起社会舆论的高度关注，产生公众对公司整改、治理等措施的监督行为。熊艳等（2014）研究发现，媒体能够利用专业能力削弱内部人利用私有信息获利的优势，使得投资者在资本市场上能够获取更多可靠的特定信息，减少信息不对称。赖黎等（2016）基于手工收集的纸质媒体对上市公司的新闻报道数据检验了媒体报道对公司获取信贷资源的影响，研究发现，媒体报道可以充当银行与公司之间的“信息中介”，将公司的重要信息更全面、及时地传递给银行，从而缓解了银行与公司之间的信息不对称和代理冲突。

分析师出具的关于公司的研究报告和及时的新闻报道可以为债权人提供更为准确和充分的信息，债权人据此评估公司的偿债能力和违约风险，从而降低债权人的信息获取成本，缓解债务双方之间的信息不对称。然而，除了信息传递功能外，分析师、媒体等信息中介还可以对公司进行外部监督（Jensen 和 Meckling，1976；Healy 和 Palepu，2001），并通过其外部治理机制影响公司的信息披露质量，如更少的盈余管理（Yu，2008），这种监督作用有助于降低公司的债券违约风险。

总之，分析师提供的信息可以减少借款人和贷款人之间的信息不对称，帮助贷款人评估公司价值和违约风险（信息角色）。此外，分析师提供的信息可以作为一种监控机制，约束公司管理层的机会主义行为，进而降低公司的违约风险（监控角色）。先前的经验研究考察了分析师活动对债券利率的影响，证明分析师信息的准确性是否以及如何减少借款人和贷款人之间的信息不对称，从而显著降低平均债务成本是合理的（Crabtree 和 Maher，2005；Mansi 等，2011；Hasan 等，2012；Derrien 等，2013；Boubakri 等，2015）。

相较于分析师和媒体，机构投资者主要通过其专业能力对公司形成外部监督和治理作用来缓解债务双方之间的信息不对称和代理问题。机构投资者是专业的投资者，相对于非机构投资者拥有更多的信息获取渠道和专业的投资分析能力，也具备较强的监督公司管理者和大股东的动机。如 Shleifer 和 Vishny（1997）指出，机构投资者是通过其对公司管理层的监督和控制来降低债务资本成本的一个关键机制。Bhojraj 和 Sengupta（2003）研究指出，机构投资者作为一种外部治理机制能够有效监督公司内部人的自利行为。他们记录了机构投资者持股较高的公司，债券收益率较低、评级较高的情况。Anderson 等（2004）发现，随着代理成本的增加，外部资本提供者收取的溢价也随之增加。假设机构投资者是老练的代理人，因此比非机构投资者更了解情况，他们的所有权份额可以代表更低的代理成本和不同利益相关者群体之间更少的信息不对称。类似地，Boubakri 和 Ghouma（2010）表明，随着银行持股比例的增加，债券评级显著提高，最终导致债券利差缩小。Ang 等（2000）表明，在银行的密切监控下，代理成本显著降低。然而，考虑到银行作为股东和债权人的双重角色，这种关系可能比表面上看起来更复杂。当他们的份额很小时，他们的激励措施将对要挟问题（Hold－up problems）更加敏感，这将导致债务资本成本的增加，但他们实现自己目标的能力也会降低。然而，当他们的份额较大时，他们的激励措施将更符合公司的激励措施，因此更倾向于降低债务资本成本。因此，机构投资者的存在，尤其是银行的存在，可能会对债务资本成本产生重大影响，尽管这种影响可能因国家而异，具体取决于金融体系的特点。Boubakri 和 Ghouma（2010）研究发现，随着银行持股比例的增加，公司的债券评级显著提高，最终导致债券利差下降达 6%。作为信贷提供者和公司经营的监督者，金融机构的这一机制在大陆法系的国家中显得更为突出。

我们选择分析师关注度、媒体跟踪和机构投资者参与度作为公司外部信息环境的衡量指标。低质量的信息环境给债务投资者带来了巨大的信息风险，债务投资者会提高债务资本成本以保护自己不被内部人掠夺。公司的外部信息环境越好，越有助于公司私有信息的传播和挖掘以及约束管理者行为，从而缓解公司和债权人之间的信息不对称和代理冲突，进而降低公司的债务资本成本。

综上所述，我们提出研究假设 H2：公司外部信息环境与公司债务资本成本负相关。

5.1.2 实证研究设计

5.1.2.1 数据来源和样本选择

分析师关注度、媒体跟踪和机构投资者参与度数据均来源于 CSMAR 数据库，经整理后将其与第 4 章实证部分的被解释变量和控制变量数据进行合并，形成本节的研究样本（19958 个观察值）。同样地，这里对所有连续变量进行上下 1% 的缩尾处理以避免异常值对模型的干扰。

5.1.2.2 被解释变量和解释变量

本节被解释变量与第 4 章一致。信息环境代理变量由分析师关注度、媒体跟踪和机构投资者参与度构成，并采用主成分分析法（PCA）提取三个指标的主成分，避免三个指标之间的多重共线性。解释变量定义详见表 5－1。

表5-1　　信息环境研究变量定义

变量名称	变量符号	变量定义
分析师关注度	*Analyst*	分析师的跟踪数量
媒体跟踪	*Report*	媒体的报道数量
机构投资者参与度	*Institution*	机构投资者持股比例
主成分分析	*Component*	经PCA提取的三个变量的主成分

5.1.2.3　实证模型的设计

为了考察信息环境如何影响公司债务资本成本，我们构建如下实证模型：

$$Cost_{it} = \alpha + \beta_1 Information_{it} + \sum_{j=1}^{10}\beta_{1+j}ControlVAR_{it} + \sum Year + \sum Industy + \varepsilon_{it} \quad (5-1)$$

其中，i代表第i家公司，t代表第t年；α为截距；β为解释变量及控制变量的回归系数，ε_{it}为随机误差项。$Information_{it}$为公司外部信息环境的代理变量，包括分析师关注度（*Analyst*）、媒体报道（*Report*）、机构投资者参与度（*Institution*）以及经PCA提取的三个变量的主成分（*Component*），在实证中单独、逐一使用以上四种信息环境代理变量进行回归。$\sum_{j=1}^{10}\beta_{1+j}ControlVAR_{it}$为所有控制变量的合集，包括公司规模（*Size*）、盈利能力（*ROA*）、公司成长性（*TBQ*）、有形资产比率（*Tangible*）、利息保障倍数（*InterestP*）、债务规模（*LoanBond*）、债务期限（*Maturity*）、市场化指数（*MarketInd*）、国内生产总值（*GDP*）、信贷市场供给（*Finance*），以及年度和行业因素。此外，为了确保回归结果的稳健，我们对所有回归的标准误采用怀特异方差进行修正（White，1980）。

5.1.3　描述性统计

表5-2为解释变量的描述性统计。

表 5－2　　　　描述性统计

变量符号	数量	均值	标准差	最小值	25 分位数	中位数	75 分位数	最大值
Analyst	19958	7.517	9.165	0	1	4	11	40
Report	19958	15.23	21.23	0	1	6	21	103
Institution	19958	39.39	23.18	0.0360	20.24	40.00	57.26	88.41

由表 5－2 可知，分析师关注度即分析师跟踪人数的均值为 7.517，表示平均每家公司每年有 7.517 个分析师关注，最多可达 40 个。媒体跟踪均值为 15.23，表示平均每家公司每年被媒体报道 15.23 次，最多可达 103 次。机构投资者参与度即公司投资者持股比例平均值为 39.39%，最大占比可以达到 88.41%。被解释变量公司债务资本成本和相关控制变量的数据和描述性统计与第 4 章相同，此处不再赘述。

5.1.4　回归结果分析

表 5－3 为信息环境对公司债务资本成本影响的回归结果。

表 5－3　　　　信息环境对公司债务资本成本的影响

变量	(1)	(2)	(3)	(4)
	Cost	*Cost*	*Cost*	*Cost*
Analyst	−0.052***			
	[−9.09]			
Report		−0.017***		
		[−6.99]		
Institution			−0.009***	
			[−4.50]	
Component				−0.321***
				[−8.42]

续表

变量	(1)	(2)	(3)	(4)
	Cost	*Cost*	*Cost*	*Cost*
Size	2.408***	2.340***	2.220***	2.424***
	[20.93]	[20.48]	[20.31]	[20.87]
ROA	-4.576***	-4.686***	-4.942***	-4.618***
	[-11.61]	[-11.88]	[-12.59]	[-11.74]
TBQ	0.439***	0.422***	0.398***	0.458***
	[6.97]	[6.67]	[6.26]	[7.13]
Tangible	2.597***	2.592***	2.681***	2.641***
	[8.19]	[8.17]	[8.42]	[8.32]
InterestP	-0.008***	-0.008***	-0.009***	-0.008***
	[-5.35]	[-5.50]	[-5.89]	[-5.36]
LoanBond	-2.003***	-1.989***	-1.955***	-1.999***
	[-23.85]	[-23.72]	[-23.53]	[-23.83]
Maturity	0.207	0.194	0.186	0.202
	[1.06]	[0.99]	[0.95]	[1.03]
MarketInd	-0.176***	-0.171***	-0.168***	-0.174***
	[-3.26]	[-3.17]	[-3.10]	[-3.23]
GDP	-0.077*	-0.078*	-0.063	-0.072
	[-1.65]	[-1.66]	[-1.34]	[-1.53]
Finance	0.251**	0.229*	0.167	0.238**
	[2.13]	[1.94]	[1.42]	[2.03]
Constant	-5.183***	-3.890**	-1.652	-6.068***
	[-3.21]	[-2.40]	[-1.07]	[-3.63]
Year	Yes	Yes	Yes	Yes
Industry	Yes	Yes	Yes	Yes
Adjusted R^2	0.190	0.188	0.186	0.189
N	19958	19958	19958	19958

注：[　] 内的值为 t 值；***、**、* 表示系数的显著性水平分别为 1%、5%、10%。

由表5-3可知，分析师关注度（*Analyst*）的回归系数为-0.052，且在1%的置信水平上显著；媒体跟踪（*Report*）的回归系数为-0.017，且在1%的置信水平上显著；机构投资者参与度（*Institution*）的回归系数为-0.009，且在1%的置信水平上显著；主成分分析（*Component*）的回归系数为-0.321，且在1%的置信水平上显著。这些结果表明，由分析师关注度、媒体跟踪以及机构投资者参与度构成的公司外部信息环境与公司债务资本成本之间存在显著负相关关系，即良好的外部信息环境能提高公司信息披露的数量、质量和效率，缓解债务双方之间的信息不对称，帮助贷款人评估公司价值和违约风险；同时，通过加强外部利益相关者对公司的外部监督，缓解债务双方之间的代理冲突，约束公司内部人（大股东/管理者）的机会主义行为，最终降低公司债务资本成本，验证了信息环境的信息角色和监控角色。控制变量的回归结果与第4章大致相同，此处不再赘述。

5.1.5 稳健性检验

5.1.5.1 替换被解释变量

与第4章一致，本节将主回归中的被解释变量替换为利息支出与期初、期末平均负债总额的比值（$Cost^{*}$），同时，为了保持分母的一致，将控制变量中的债务期限替换为长期带息负债与期初、期末平均负债总额的比值（$Maturity^{*}$），以保留之前期初、期末平均带息负债为零的样本，再重新对模型（5-1）进行回归。回归结果如表5-4所示。

由表5-4可知，公司外部信息环境四个代理变量的系数均显著为负，表明公司外部信息环境越好，公司债务资本成本越低，该结果与主回归结果一致。同样验证了外部信息环境越好，越有助于公司私有信息的传播和挖掘，帮助贷款人评估公司价值和违约风险，以及约束内部人（大股东和管理者）的机会主义行为，从而缓解公司和债权人之间的信息不对称和代理冲突。

表 5－4　替换被解释变量后信息环境对债务资本成本的影响

变量	(1)	(2)	(3)	(4)
	Cost*	Cost*	Cost*	Cost*
Analyst	−0.016*** [−15.19]			
Report		−0.005*** [−12.29]		
Institution			−0.004*** [−9.96]	
Component				−0.111*** [−15.80]
Size	−0.141*** [−13.27]	−0.158*** [−14.89]	−0.174*** [−17.09]	−0.126*** [−11.47]
ROA	−0.791*** [−10.45]	−0.831*** [−10.98]	−0.913*** [−12.21]	−0.789*** [−10.44]
TBQ	0.001 [0.13]	−0.004 [−0.39]	−0.005 [−0.53]	0.010 [1.05]
Tangible	1.113*** [15.32]	1.118*** [15.36]	1.166*** [15.98]	1.130*** [15.55]
InterestP	−0.005*** [−20.72]	−0.005*** [−20.95]	−0.005*** [−21.98]	−0.005*** [−20.68]
LoanBond	0.119*** [48.51]	0.120*** [48.63]	0.122*** [49.24]	0.119*** [48.49]
*Maturity**	2.610*** [33.58]	2.609*** [33.52]	2.630*** [33.91]	2.599*** [33.44]
MarketInd	−0.009 [−0.76]	−0.008 [−0.66]	−0.006 [−0.55]	−0.009 [−0.73]

续表

变量	(1)	(2)	(3)	(4)
	$Cost^*$	$Cost^*$	$Cost^*$	$Cost^*$
GDP	-0.078***	-0.078***	-0.072***	-0.077***
	[-7.59]	[-7.60]	[-6.95]	[-7.43]
Finance	0.097***	0.090***	0.069***	0.094***
	[3.73]	[3.47]	[2.67]	[3.64]
Constant	4.153***	4.520***	4.955***	3.667***
	[12.86]	[14.05]	[15.87]	[11.01]
Year	Yes	Yes	Yes	Yes
Industry	Yes	Yes	Yes	Yes
Adjusted R^2	0.402	0.400	0.399	0.402
N	20756	20756	20756	20756

注：[ ] 内的值为 t 值；***、**、* 表示系数的显著性水平分别为 1%、5%、10%。

5.1.5.2 加入信息技术进步控制变量

受信息获取渠道和信息传递技术的限制，其他市场参与方难以获得准确信息。这种信息不对称会加剧债务双方之间的代理冲突，导致代理成本上升，从而进一步增加公司的债务资本成本。近年来，通信技术的快速发展打破了信息传递中的技术限制，提高了信息的获取效率，也降低了信息的获取成本（Petersen 和 Rajan，2002）。银行业的全面全球整合（Berger 等，2000）和广泛观察到的信息技术创新（Berger，2003）可能会侵蚀作为银行租金来源的地理位置和内部信息优势。如 Petersen 和 Rajan（2002）记录了随着通信方式发生重大变化，美国小公司与其贷款方之间的距离显著增加。因此，本节在控制信息技术进步对模型干扰的基础上，重新对模型进行回归，信息技术进步采用中国互联网络信息中心每年发布的《中国互联网络发展状况统计报告》中的互联网普及率（*Net_rate*）来衡量。表 5－5 列示了加入信息技术进步控制变量后的回归结果。

表 5-5　加入信息技术进步控制变量后信息环境对债务资本成本的影响

变量	(1)	(2)	(3)	(4)
	Cost	*Cost*	*Cost*	*Cost*
Analyst	-0.052***			
	[-9.10]			
Report		-0.017***		
		[-7.00]		
Institution			-0.009***	
			[-4.50]	
Component				-0.322***
				[-8.42]
Size	2.409***	2.340***	2.220***	2.425***
	[20.84]	[20.40]	[20.24]	[20.78]
ROA	-4.575***	-4.686***	-4.943***	-4.617***
	[-11.61]	[-11.88]	[-12.59]	[-11.74]
TBQ	0.439***	0.422***	0.398***	0.458***
	[6.96]	[6.66]	[6.25]	[7.12]
Tangible	2.592***	2.589***	2.683***	2.637***
	[8.17]	[8.15]	[8.42]	[8.30]
InterestP	-0.008***	-0.008***	-0.009***	-0.008***
	[-5.35]	[-5.50]	[-5.89]	[-5.36]
LoanBond	-2.003***	-1.989***	-1.955***	-1.999***
	[-23.84]	[-23.71]	[-23.53]	[-23.82]
Maturity	0.208	0.195	0.185	0.203
	[1.06]	[0.99]	[0.94]	[1.04]
MarketInd	-0.171***	-0.169***	-0.170***	-0.170***
	[-3.07]	[-3.03]	[-3.04]	[-3.06]

续表

变量	(1)	(2)	(3)	(4)
	Cost	*Cost*	*Cost*	*Cost*
GDP	-0.073	-0.076	-0.064	-0.069
	[-1.52]	[-1.57]	[-1.33]	[-1.43]
Finance	0.255**	0.231*	0.165	0.242**
	[2.13]	[1.93]	[1.38]	[2.02]
Net_rate	-0.001	-0.001	0.001	-0.001
	[-0.29]	[-0.15]	[0.13]	[-0.23]
Constant	-5.287***	-3.943**	-1.607	-6.152***
	[-3.12]	[-2.32]	[-0.99]	[-3.52]
Year	Yes	Yes	Yes	Yes
Industry	Yes	Yes	Yes	Yes
Adjusted R^2	0.189	0.188	0.186	0.189
N	19958	19958	19958	19958

注：[ ] 内的值为 t 值；***、**、* 表示系数的显著性水平分别为 1%、5%、10%。

由表 5-5 可知，在控制了信息技术进步对公司债务资本成本的影响后，信息环境与公司债务资本成本之间的关系依然成立。以上结果表明，主回归结果是稳健的，验证了信息环境的信息角色和监控角色。

5.2 高铁开通带来的信息环境的改善

在过去的十几年里，中国经济快速增长，并迅速成为世界第二大经济体，基础设施特别是高速铁路（以下简称高铁）的建设和发展迅猛，城市间的高铁成为重要且必要的交通工具。高铁建设是把中国主要城市连接起来的一种交通需求，也是国家的战略需求，可以在短时间内跨地区运输大量的人员、物资，实现对特定地区的援助，最大限度实现物资的优化配置。在中国，高铁的建设始于2005年，2008年中国开通运营了第一条具有自主知识产权、当时运营速度世界最快的高铁——京津城际高铁。这条铁路总运程长达120公里，速度高达每小时350公里，将北京与天津之间的时间距离由原来的2小时缩短至30分钟，形成同城效应。此后，高铁网络经历了前所未有的大规模扩张，截至2021年年底，中国成为全球高铁运营里程最长的国家，其营运总里程突破4万公里。高铁形成的交通网络瞬间缩短了城市之间的时间距离，多地形成“1小时经济圈”，极大地便利了实地拜访和商务交流，促进了高铁开通城市的信息交流。高铁网络的建设热潮归因于2004年国务院审议通过的《中长期铁路网规划》，规划建设“四横四纵”客运专线，设计速度指标200公里/小时以上。其发展目标为：到2020年，全国铁路营业里程达到10万公里，主要繁忙干线实现客货分线，复线率和电化率均达到50%，运输能力满足国民经济和社会发展需要，主要技术装备达到或接近国际先进水平。目前，中国已成为全球高速铁路系统技术最全、集成能力最强、运营里程最长、运行速度最高、在建规模最大的国家。

5.2.1　高铁开通对债务资本成本影响的理论分析与研究假设

债务双方之间的信息不对称会加剧代理冲突，从而引起融资前的逆向选择问题和融资后的潜在道德风险，进而使公司面临融资约束并承担更多的融资成本（Jensen和Meckling，1976；Myers和Majluf，1984）。先前的研究表明，地理位置接近会产生信息优势（Coval和Moskowitz，2001；Uysal等，2008；Loughran，2008；John等，2012）。Lerner（1995）发现，与非本地公司相比，风险资本家更多地参与了本地公司的治理活动。这种行为意味着较低的监控成本可能是当地投资者信息优势的一部分。在Coval和Moskowitz

（2001）的一篇开创性论文中，他们发现共同基金经理在本地公司的投资比在非本地公司获得更高的回报，并将这一发现归因于本地分析师具有更好的监控能力和更强的获得私人信息的能力。Kedia 等（2008）研究表明，在并购背景下，收购方倾向于本地目标，并且在本地交易中获得比非本地交易更高的回报。Uysal 等（2008）发现，地理位置较近的交易（目标位置在 100 公里以内）中的收购回报是地理位置较远的交易的两倍以上。本地收购方获得的较高回报主要来自地理位置邻近所带来的信息优势。类似地，Kang 和 Kim（2008）证明，大宗收购方对位于附近的目标有强烈的偏好。此外，他们还发现，地理位置相近的收购方的目标公司比远距离收购方的目标公司享有更高的异常公告回报率和更好的收购后的经营业绩。Cai 和 Tian（2010）报告称，与非城市地区的企业相比，位于城市地区的企业更有可能成为收购目标，更有可能完成收购交易，这是因为城市企业经历的信息不对称更少，公司治理更好。与股票投资者一样，贷款人似乎也受到地理距离的影响。Sussman 和 Zeira（1995）提出了一个模型，其中，银行面临的监控成本随着与借款人的距离增加而增加。与模型的预测一致，Degryse 和 Ongena（2005）表明，与距离相关的价格歧视确实发生在银行贷款中。他们将这一结果特别归因于较高的沟通成本。另外，Petersen 和 Rajan（2002）记录了随着时间的推移向远方借款人提供的贷款增加，并将这些结果归因于技术的改进。他们推测，这些改进降低了积累和处理有关客户的“硬”信息的成本，从而减少了依赖当地银行通常通过与借款人的个人互动而积累的“软”信息的需要（Berger 和 Udell，1995）。在一项有趣的研究中，Kedia 和 Rajgopal（2011）表明，金融虚假报道的倾向随着公司与证券交易委员会（SEC）的距离而增加。Francis 等（2010）考察了公司总部的位置对其 CEO 薪酬的影响。研究发现，农村公司与城市公司相比，表现出明显较低的基于股权的薪酬绩效敏感性水平，并且更普遍使用非股权激励。这主要是由于远距离导致信息获取和监督能力下降，从而使得设计有效的市场激励机制更加困难。Loughran（2007）报告了强有力的证据，表明城市公共企业和位于农村地区或小城市的企业之间存在信息传播。更具体地说，他发现，即使在控制了规模、行业和分析师覆盖率之后，城市公司的股票收益率仍领先于农村/小城市公司的股票收益率。Loughran（2008）研究了外部投资者和内部人之间的信息不对称如何影响公司再融资的能力。与地理距离导致信息劣势的证据一致，他发现农村企业发行股票的可能性低于城市企业，并且他们选择更好承销商的能力也显著较低。John 等（2012）研究了地理位置对公司股息政策的影响，并证实了距离会增加投资者的信息成本。总之，现有证据表明地理距离与信息劣势有关，这进一步证明了这是量化信息不对称的可靠方法。因此，现有的经验证据支持这样的论点，即地理位置为决策过程提供了重要的依据。公司可以通过披露或传播内部信息来降低融资成本，这是因为将内部信息转化为公开信息的过程降低了投资者的风险溢价需求（Easley 和 O'Hara，2004）。

在债务关系确立前，会计信息质量会影响债权人对公司用于偿还债务的未来现金流的估计。主要评级机构（标准普尔、穆迪和惠誉）报告称，它们在债券评级决策中使用"硬"信息和"软"信息。然而，相较于会计信息等"硬"信息，"软"信息（如公司文化、管理者的未来发展计划、当地经济环境和公司社会资本等）是无形的，更难以获取、传播和理解，但也被认为会对公司的风险判断和投资决策产生重要影响（Coval 和 Moskowitz，1999）。文献中有充分的记载，地理邻近性在提供有助于决策过程的"软"信息方面发挥着重要作用（Coval 和 Moskowitz，2001；Butler，2008；Uysal 等，2008；Stotz，2011）。"软"信息的有用性、及时性和质量可以通过地理接近来促进。地理上的接近可以使分析师与当地公司建立共同的专业、社会和文化联系（Uysal 等，2008）。邻近也放宽了公司办公室参观的时间和距离限制，使债券分析师能进行面对面交谈，而不是依赖电话会议（Malloy，2005）。Malloy（2005）强调地理邻近性在制定分析师预测时的信息优势，并报告地理邻近性使分析师能实现更准确的收益预测。因此，地理上的接近能使信用评级分析师及时获得信息。文献中也有充分的记载，与从电话会议或调查中获得的信息相比，从面对面会议获得的“软”信息被认为具有更高的质量（Graetz等，1998；Baltes等，2002；Alge等，2003）。Miller和Shanthikumar（2010）发现，与全国性报纸相比，地区性报纸更频繁地报道附近的公司，并且文章的篇幅更长。在不同领域的文献中，如投资、融资、监管监控和分析师预测的准确性，研究了以地理位置接近度为代表的“软”信息的作用。这些研究结果表明，地理邻近性在决策过程中起着重要作用。Kang和Rene（1997）、Coval和Moskowitz（1999）、Huberman（2001）证明，投资者更多地投资于离家较近的公司，因为他们对这些公司有更好的了解。这些发现与家乡偏见（Home Bias）的观点相一致。Kedia和Rajgopal（2011）提供了有关监管机构由于地理接近而产生的监测有效性的证据。研究发现，位于美国证券交易委员会（SEC）附近的公司与误报偏差显著降低有关。Butler（2008）研究发现，在承销市政债券方面，当地投资银行比非当地同行具有显著优势。他将本地承销商收取较低费用、以较低收益率出售债券的证据归因于本地承销商比非本地竞争对手在评估“软”信息方面的能力更强。此外，Rajan等（2010）、Agarwal和Hauswald（2010）报告称，借款人和贷款人之间的实际距离与贷款人的信息优势成反比，贷款人的信息优势源于他们获取“软”信息的能力，而“软”信息对信贷决策至关重要。贷款官员们对于公司关系发展的评估、公司管理层的技能和声誉，以及公司商业愿景的质量［即Stein（2002）的“软”信息］在贷款决策中起着重要作用。尽管信贷员被要求通过提供关键统计数据和其他相关书面信息在内部“强化”

他们的评估，但当地债务投资者仍有很大的自由裁量权。当地投资者通过与当地公司的经理、员工、客户和供应商举行社交和公民会议，以及通过每天接触有关当地经济及其公司的新闻故事而改善监控，从而获得“软”信息（Coval 和 Moskowitz，2001；Gaspar 和 Massa，2007）。此外，位于金融中心的金融机构、投资银行家和分析师通常会忽视偏远的公司（Malloy，2005；Loughran，2008）。这可能会破坏外部监控较低的远程公司的信息生产，从而导致信息积累对投资者来说变得更加昂贵。Loughran 和 Schulz（2005）、Loughran（2007，2008）推测，由于邻近投资者、机构投资者、经纪人和投资银行家较少，且分析师和媒体报道较少，偏远公司比大城市的公司遭受更大的信息不对称。因此，企业与中心地区的地理距离不仅反映了管理者和外部股东之间的信息不对称，还反映了本地和非本地投资者之间的信息不对称。同时，相比依托通信技术进行电话会议等远程沟通，面对面交流过程中获得的“软”信息的质量更高（Baltes 等，2002；Alge 等，2003）。鉴于大多数投资者、分析师和金融机构都位于金融中心，获取远程公司的“软”信息更加困难，成本也更高（Loughran 和 Schultz，2005；Loughran，2008；John 等，2012）。与“硬”信息相比，“软”信息是无形的，难以量化、传递和解释。

尽管在过去几十年中通信技术的快速发展降低了外部利益相关者获取远程公司“硬”信息的成本（Petersen 和 Rajan，2002），但是远程公司获取“软”信息的成本仍然是昂贵的。外部利益相关者与公司之间的空间距离限制了“软”信息传递的数量、质量和效率。如 Agarwal 和 Hauswald（2010）研究发现，公司和债权人之间的空间距离与债权人的信息优势负相关，而这种信息优势取决于债权人获取对信贷决策至关重要的“软”信息的能力。Jaggi 和 Tang（2017）研究发现，公司与评级机构总部之间距离较远会导致“软”信息的缺乏，从而使债券评级更容易出现错误，并且还会影响评级机构下调公司评级的及时性。

中国的一个显著特征是在经济发展中对“关系”管理的重视。中国是一个典型的关系型社会，中国儒家文化的特征之一是关系型交易，重视非正式关系的潜在规则，忽视理性的正式制度（Yeung和Tung，1996）。人们普遍认为，关系（或社会网络）在商业过程中是正式制度发展或正式合同的替代品（Antonio和Santos，2004）。Allen等（2005）研究表明，中国企业依赖关系或非正式渠道来获取各种资源，非正式制度通常被视为法律制度的替代机制从而保证金融交易顺利进行。在这种特殊的制度背景下，高铁开通使公司与外部利益相关者之间的时空距离瞬间缩短，通过加强公司与金融机构之间的接触和联系，以及促进两者之间的信息交流和传递，使这种社会关系在金融交易中发挥更大的作用。高铁是中国自2008年以来引入的一项大规模交通基础设施投资，旨在促进城市之间的信息、资本和劳动力流动，并在危机后的衰退期间刺激经济增长。高铁连接大都市和周边城市，缩短了它们之间的实际通行时间，增强了生产要素的流动性。这些变化从根本上影响了公司的经营和商业环境。高铁开通大幅缩短了公司与外部利益相关者之间的时间距离，降低了出行成本，便利了分析师、媒体和机构投资者等信息中介和外部监督者对公司进行实地考察和监督，并与公司管理者进行当面交流。高铁开通一方面有助于信息中介获取更多关于公司的“软”信息，并通过信息传递机制，将这些重要的内部信息转化为公开信息，从而增强公司的信息透明度。另一方面，大幅缩短了高铁开通所在地区的上市公司与债务投资者之间的时空距离，促进债务投资者与公司管理者进行当面交流和沟通，从中获取关于公司的内部信息，同时也便利了债务投资者对上市公司进行实地调查和监控，降低了债务投资者的监督成本，最终有助于债务双方建立信任。即高铁开通具有信息角色和监督角色。因此，了解高铁开通是否以及如何影响公司的债务资本成本是一个很有趣的议题。

随着中国的高铁在各大城市开通，交通的便利大大加强了经济参与主体之间的联系，降低了债务投资者获得“软”信息的成本，从而在一定程度上缓解了债务双方之间的信息不对称和代理冲突，促使公司以较低成本获取债务融资。先前的研究仅对高铁如何影响当地的经济提供了混合结果。如一些研究认为，扩展的交通网络简化了相邻城市之间的通信方式，从而促进了区域经济一体化。区域中心将对周边城市产生经济扩散效应，并促进其经济增长（Baum - Snow，2007，2010；Giroud，2013；Ahlfeldt 和 Feddersen，2017）。相反，一些研究显示了交通基础设施的集聚效应，即经济增长将在区域中心得到提振，但在相邻区域受到抑制（Chandra 和 Thompson，2000；Faber，2014；Qin，2017；Hodgson，2018）。

先前的文献表明，信息披露的完整性、准确性和及时性依赖于信息中介组织或外部监督者对公司内部信息的收集、分析和传递，最终对债务投资者的信贷或投资决策产生重要的影响（Bhojraj 和 Sengupta，2003；Mansi 等，2004）。通过参考媒体报道、信用报告和分析师报告等外部专业信息，债务投资者能对公司偿债能力做出更加准确的判断，从而减缓逆向选择问题，同时也显著减少了债务投资者的尽职调查时间，最终将信息获取成本的降低转化为较低的公司债务资本成本。另外，由于内部人（大股东/管理者）为了维护自身利益可能会做出偏离公司价值最大化的行为，损害债务投资者的利益。高铁开通有利于信息中介组织和外部监督者发挥其外部治理效应，抑制公司内部人（大股东/管理者）的机会主义行为，如减少盈余操纵、投资者不足和资产替代等，从而提高公司信息透明度，减少公司与债务投资者之间的代理成本，降低公司债务资本成本（Shleifer 和 Vishny，1986；Yu，2008）。

信息环境的改善可以突破债务融资市场的地理界限，使得金融机构不仅可以为位置更远的借款人服务，而且还可以为那些他们以前不能确定为高质量的借款人服务，从而总体上增加了公司获取债务融资的可能性（Petersen 和 Rajan，2002）。此外，金融机构间的竞争可以降低公司债务资本成本。当另一家银行的贷款产品表现出更受公司青睐时，特别是贷款利率更低时，借款人可能会放弃近距离的银行转而与之合作（Pinkse 等，2002；Hauswald 和 Marquez，2006）。另外，高铁开通后公司和上下游企业之间的可达性提升，有利于公司加强供应链管理，并和上下游企业建立更为密切的合作。同样地，更多的当面沟通和实地拜访也有利于降低公司和上下游企业之间的信息不对称，加强两者之间的信任，从而有利于公司为自身争取更多的商业信用，提高公司的财务宽松度和偿债能力，最终降低公司债务资本成本。

总之，高铁开通缩短了城市间的时间距离，加强了城市间的交流，从而增强了经济主体之间的联系，有助于提升信息传递的速度与质量。高铁开通为债务市场加强信息传递和交流提供了便利的基础条件，有利于提高公司信息透明度和抑制公司内部人（大股东/管理者）的机会主义行为，降低债务投资者和公司之间的信息不对称和代理成本。此外，信息环境的改善有利于扩大公司可以触及的债务融资资源范围，提高公司的财务宽松度，增强公司的偿债能力，从而降低公司债务资本成本。

综上所述，我们提出研究假设 H3：公司所在地高铁开通与公司债务资本成本负相关。

5.2.2 实证研究设计

5.2.2.1 数据来源和样本选择

虽然中国第一条高铁——秦沈客运专线于 2003 年开通运行，但是其后一直到 2008 年京津城际高铁的开通，高铁建设才开始有持续的发展。我们参考饶品贵等（2019）关于高铁开通与供应商分布决策的研究，将高铁开通的样本期间界定为 2008 年至 2018 年。对于高铁开通的数据，我们通过网络搜索引擎、国家铁路局官网等公开资料手工收集高铁开通时间、高铁开通站点所在城市、该城市高铁开通的线路条数以及这些线路所对应的里程数等，然后，根据高铁开通年份与高铁开通站点所在城市去匹配第 4 章实证样本中的年份和公司所在城市，形成本节的研究样本（19958 个观察值）。同样地，我们对所有连续变量进行上下 1% 的缩尾处理以避免异常值对模型的干扰。

5.2.2.2　变量定义与实证模型设计

（1）被解释变量。

本章的被解释变量即公司债务资本成本与第 4 章相同。关于被解释变量的定义和度量详见第 4 章。

（2）解释变量。

本章的解释变量是高铁开通，参考梁若冰和席鹏辉（2016）轨道交通对空气污染的异质性影响研究，从公司所在地高铁开通与否、高铁开通线路条数与高铁开通里程数三方面对高铁开通进行度量。我们将高铁开通（*HSR*）定义为某一公司所在地有高铁经过且停靠，因为若仅是高铁经过而不停靠对上市公司信息环境的影响可能较小。鉴于此，我们将某一上市公司所在地高铁开通定义为上市公司所在地地级市设置有高铁站点，并设置 *HSR* 虚拟变量，如果公司所在地级市在当年及以后年度有高铁开通且停靠，则令 $HSR=1$，反之，则令 $HSR=0$。另外，有些公司所在地可能不止开通一条高铁线路，参照卞元超等（2018）的做法，将某一公司所在地最早开通高铁的年份作为高铁开通的年份。高铁开通线路条数和里程数分别为将公司所在城市的高铁开通线路和这些线路对应的里程数根据开通年份进行累加，如 2008 年 4 月 18 日开通了宁蓉铁路合宁段，该条线路里程数为 157 公里，站点停靠有南京市，随后 2010 年 7 月 1 日开通了沪宁高速铁路，该条线路里程数为 301 公里，站点停靠也有南京市，那么，南京市上市公司在 2008 年的公司所在地高铁开通与否、高铁开通线路条数与高铁开通里程数三个变量的数值分别为1、1、157；而在2010年这三个变量的数值分别为1、2、458。为了减弱模型中数据的异方差性，我们将高铁开通线路条数和高铁开通里程数取对数。具体度量方式如表5－6所示。

表5－6　　高铁开通研究变量定义

变量名称	变量符号	变量定义
公司所在地高铁开通与否	*HSR*	若公司所在地地级市在当年及以后年度有高铁开通且停靠，则定义为1，否则为0
高铁开通线路条数	*Line*	Log（公司所在地地级市截至当年高铁开通线路累加数）
高铁开通里程数	*Length*	Log（公司所在地地级市截至当年高铁开通线路里程累加数）

（3）控制变量。

本章选择的控制变量包括公司特征、债务特征、制度因素、年度和行业因素。控制变量的定义与第4章相同，此处不再赘述。

（4）实证模型的设计。

为了检验研究假设H3，同时考虑到各城市高铁开通时间是在不同年度，我们借鉴梁若冰和席鹏辉（2016）、饶品贵等（2019）的思路，构建如下多期双重差分模型：

$$Cost_{it} = \alpha + \beta_1 Trian_{it} + \sum_{j=1}^{10} \beta_{1+j} ControlVAR_{it} + \sum Year + \sum Industy + \varepsilon_{it} \quad (5-2)$$

其中，被解释变量$Cost_{it}$为公司债务资本成本，解释变量$Trian_{it}$为高铁开通虚拟变量，包括公司所在地高铁开通与否（*HSR*）、高铁开通线路条数（*Line*）以及高铁开通里程数（*Length*），并在实证中单独、逐一使用以上三种高铁开通代理变量进行回归。控制变量包括公司规模（*Size*）、盈利能力（*ROA*）、公司成长性（*TBQ*）、有形资产比率（*Tangible*）和利息保障倍数（*InterestP*）

等公司特征，债务规模（*LoanBond*）和债务期限（*Maturity*）等债务特征，市场化指数（*MarketInd*）、国内生产总值（*GDP*）和信贷市场供给（*Finance*）等制度因素以及年度和行业因素。为了确保回归结果的稳健，我们对所有回归的标准误采用怀特异方差进行修正（White，1980）。

5.2.2.3 描述性统计和相关性统计

表5-7为解释变量的描述性统计。

表5-7 描述性统计

变量符号	数量	均值	标准差	最小值	25分位数	中位数	75分位数	最大值
HSR	19958	0.751	0.433	0	1	1	1	1
Line_before_Log	19958	1.749	1.509	0	1	2	3	7
Line	19958	0.852	0.584	0	0.693	1.099	1.386	2.079
Length _before_Log	19958	799.9	774.8	0	54	574	1619	2573
Length	19958	4.981	2.982	0	4.007	6.354	7.390	7.853

由表5-7可知，公司所在地高铁开通与否（*HSR*）的均值为0.751，表示有75.1%的样本公司所在地有高铁开通，这与以往文献的描述大致相符（龙玉等，2017；赵静等，2018；饶品贵等，2019）。高铁开通线路条数（*Line_before_Log*）均值为1.749，最大值为7，说明平均每个公司所在地有1.749条高铁线路开通，公司所在地开通的高铁线路最多可达7条。高铁开通里程数（*Length_before_Log*）均值为799.9，最大值2573，说明平均每个公司所在地开通的高铁里程数为799.9公里，公司所在地开通的高铁线路里程最长可达2573公里。被解释变量债务资本成本和控制变量的数据和描述性统计与第4章相同，此处不再赘述。

表5-8是高铁开通的三个变量在不同年份的样本平均值。图5-1描述了高铁开通的三个变量的时间趋势。

表 5－8　　　　高铁开通不同年份的统计结果

年份	HSR	Line_before_Log	Length_before_Log
2008	0. 168	0. 168	34. 29
2009	0. 318	0. 355	154. 37
2010	0. 537	0. 688	232. 09
2011	0. 638	1. 054	565. 15
2012	0. 678	1. 248	666. 70
2013	0. 739	1. 548	753. 68
2014	0. 825	1. 913	926. 92
2015	0. 865	2. 176	1014. 19
2016	0. 895	2. 354	1045. 60
2017	0. 910	2. 452	1075. 15
2018	0. 924	2. 594	1120. 12

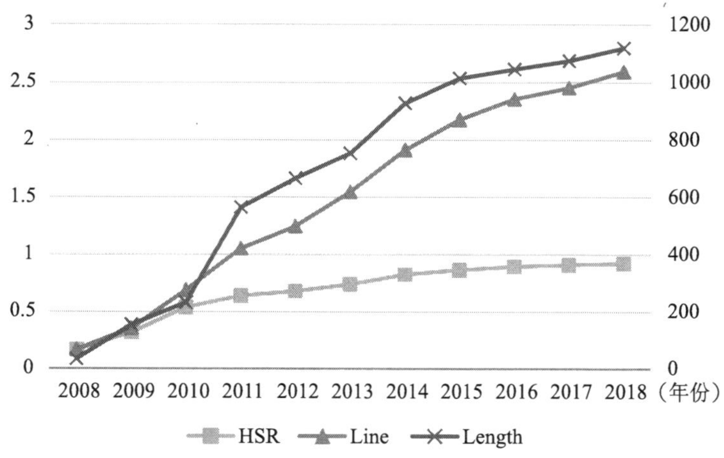

图 5－1　高铁开通时间趋势图

由表 5－8 可知，高铁开通占比（*HSR*）从 2008 年的 16. 8% 持续上升至 2018 年的 92. 4%；高铁开通平均线路条数（*Line_before_*

Log）从 2008 年的 0.168 条，上升至 2018 年的 2.594 条；高铁开通平均里程数（*Length_before_Log*）从 2008 年的 34.29 公里上升至 2018 年的 1120.12 公里。从图 5 - 1 也可以发现，从 2008 年起，高铁开通进入了一个迅猛发展阶段，上市公司所在地的高铁开通占比、线路条数以及里程数都呈现持续上升趋势，截至 2018 年，样本中绝大部分城市已设立高铁站。

5.2.3　实证结果分析

5.2.3.1　多期双重差分法（DID）

表 5 - 9 为高铁开通对公司债务资本成本影响的回归结果。

表 5 - 9　　高铁开通对公司债务资本成本的影响

变量	(1)	(2)	(3)
	Cost	*Cost*	*Cost*
HSR	-0.324*** [-2.73]		
Line		-0.173 [-1.60]	
Length			-0.044** [-2.33]
Size	2.134*** [19.80]	2.131*** [19.78]	2.133*** [19.79]
ROA	-5.000*** [-12.67]	-4.992*** [-12.66]	-4.998*** [-12.67]
TBQ	0.350*** [5.71]	0.349*** [5.70]	0.350*** [5.70]
Tangible	2.620*** [8.24]	2.604*** [8.19]	2.616*** [8.23]

续表

变量	(1)	(2)	(3)
	Cost	*Cost*	*Cost*
InterestP	-0.009***	-0.009***	-0.009***
	[-5.96]	[-5.96]	[-5.96]
LoanBond	-1.953***	-1.951***	-1.952***
	[-23.48]	[-23.46]	[-23.47]
Maturity	0.165	0.174	0.165
	[0.84]	[0.89]	[0.84]
MarketInd	-0.159***	-0.154***	-0.155***
	[-2.95]	[-2.83]	[-2.87]
GDP	-0.024	-0.025	-0.018
	[-0.48]	[-0.45]	[-0.35]
Finance	0.158	0.135	0.140
	[1.34]	[1.13]	[1.18]
Constant	-0.575	-0.370	-0.538
	[-0.37]	[-0.24]	[-0.34]
Year	Yes	Yes	Yes
Industry	Yes	Yes	Yes
Adjusted R^2	0.186	0.186	0.186
N	19958	19958	19958

注：[ ] 内的值为 t 值；***、**、* 表示系数的显著性水平分别为 1%、5%、10%。

由表 5-9 可知，公司所在地高铁开通与否（*HSR*）的回归系数为 -0.324，且在 1% 的置信水平上显著；高铁开通线路条数（*Line*）的回归系数为 -0.173，接近 10% 的显著性水平；高铁开通里程数（*Length*）的回归系数为 -0.044，且在 5% 的置信水平上显著。这表明公司所在地高铁开通与公司债务资本成本负相关，并且高铁开通里程数越长，公司债务资本成本的下降幅度越大。然而，根据数据统计，高铁开通条数越多，其通达的里程数并不一定越长，因为高铁开通的线路长度差异较大，如 2018 年开通的渝贵铁路长达 344.39 公里，而同年开通的通新高铁仅 197 公里。由此可见，公司所在城市高铁开通的线路条数并不能代表高铁带来的通达距离，这可能导致了高铁开通线路条数的系数没有达到 10% 的显著性水平。虽然高铁开通线路条数（*Line*）与公司债务资本成本的负相关关系在统计上不显著，但从整体上来看，高铁开通与公司债务资本成本的负相关关系依然成立，回归结果符合前文的理论推导和假设，即高铁开通极大地便利了利益相关者与上市公司之间的当面沟通，有利于缓解债务双方之间的信息不对称，促进债务双方建立合作和信任关系，同时，通过加强外部利益相关者对公司的近距离监督，缓解了债务双方之间的代理冲突，降低了公司债务资本成本。控制变量的回归结果与第 4 章一致，此处不再赘述。

5.2.3.2　动态检验

我们借鉴饶品贵（2019）的研究，构建动态模型，考察高铁开通影响公司债务资本成本的动态效应。构建模型如下：

$$Cost_{it} = \alpha + \sum_{-2}^{2}\beta_1 HSR_{it} + \sum_{j=1}^{10}\beta_{1+j} ControlVAR_{it} + \sum Year + \sum Industy + \varepsilon_{it} \quad (5-3)$$

其中，$\sum_{-2}^{2}\beta_1 HSR_{it}$ 表示公司所在地前两年、前一年、当年、后一年以及后两年开通高铁对公司债务资本成本的影响。表 5-10 为高铁开通与公司债务资本成本的动态检验结果。

表 5-10　高铁开通与公司债务资本成本的动态检验结果

变量	*Cost*
HSR（-2）	-0.223 [-1.14]

续表

变量	*Cost*
HSR（-1）	-0.143 [-0.76]
HSR	-0.286* [-1.77]
HSR（1）	-0.287* [-1.72]
HSR（2）	-0.120 [-0.77]
Control Variables	Yes
Year	Yes
Industry	Yes
Adjusted R^2	0.090
N	19958

注：[　]内的值为t值；***、**、*表示系数的显著性水平分别为1%、5%、10%。由于篇幅限制，省略控制变量结果。

由表5-10可知，公司所在地高铁开通之前（高铁开通前两年和前一年）的系数均不显著，而公司所在地当年和后一年开通高铁系数分别为-0.286和-0.287，且均在10%的统计水平上显著，但开通后两年系数在统计上不再显著。动态效应检验从时间上说明，公司债务资本成本的降低确实是由高铁开通引起的，且这种影响会持续到开通后一年。

5.2.4 稳健性检验

5.2.4.1 多期差分倾向得分匹配检验（PSM-DID）

高铁建设是从国家层面完善交通网络体系战略性布局的基础设施建设。从高铁的布局规划流程来看，高铁经过的城市、停靠站点的选择需要综合考虑多个因素进行确定，如国家战略因素、站点城市环境、路线所经地区的地形条件等。从高铁网络的建设来看，一般是先确定高铁建设的节点城市，然后进行节点与节点之间的线路建设，将各个高铁节点进行连通，最后形成整个高铁网络体系。

可见，高铁开通事件的发生并不是随机的，而是政府规划的结果，这个规划的过程会对我们研究的主效应的估计产生偏差。为了解决样本的自选择问题，本节首先采用倾向得分匹配法（PSM）对样本进行分组，比较所在地有高铁开通的公司和所在地没有高铁开通的公司之间债务资本成本的差异。具体而言，将公司所在地高铁开通与否作为因变量，将主回归中的控制变量作为解释变量进行Probit 回归，对所在地有高铁开通的公司（控制组）进行 1∶1 无放回的倾向得分匹配，从而得到与控制组相对应的实验组，即所在地没有高铁开通但控制变量特征（公司特征和债务特征）相近的样本组。配对后的样本使得控制组和实验组具有相似的特征和发展趋势，可以更好地满足多期差分回归分析的前提条件。表 5－11 为倾向得分匹配前后控制变量的均值差异。结果显示，匹配后样本的控制变量之间差异明显缩小，通过平衡性检验。

表 5－11　　倾向得分匹配平衡性检验

变量	样本匹配	均值		偏差	偏差减少（%）	T 检验	
		处理组	控制组			T	P
Size	U	22.319	21.898	33.700	97.300	20.230	0.000***
	M	22.047	22.036	0.900		0.400	0.687
ROA	U	0.065	0.060	2.800	39.100	1.760	0.079*
	M	0.059	0.062	－1.700		－0.730	0.466
TBQ	U	1.988	1.937	4.100	39.500	2.470	0.014**
	M	1.928	1.898	2.500		1.090	0.276

续表

变量	样本匹配	均值		偏差	偏差减少（%）	T检验	
		处理组	控制组			T	P
Tangible	U	0.219	0.276	-33.300	93.700	-20.440	0.000***
	M	0.266	0.262	2.100		0.860	0.390
InterestP	U	12.186	11.091	3.300	88.100	1.970	0.048**
	M	11.144	11.274	-0.400		-0.170	0.866
LoanBond	U	20.027	19.911	5.800	82.500	3.400	0.001***
	M	19.959	19.979	-1.000		-0.440	0.662
Maturity	U	0.324	0.315	2.800	68.200	1.700	0.090*
	M	0.315	0.318	-0.900		-0.380	0.707
MarketInd	U	8.361	6.561	104.000	95.700	65.980	0.000***
	M	7.085	7.163	-4.500		-1.940	0.053*
GDP	U	18.135	16.683	145.400	97.500	89.690	0.000***
	M	17.067	17.104	-3.700		-1.800	0.072*
Finance	U	10.479	9.598	103.000	96.100	67.980	0.000***
	M	9.907	9.941	-4.000		-1.740	0.083*

注：***、**、*分别表示在1%、5%、10%的水平上显著。

表5-12列示了基于PSM配对样本的回归结果。

表5-12　双重差分倾向得分匹配检验：高铁开通与公司债务资本成本

变量	(1)	(2)	(3)
	Cost	*Cost*	*Cost*
HSR	-0.292**		
	[-2.07]		
Line		-0.185	
		[-1.21]	

续表

变量	(1)	(2)	(3)
	Cost	Cost	Cost
Length			-0.042*
			[-1.85]
Size	2.260***	2.265***	2.260***
	[10.56]	[10.57]	[10.56]
ROA	-5.200***	-5.199***	-5.202***
	[-7.98]	[-7.98]	[-7.98]
TBQ	0.491***	0.493***	0.491***
	[4.26]	[4.27]	[4.26]
Tangible	3.000***	2.986***	2.997***
	[5.80]	[5.77]	[5.79]
InterestP	-0.009***	-0.009***	-0.009***
	[-2.98]	[-2.99]	[-2.98]
LoanBond	-2.038***	-2.040***	-2.039***
	[-13.14]	[-13.14]	[-13.14]
Maturity	-0.237	-0.226	-0.235
	[-0.71]	[-0.67]	[-0.70]
MarketInd	-0.208**	-0.214**	-0.212**
	[-2.36]	[-2.43]	[-2.42]
GDP	-0.120	-0.115	-0.117
	[-1.38]	[-1.28]	[-1.34]
Finance	0.188	0.214	0.197
	[1.02]	[1.15]	[1.07]
Constant	-1.371	-1.770	-1.487
	[-0.44]	[-0.57]	[-0.48]

续表

变量	(1)	(2)	(3)
	Cost	*Cost*	*Cost*
Industry	Yes	Yes	Yes
Year	Yes	Yes	Yes
Adjusted R^2	0.200	0.200	0.200
N	6874	6874	6874

注：[ ] 内的值为 t 值；***、**、* 表示系数的显著性水平分别为 1%、5%、10%。

由表 5-12 可知，公司所在地高铁开通与否（*HSR*）和高铁开通里程数（*Length*）与公司债务资本成本呈显著的负相关关系。该结果表明经过 PSM 匹配后的样本回归结果与主回归一致，说明主回归的结果是稳健的，验证了高铁开通极大地便利了分析师、媒体记者、机构投资者和债务投资者等与公司之间的当面沟通，加大了他们对公司的近距离监督，缓解了信息不对称和代理问题。

5.2.4.2　非节点城市样本回归

中国高铁系统的安排往往涵盖政治上重要的、经济上繁荣的地区。根据 2016 年国家发展改革委、交通运输部和中国铁路总公司联合发布，构成贯通南北和东西的“八横八纵”骨干网络的 30 个节点城市是北京、上海、广州、深圳、宁波、福州、厦门、天津、石家庄、济南、大连、兰州、西安、郑州、杭州、徐州、合肥、青岛、哈尔滨、沈阳、太原、邯郸、南京、武汉、重庆、成都、长沙、贵阳、南昌、昆明。这些城市意味着更多的信息、人才和资源流动，因此本章的实证结果可能是被这些大城市效应所主导。

为了避免区域政治、经济因素对本章实证结果的干扰，我们删除了位于节点城市的公司样本，只关注非节点城市高铁开通后公司债务资本成本的变化。与构成“八横八纵”骨干网络的 30 个节点城市相比，非节点城市规模较小，信息较为闭塞，高铁站点的设置也相对随机。若公司所在地高铁开通与公司债务资本成本负相关这一研究假设成立，高铁开通对公司债务资本成本的影响在非节点城市中也应该显著。

表 5 - 13 为非节点城市样本的回归结果。

表 5 - 13　　非节点城市样本回归结果

变量	(1)	(2)	(3)
	Cost	*Cost*	*Cost*
HSR	-0.412***		
	[-2.76]		
Line		-0.420**	
		[-2.52]	
Length			-0.065***
			[-2.73]
Size	2.293***	2.286***	2.289***
	[13.32]	[13.32]	[13.33]
ROA	-4.942***	-4.940***	-4.944***
	[-8.68]	[-8.68]	[-8.68]
TBQ	0.234**	0.231**	0.232**
	[2.45]	[2.42]	[2.43]
Tangible	2.770***	2.749***	2.763***
	[5.85]	[5.81]	[5.84]
InterestP	-0.012***	-0.012***	-0.012***
	[-5.30]	[-5.32]	[-5.31]
LoanBond	-2.072***	-2.071***	-2.071***
	[-16.02]	[-16.02]	[-16.02]
Maturity	-0.205	-0.200	-0.209
	[-0.68]	[-0.67]	[-0.70]

续表

变量	(1)	(2)	(3)
	Cost	*Cost*	*Cost*
MarketInd	0.022	0.034	0.023
	[0.25]	[0.37]	[0.26]
GDP	-0.145	-0.118	-0.127
	[-1.55]	[-1.20]	[-1.32]
Finance	-0.193	-0.239	-0.207
	[-0.87]	[-1.05]	[-0.92]
Constant	2.746	2.839	2.662
	[1.04]	[1.08]	[1.01]
Industry	Yes	Yes	Yes
Year	Yes	Yes	Yes
Adjusted R^2	0.199	0.199	0.199
N	9090	9090	9090

注：[ ] 内的值为 t 值；***、**、* 表示系数的显著性水平分别为 1%、5%、10%。

由表 5-13 可知，公司所在地高铁开通与否（*HSR*）、高铁开通线路条数（*Line*）和高铁开通里程数（*Length*）均与公司债务资本成本呈显著的负相关关系，且显著性水平相比主回归结果均有明显提高，证明主回归结果是稳健的，验证了高铁开通极大地便利了分析师、媒体记者、机构投资者和债务投资者等与公司之间的当面沟通，加大了他们对公司的近距离监督，缓解了信息不对称和代理问题。

5.2.4.3　非机场城市样本回归

与前文分析类似，已经有机场的城市一般也是政治或经济地位较高的城市，拥有更多的信息、人才和资源流动。为了避免机场城市对实证结果的干扰，本书删除公司所在地已有机场的样本，重新检验高铁开通与债务资本成本之间的关系。

表 5 - 14 为非机场城市样本的回归结果。

表 5 - 14　　非机场城市样本回归结果

变量	(1)	(2)	(3)
	Cost	Cost	Cost
HSR	-0.480 ***		
	[-3.06]		
Line		-0.510 ***	
		[-2.98]	
Length			-0.080 ***
			[-3.22]
Size	2.363 ***	2.359 ***	2.361 ***
	[13.27]	[13.27]	[13.27]
ROA	-4.739 ***	-4.733 ***	-4.740 ***
	[-8.30]	[-8.30]	[-8.30]
TBQ	0.238 ***	0.242 ***	0.239 ***
	[2.77]	[2.81]	[2.77]
Tangible	2.749 ***	2.707 ***	2.745 ***
	[5.72]	[5.63]	[5.71]
InterestP	-0.014 ***	-0.014 ***	-0.014 ***
	[-7.35]	[-7.37]	[-7.36]
LoanBond	-2.091 ***	-2.088 ***	-2.090 ***
	[-15.56]	[-15.56]	[-15.56]
Maturity	-0.492 *	-0.490 *	-0.501 *
	[-1.70]	[-1.69]	[-1.73]
MarketInd	0.048	0.075	0.050
	[0.57]	[0.86]	[0.58]

续表

变量	(1)	(2)	(3)
	Cost	Cost	Cost
GDP	-0.141	-0.096	-0.115
	[-1.50]	[-0.95]	[-1.20]
Finance	-0.195	-0.263	-0.211
	[-0.88]	[-1.17]	[-0.96]
Constant	2.661	2.469	2.437
	[1.03]	[0.96]	[0.94]
Year	Yes	Yes	Yes
Adjusted R^2	0.201	0.201	0.201
N	8580	8580	8580

注：[ ] 内的值为 t 值；***、**、* 表示系数的显著性水平分别为 1%、5%、10%。

由表 5-14 可知，与非节点城市样本的回归结果相似，高铁开通三个代理变量均与公司债务资本成本呈显著的负相关关系，且显著性水平相比主回归结果均有明显提高，证明主回归结果是稳健的。

5.2.4.4　偏远地理位置公司样本回归

先前大量文献表明，上市公司的地理位置会影响其与外部利益相关者之间的沟通效率，从而影响经济活动的结果（Coval 和 Moskowitz，1999；Agarwal 和 Hauswald，2010；Jensen 等，2015）。此外，由于偏远城市中机构投资者和投资银行等市场参与者较少，且位于偏远城市的上市公司的分析师跟踪和媒体报道也较少，位于偏远城市的公司比位于中心城市的公司面临更严重的信息不对称（Loughran 和 Schulz，2005；Loughran，2007）。公司所处的地理位置越偏远，其面临的信息不对称程度就越高，也难以触及更多的融资渠道和资源，从而导致其在债务融资方面存在劣势。高铁开通通过改善信息环境对公司债务融资活动产生积极影响，一定程度上突破了公司地理位置的限制，从而使公司可以获得更优质的债务融资资源。

本节使用公司所在地与中心城市的距离来衡量公司地理位置的偏远程度。我们首先对中国每个城市的上市公司数量进行汇总和排序，然后选择前十名城市（依次为北京、深圳、上海、杭州、广州、南京、成都、宁波、苏州、武汉）作为中心城市，这些城市的资源、人才和信息都相对集中，金融机构总部、机构投资者以及信息中介组织大多设置于此。其次，计算每个公司的所在地与中心城市市政府之间的距离，并得到最小距离，该最小距离即为上市公司与中心城市的最小距离，最小距离越大，上市公司的地理位置越偏远，反之，上市公司的地理位置越靠近中心。最后，我们分别按照上市公司最小距离的中位数（P50 = 165 公里）、平均数（Mean = 303 公里）以及第三四分位数（P75 = 500 公里），分别选取最小距离在中位数、平均数以及第三四分位数以上的上市公司样本，即选取不同偏远程度的上市公司作为回归样本，重新对模型（5 - 1）进行回归。

表 5 - 15、表 5 - 16 和 5 - 17 是偏远地理位置公司样本的回归结果。

表 5 - 15　偏远地理位置公司样本回归结果（中位数以上）

变量	(1)	(2)	(3)
	Cost	*Cost*	*Cost*
HSR	-0.367 ***		
	[-2.62]		
Line		-0.312 **	
		[-2.45]	
Length			-0.056 **
			[-2.57]

续表

变量	(1)	(2)	(3)
	Cost	*Cost*	*Cost*
Size	2.052***	2.049***	2.050***
	[12.62]	[12.61]	[12.62]
ROA	-4.981***	-4.975***	-4.980***
	[-9.41]	[-9.40]	[-9.41]
TBQ	0.356***	0.355***	0.356***
	[4.16]	[4.15]	[4.16]
Tangible	2.287***	2.269***	2.285***
	[5.44]	[5.40]	[5.44]
InterestP	-0.006**	-0.006**	-0.006**
	[-2.22]	[-2.22]	[-2.22]
LoanBond	-1.877***	-1.876***	-1.876***
	[-15.49]	[-15.49]	[-15.49]
Maturity	0.119	0.129	0.121
	[0.41]	[0.44]	[0.41]
MarketInd	-0.119***	-0.118***	-0.120***
	[-3.09]	[-3.02]	[-3.10]
GDP	-0.113	-0.123	-0.112
	[-1.14]	[-1.25]	[-1.13]
Finance	0.415***	0.472***	0.435***
	[3.49]	[3.86]	[3.62]
Constant	2.352	2.556	2.345
	[0.93]	[1.03]	[0.93]
Industry	Yes	Yes	Yes
Year	Yes	Yes	Yes

续表

变量	(1)	(2)	(3)
	Cost	Cost	Cost
Adjusted R^2	0.180	0.180	0.180
N	9991	9991	9991

注：[ ] 内的值为 t 值；***、**、* 表示系数的显著性水平分别为 1%、5%、10%。

表 5 - 16　偏远地理位置公司样本回归结果（平均数以上）

变量	(1)	(2)	(3)
	Cost	Cost	Cost
HSR	-0.268*		
	[-1.77]		
Line		-0.234*	
		[-1.66]	
Length			-0.043*
			[-1.81]
Size	2.134***	2.134***	2.134***
	[23.80]	[23.79]	[23.80]
ROA	-5.129***	-5.126***	-5.130***
	[-13.84]	[-13.83]	[-13.84]
TBQ	0.320***	0.321***	0.321***
	[5.52]	[5.52]	[5.53]
Tangible	2.256***	2.249***	2.255***
	[5.04]	[5.03]	[5.04]
InterestP	-0.007***	-0.007***	-0.007***
	[-3.56]	[-3.56]	[-3.56]
LoanBond	-1.907***	-1.907***	-1.906***
	[-36.45]	[-36.45]	[-36.44]

续表

变量	(1)	(2)	(3)
	Cost	*Cost*	*Cost*
Maturity	0.266	0.275	0.267
	[1.22]	[1.26]	[1.22]
MarketInd	-0.161***	-0.163***	-0.162***
	[-3.62]	[-3.68]	[-3.67]
GDP	-0.141	-0.151	-0.138
	[-1.21]	[-1.31]	[-1.19]
Finance	0.515***	0.559***	0.535***
	[4.04]	[4.09]	[4.11]
Constant	2.044	2.238	2.007
	[0.78]	[0.85]	[0.76]
Industry	Yes	Yes	Yes
Year	Yes	Yes	Yes
Adjusted R^2	0.184	0.184	0.184
N	8119	8119	8119

注：[ ] 内的值为 t 值；***、**、* 表示系数的显著性水平分别为 1%、5%、10%。

表 5-17　偏远地理位置公司样本回归结果（第三四分位数以上）

变量	(1)	(2)	(3)
	Cost	*Cost*	*Cost*
HSR	-0.351*		
	[-1.72]		
Line		-0.272	
		[-1.42]	
Length			-0.060*
			[-1.91]

续表

变量	(1)	(2)	(3)
	Cost	*Cost*	*Cost*
Size	2.294***	2.290***	2.293***
	[18.57]	[18.54]	[18.57]
ROA	-4.264***	-4.267***	-4.268***
	[-8.95]	[-8.96]	[-8.96]
TBQ	0.359***	0.360***	0.359***
	[4.76]	[4.76]	[4.76]
Tangible	2.563***	2.547***	2.558***
	[4.38]	[4.36]	[4.38]
InterestP	-0.005**	-0.005**	-0.005**
	[-2.10]	[-2.10]	[-2.10]
LoanBond	-2.039***	-2.037***	-2.039***
	[-27.84]	[-27.82]	[-27.85]
Maturity	-0.038	-0.028	-0.038
	[-0.13]	[-0.10]	[-0.13]
MarketInd	-0.146**	-0.150**	-0.146**
	[-2.35]	[-2.42]	[-2.38]
GDP	-0.266	-0.281	-0.263
	[-1.51]	[-1.60]	[-1.49]
Finance	0.356*	0.421*	0.403**
	[1.84]	[1.95]	[2.02]
Constant	4.455	4.775	4.407
	[1.16]	[1.25]	[1.15]
Industry	Yes	Yes	Yes
Year	Yes	Yes	Yes
Adjusted R2	0.191	0.190	0.191
N	4980	4980	4980

注：[ ] 内的值为 t 值；***、**、* 表示系数的显著性水平分别为 1%、5%、10%。

由表5-15、表5-16和表5-17可知，上市公司与中心城市的最小距离在中位数、平均数以及第三四分位数以上的样本回归结果均与主回归结果一致，可能随着距离的增大，样本量减少，导致显著性水平有所降低。该结果表明，高铁开通至少对第三四分位数以上偏远程度的上市公司的债务资本成本仍然具有积极影响，即偏远地区开通高铁会降低当地上市公司的债务资本成本，高铁开通对公司债务资本成本影响的有效空间范围至少在500公里（第三四分位数）。

5.2.4.5 替换被解释变量后的回归

为了确保以上回归结果的稳健性并与前文保持一致，本节将主回归中的被解释变量替换为利息支出与期初、期末平均负债总额（无0值）的比值（$Cost^*$），同时为了保持分母的一致将控制变量中的债务期限替换为长期带息负债与期初、期末平均负债总额的比值（$Maturity^*$），以保留之前期初、期末平均带息负债为零的样本，再重新对模型（5-2）进行回归。回归结果见表5-18。

由表5-18可知，公司所在地高铁开通与否（*HSR*）、高铁开通线路条数（*Line*）和高铁开通里程数（*Length*）均与公司债务资本成本呈显著的负相关关系，且显著性水平相对主回归结果均有明显提高，证明主回归的结果是稳健的，验证了高铁开通极大地便利了分析师、媒体记者、机构投资者和债务投资者等与公司之间的当面沟通，加大了他们对公司的近距离监督，缓解了信息不对称和代理问题。

表5-18 替换被解释变量后高铁开通对公司债务资本成本的影响

变量	(1)	(2)	(3)
	$Cost^*$	$Cost^*$	$Cost^*$
HSR	-0.108***		
	[-3.98]		

续表

变量	(1)	(2)	(3)
	Cost*	Cost*	Cost*
Line		-0.084*** [-3.56]	
Length			-0.014*** [-3.29]
Size	-0.214*** [-22.71]	-0.214*** [-22.77]	-0.214*** [-22.73]
ROA	-0.941*** [-12.54]	-0.940*** [-12.53]	-0.940*** [-12.53]
TBQ	-0.027*** [-2.84]	-0.027*** [-2.85]	-0.027*** [-2.86]
Tangible	1.135*** [15.55]	1.131*** [15.49]	1.134*** [15.53]
InterestP	-0.005*** [-21.99]	-0.005*** [-21.99]	-0.005*** [-21.98]
LoanBond	0.122*** [49.26]	0.122*** [49.23]	0.122*** [49.24]
*Maturity**	2.633*** [33.82]	2.638*** [33.89]	2.634*** [33.81]
MarketInd	-0.004 [-0.34]	-0.000 [-0.04]	-0.003 [-0.23]
GDP	-0.060*** [-5.53]	-0.053*** [-4.26]	-0.059*** [-5.08]
Finance	0.067*** [2.60]	0.054** [2.06]	0.062** [2.38]
Constant	5.549*** [17.98]	5.521*** [17.57]	5.567*** [17.85]
Industry	Yes	Yes	Yes

变量	(1)	(2)	(3)
	*Cost**	*Cost**	*Cost**
Year	Yes	Yes	Yes
Adjusted R^2	0.397	0.397	0.396
N	20756	20756	20756

注：[ ] 内的值为 t 值；***、**、* 表示系数的显著性水平分别为 1%、5%、10%。

5.2.4.6 加入信息技术进步控制变量后的回归

与前文一致，本节在控制信息技术进步对模型干扰的基础上，重新对模型进行回归，信息技术进步采用中国互联网络信息中心每年发布的《中国互联网络发展状况统计报告》中的互联网普及率（*Net_rate*）来衡量。

表 5-19 列示了加入信息技术进步控制变量后的回归结果。

由表 5-19 可知，信息技术进步与债务资本成本之间的关系在统计上不显著，在控制信息技术进步因素对债务资本成本影响后，公司所在地高铁开通与否（*HSR*）和高铁开通里程数（*Length*）均与公司债务资本成本呈显著的负相关关系。该结果与主回归结果一致，证明主回归的结果是稳健的，验证了高铁开通极大地便利了分析师、媒体记者、机构投资者和债务投资者等与公司之间的当面沟通，加大了他们对公司的近距离监督，缓解了信息不对称和代理问题。

表 5-19　加入信息技术进步控制变量后高铁开通对公司债务资本成本的影响

变量	(1)	(2)	(3)
	Cost	*Cost*	*Cost*
HSR	-0.324***		
	[-2.72]		

续表

变量	(1)	(2)	(3)
	Cost	*Cost*	*Cost*
Line		-0.172	
		[-1.58]	
Length			-0.044**
			[-2.32]
Size	2.134***	2.131***	2.133***
	[19.74]	[19.71]	[19.72]
ROA	-5.000***	-4.992***	-4.998***
	[-12.67]	[-12.66]	[-12.67]
TBQ	0.350***	0.349***	0.349***
	[5.70]	[5.69]	[5.69]
Tangible	2.621***	2.604***	2.617***
	[8.23]	[8.19]	[8.22]
InterestP	-0.009***	-0.009***	-0.009***
	[-5.96]	[-5.96]	[-5.96]
LoanBond	-1.953***	-1.951***	-1.952***
	[-23.48]	[-23.45]	[-23.47]
Maturity	0.165	0.174	0.165
	[0.84]	[0.89]	[0.84]
MarketInd	-0.161***	-0.155***	-0.156***
	[-2.87]	[-2.74]	[-2.79]
GDP	-0.025	-0.025	-0.019
	[-0.49]	[-0.45]	[-0.35]
Finance	0.156	0.135	0.139
	[1.31]	[1.11]	[1.16]

变量	(1)	(2)	(3)
	Cost	*Cost*	*Cost*
Net_rate	0.000	0.000	0.000
	[0.09]	[0.04]	[0.06]
Constant	-0.545	-0.357	-0.518
	[-0.33]	[-0.22]	[-0.31]
Industry	Yes	Yes	Yes
Year	Yes	Yes	Yes
Adjusted R^2	0.186	0.186	0.186
N	19958	19958	19958

注：[ ] 内的值为 t 值；***、**、* 表示系数的显著性水平分别为 1%、5%、10%。

5.2.5 影响机制分析

5.2.5.1 理论分析和假设

前文的理论分析部分指出，高铁开通瞬间缩短了公司与外部利益相关者之间的时间距离，便利了信息中介组织和外部监督者对公司进行实地考察和调研，有利于其更好地发挥信息传递和外部监督机制，从而改善了公司的信息环境，提高了关于公司经营现状、信用情况和未来发展等方面的信息披露数量和质量，减轻了债务双方之间的信息不对称和代理冲突，最终使公司能以较低成本实现债务融资。此外，信息环境的改善可以突破先前债务融资的地理位置限制，加强金融机构之间的竞争，增强上下游和公司之间的紧密度，从总体上拓宽公司获取资金的渠道，从而提高了公司的财务宽松度、增强了公司的偿债能力，最终降低公司的债务资本成本。

为了深入剖析并验证高铁开通对债务资本成本的影响机制，本书分别选取公司信息环境（与前文一致，使用分析师关注度、媒体跟踪、机构投资者参与度以及这三个变量的主成分作为公司信息环境的代理变量）及与公司信息环境密切相关的[①]，公司信息披露质量和公司财务宽松度作为中介变量，采用国际上通用的渠道检验方法，检验高铁开通是否通过以上路径降低了公司的债务资本成本。

（1）公司信息环境和信息披露质量。

国内外一系列文献研究表明，公司信息披露的真实性、完整性和及时性的程度越高，公司能够藏匿不良信息的可能性就越低，外部利益相关者能够获得的信息质量就越高，从而减轻债务双方之间的信息不对称，最终降低公司债务资本成本（Yu，2005；于富生和张敏，2007；Bharath 等，2008；李志军和王善平，2011）。先前的分析表明，市场信息中介的信息传播和外部监督机制在提高公司信息披露质量、改善市场信息环境方面起着至关重要的作用。高铁开通便利了分析师和媒体对公司进行实地调研和信息挖掘，有利于提高公司的分析师关注度和媒体跟踪，从而加强分析师和媒体等信息中介的信息传递机制和外部监督效应，提高公司的信息透明度，约束公司内部人的自利行为，提升公司治理水平，进而缓解债务双方之间的信息不对称，减轻债务融资前的逆向选择问题和债务融资后的道德风险，最终降低公司债务资本成本。

Ivkovic 和 Weisbenner（2005）指出本地投资者能更好地挖掘本地公司的重要信息，这种近距离带来的信息优势使投资者对当地公司表现出强烈的投资偏好。高铁开通可以吸引更多机构投资者参与公司的投资，并通过促进机构投资者和公司经理的面对面交流，便利了机构投资者行使股东的监督和决策权利。机构投资者外部治理监督效应的加强有利于约束公司管理者的机会主义行为，提升公

① 由于公司信息环境和信息披露质量密切相关，故未单独分节。

司价值，降低公司的代理成本和契约履行成本，从而降低公司的债务资本成本。

与前文一致，我们采用分析师的跟踪数量来衡量分析师关注度（*Analyst*）、采用媒体报道数量来衡量媒体跟踪（*Report*）、使用机构投资者比例（*Institution*）来代表机构投资者参与度。此外，信息环境的改善不仅能促进信息的流通、增强外界对公司的监督，还能通过这种环境影响或压力促使公司提升自身的信息披露质量，这是信息环境改善作用于公司行为的重要体现。为了进一步确定高铁开通是否改善了公司信息环境从而对债务资本成本产生影响，选取公司信息披露质量（*Disclosure*）作为中介变量，检验高铁开通是否通过提高公司自身信息披露质量，从而降低公司债务资本成本。根据沪深证券交易所公布的公司信息透明度等级，对公司信息透明度等级进行赋值，即 A = 4；B = 3；C = 2；D = 1，数值越大，代表公司信息披露质量越高。

（2）公司财务宽松度。

Petersen 和 Rajan（1995）基于近距离银行获取公司内部信息的优势指出，相较于远距离的银行，近距离银行具有较强的市场谈判能力。Degryse 和 Ongena（2005）进一步证实了这一结论，他们的研究发现，银行对距离更接近的公司收取的利率更低，并且公司与竞争银行之间的距离越远，公司获取银行贷款的利率就越高。此外，金融机构之间竞争的加剧，也有利于缓解公司的融资约束，使公司以更低成本获取更多债务资源（Degryse 和 Ongena，2005；Rice 和 Strahan，2010；尹志超等，2015）。高铁开通一方面瞬间缩短了公司与银行等金融机构之间的时间距离，便利了竞争银行或其他金融机构通过实地拜访获取公司内部信息并加强与公司之间的联系，从而有利于打破债务融资的地理位置限制，扩大公司可以触及的债务融资资源范围。另一方面，高铁开通也缩短了公司与上下游公司之间的时间距离，不仅有利于改善供应链管理，还能加强公司与供应商、客户之间的来往和当面沟通，增进双方之间的信任，从而有利于公司获取更多的商业信用。这两方面都有助于提高公司的资金获取能力，提高公司的财务宽松度，进而增强公司的偿债能力，最终降低债务资本成本。本节参考 Autore 等（2014）的研究，使用公司期末货币资金和交易性金融资产之和与期末总资产的比值来代表公司财务宽松度（*Slack*），并将其作为中介变量，检验高铁开通作用于债务资本成本的影响机制。

5.2.5.2　中介效应模型设置及结果分析

先前很多文献都通过建立中介效应（Mediation Effect）模型，剖析解释变量是通过怎样的路径和机制影响研究对象的，最终获得更加深入的研究结果（Rucker 等，2011）。我们参考 Qiu（2019）研究中采用的中介效应方法，增加如下两个模型，检验高铁开通作用于公司债务资本成本的影响机制：

$$Mediator_{it} = \alpha_0 + \delta_1 Train + \sum_{j=1}^{10} \delta_{1+j} ControlVAR_{it} + \sum Year + \sum Indutry + \varepsilon_{it} \quad (5-4)$$

$$Cost_{it} = \alpha_0 + \delta_1 Mediator_{it} + \delta_2 Train + \sum_{j=1}^{10} \delta_{2+j} ControlVAR_{it} + \sum Year + \sum Indutry + \varepsilon_{it} \quad (5-5)$$

其中，$Mediator_{it}$代表中介变量，包括分析师关注度（*Analyst*）、媒体跟踪（*Report*）、机构投资者参与度（*Institution*）、主成分分析（*Component*）、公司信息披露质量（*Disclosure*）以及公司财务宽松度（*Slack*）。根据中介检验的一般做法，首先是高铁开通对中介变量的回归，检验高铁开通是否会对中介变量产生影响。其次是高铁开通、中介变量对债务资本成本的回归，检验二者共同对公司债务资本成本的影响。

表5-20至表5-25列示了高铁开通对公司债务资本成本的中介效应结果。

表 5－20　影响机制分析：分析师关注度

变量	(1)	(2)	(3)	(4)	(5)	(6)
	Analyst	*Analyst*	*Analyst*	*Cost*	*Cost*	*Cost*
HSR	0.426***			-0.302**		
	[2.79]			[-2.56]		
Line		0.369***			-0.154	
		[2.59]			[-1.43]	
Length			0.055**			-0.041**
			[2.25]			[-2.19]
Analyst				-0.051***	-0.052***	-0.052***
				[-9.06]	[-9.08]	[-9.07]
Size	5.414***	5.417***	5.416***	2.413***	2.410***	2.412***
	[61.38]	[61.39]	[61.38]	[20.95]	[20.93]	[20.94]
ROA	7.881***	7.879***	7.877***	-4.594***	-4.586***	-4.592***
	[23.30]	[23.31]	[23.29]	[-11.64]	[-11.62]	[-11.63]
TBQ	1.748***	1.748***	1.749***	0.440***	0.439***	0.440***
	[28.64]	[28.65]	[28.66]	[6.98]	[6.97]	[6.97]
Tangible	0.013	0.027	0.019	2.620***	2.605***	2.617***
	[0.03]	[0.07]	[0.05]	[8.26]	[8.22]	[8.25]
InterestP	0.018***	0.018***	0.018***	-0.008***	-0.008***	-0.008***
	[9.51]	[9.51]	[9.51]	[-5.36]	[-5.35]	[-5.36]
LoanBond	-1.017***	-1.017***	-1.018***	-2.005***	-2.004***	-2.004***
	[-20.68]	[-20.68]	[-20.70]	[-23.87]	[-23.85]	[-23.86]
Maturity	0.578***	0.570***	0.578***	0.195	0.204	0.195
	[2.88]	[2.84]	[2.88]	[0.99]	[1.04]	[0.99]
MarketInd	-0.182***	-0.198***	-0.187***	-0.169***	-0.165***	-0.165***
	[-2.66]	[-2.87]	[-2.72]	[-3.13]	[-3.04]	[-3.06]

续表

变量	(1)	(2)	(3)	(4)	(5)	(6)
	Analyst	*Analyst*	*Analyst*	*Cost*	*Cost*	*Cost*
GDP	-0.115*	-0.156**	-0.120*	-0.030	-0.033	-0.024
	[-1.75]	[-2.13]	[-1.74]	[-0.60]	[-0.60]	[-0.47]
Finance	1.526***	1.587***	1.548***	0.236**	0.217*	0.219*
	[10.52]	[10.76]	[10.62]	[2.01]	[1.82]	[1.86]
Constant	-103.578***	-103.357***	-103.672***	-5.904***	-5.701***	-5.881***
	[-51.81]	[-51.07]	[-51.56]	[-3.54]	[-3.41]	[-3.51]
Industry	Yes	Yes	Yes	Yes	Yes	Yes
Year	Yes	Yes	Yes	Yes	Yes	Yes
Adjusted R^2	0.358	0.358	0.358	0.190	0.190	0.190
N	19958	19958	19958	19958	19958	19958

注：[　] 内的值为 t 值；***、**、* 表示系数的显著性水平分别为 1%、5%、10%。

表 5-21　　　　影响机制分析：媒体跟踪

变量	(1)	(2)	(3)	(4)	(5)	(6)
	Report	*Report*	*Report*	*Cost*	*Cost*	*Cost*
HSR	0.766**			-0.311***		
	[2.22]			[-2.63]		
Line		0.876***			-0.158	
		[2.61]			[-1.46]	
Length			0.109**			-0.042**
			[1.97]			[-2.24]
Report				-0.017***	-0.017***	-0.017***
				[-6.96]	[-6.97]	[-6.97]
Size	12.282***	12.282***	12.285***	2.345***	2.342***	2.344***
	[55.12]	[55.11]	[55.12]	[20.50]	[20.48]	[20.49]

续表

变量	(1)	(2)	(3)	(4)	(5)	(6)
	Report	*Report*	*Report*	*Cost*	*Cost*	*Cost*
ROA	17.207***	17.216***	17.204***	-4.705***	-4.696***	-4.702***
	[22.20]	[22.22]	[22.20]	[-11.91]	[-11.89]	[-11.90]
TBQ	4.264***	4.263***	4.265***	0.423***	0.423***	0.423***
	[28.96]	[28.96]	[28.97]	[6.68]	[6.68]	[6.68]
Tangible	-0.208	-0.195	-0.203	2.616***	2.600***	2.613***
	[-0.23]	[-0.21]	[-0.22]	[8.24]	[8.20]	[8.23]
InterestP	0.040***	0.040***	0.040***	-0.008***	-0.008***	-0.008***
	[8.68]	[8.69]	[8.69]	[-5.51]	[-5.50]	[-5.51]
LoanBond	-2.243***	-2.242***	-2.244***	-1.991***	-1.990***	-1.991***
	[-18.90]	[-18.89]	[-18.91]	[-23.74]	[-23.72]	[-23.73]
Maturity	0.962**	0.952**	0.964**	0.182	0.191	0.182
	[2.01]	[2.00]	[2.02]	[0.93]	[0.97]	[0.92]
MarketInd	-0.274*	-0.319**	-0.286*	-0.164***	-0.160***	-0.160***
	[-1.72]	[-1.98]	[-1.78]	[-3.04]	[-2.94]	[-2.97]
GDP	-0.309**	-0.443***	-0.331**	-0.030	-0.032	-0.024
	[-2.01]	[-2.62]	[-2.07]	[-0.59]	[-0.60]	[-0.46]
Finance	3.282***	3.438***	3.329***	0.214*	0.194	0.197*
	[9.73]	[10.02]	[9.83]	[1.82]	[1.63]	[1.67]
Constant	-236.793***	-235.658***	-236.782***	-4.640***	-4.422***	-4.608***
	[-48.23]	[-47.58]	[-48.05]	[-2.77]	[-2.64]	[-2.74]
Industry	Yes	Yes	Yes	Yes	Yes	Yes
Year	Yes	Yes	Yes	Yes	Yes	Yes
AdjustedR^2	0.338	0.338	0.338	0.188	0.188	0.188
N	19958	19958	19958	19958	19958	19958

注：[ ] 内的值为 t 值；***、**、* 表示系数的显著性水平分别为 1%、5%、10%。

表 5－22　　影响机制分析：机构投资者参与度

变量	(1)	(2)	(3)	(4)	(5)	(6)
	Institution	*Institution*	*Institution*	*Cost*	*Cost*	*Cost*
HSR	0.934 **			－0.316 ***		
	[2.17]			[－2.66]		
Line		1.247 ***			－0.161	
		[3.24]			[－1.49]	
Length			0.166 **			－0.042 **
			[2.43]			[－2.25]
Institution				－0.009 ***	－0.009 ***	－0.009 ***
				[－4.46]	[－4.47]	[－4.46]
Size	10.104 ***	10.100 ***	10.102 ***	2.226 ***	2.222 ***	2.225 ***
	[48.68]	[48.67]	[48.67]	[20.33]	[20.31]	[20.32]
ROA	4.377 ***	4.398 ***	4.385 ***	－4.960 ***	－4.952 ***	－4.958 ***
	[4.89]	[4.91]	[4.90]	[－12.61]	[－12.59]	[－12.60]
TBQ	5.411 ***	5.409 ***	5.412 ***	0.399 ***	0.398 ***	0.399 ***
	[33.69]	[33.67]	[33.69]	[6.28]	[6.27]	[6.27]
Tangible	9.383 ***	9.390 ***	9.373 ***	2.705 ***	2.689 ***	2.701 ***
	[8.82]	[8.84]	[8.81]	[8.49]	[8.45]	[8.48]
InterestP	0.009 **	0.009 **	0.009 **	－0.009 ***	－0.009 ***	－0.009 ***
	[2.21]	[2.22]	[2.22]	[－5.90]	[－5.90]	[－5.90]
LoanBond	－0.558 ***	－0.556 ***	－0.558 ***	－1.958 ***	－1.957 ***	－1.957 ***
	[－4.59]	[－4.57]	[－4.59]	[－23.55]	[－23.53]	[－23.55]
Maturity	0.856 *	0.848	0.870 *	0.173	0.182	0.173
	[1.65]	[1.64]	[1.67]	[0.88]	[0.93]	[0.88]
MarketInd	－0.138	－0.206	－0.161	－0.160 ***	－0.156 ***	－0.156 ***
	[－0.76]	[－1.11]	[－0.88]	[－2.97]	[－2.87]	[－2.90]

续表

变量	(1)	(2)	(3)	(4)	(5)	(6)
	Institution	*Institution*	*Institution*	*Cost*	*Cost*	*Cost*
GDP	1.152***	0.937***	1.082***	-0.014	-0.016	-0.008
	[6.57]	[4.73]	[5.84]	[-0.28]	[-0.30]	[-0.16]
Finance	-0.561	-0.332	-0.479	0.153	0.132	0.135
	[-1.38]	[-0.80]	[-1.17]	[1.30]	[1.11]	[1.15]
Constant	-202.832***	-200.828***	-202.237***	-2.417	-2.197	-2.375
	[-40.46]	[-39.40]	[-40.00]	[-1.51]	[-1.37]	[-1.48]
Industry	Yes	Yes	Yes	Yes	Yes	Yes
Year	Yes	Yes	Yes	Yes	Yes	Yes
Adjusted R^2	0.294	0.294	0.294	0.187	0.187	0.187
N	19958	19958	19958	19958	19958	19958

注：[　] 内的值为 t 值；***、**、* 表示系数的显著性水平分别为 1%、5%、10%。

表 5-23　　影响机制分析：信息环境主成分

变量	(1)	(2)	(3)	(4)	(5)	(6)
	Component	*Component*	*Component*	*Cost*	*Cost*	*Cost*
HSR	0.063***			-0.304**		
	[2.72]			[-2.57]		
Line		0.063***			-0.152	
		[2.91]			[-1.42]	
Length			0.009**			-0.041**
			[2.33]			[-2.20]
Component				-0.320***	-0.320***	-0.320***
				[-8.38]	[-8.40]	[-8.39]
Size	0.921***	0.921***	0.921***	2.428***	2.426***	2.428***
	[62.80]	[62.77]	[62.79]	[20.89]	[20.87]	[20.88]

续表

变量	(1)	(2)	(3)	(4)	(5)	(6)
	Component	*Component*	*Component*	*Cost*	*Cost*	*Cost*
ROA	1.137***	1.138***	1.137***	-4.636***	-4.628***	-4.634***
	[22.15]	[22.16]	[22.14]	[-11.77]	[-11.75]	[-11.76]
TBQ	0.340***	0.340***	0.340***	0.459***	0.458***	0.458***
	[33.97]	[33.97]	[33.99]	[7.14]	[7.14]	[7.13]
Tangible	0.140**	0.141**	0.141**	2.664***	2.649***	2.661***
	[2.32]	[2.35]	[2.33]	[8.39]	[8.35]	[8.38]
InterestP	0.003***	0.003***	0.003***	-0.008***	-0.008***	-0.008***
	[8.84]	[8.84]	[8.84]	[-5.37]	[-5.37]	[-5.37]
LoanBond	-0.150***	-0.150***	-0.150***	-2.001***	-2.000***	-2.000***
	[-19.51]	[-19.51]	[-19.53]	[-23.85]	[-23.83]	[-23.84]
Maturity	0.077**	0.076**	0.078**	0.190	0.199	0.190
	[2.51]	[2.48]	[2.51]	[0.97]	[1.01]	[0.97]
MarketInd	-0.025**	-0.028***	-0.026**	-0.167***	-0.163***	-0.163***
	[-2.40]	[-2.67]	[-2.47]	[-3.11]	[-3.01]	[-3.03]
GDP	-0.001	-0.009	-0.002	-0.025	-0.028	-0.019
	[-0.07]	[-0.84]	[-0.20]	[-0.49]	[-0.51]	[-0.36]
Finance	0.206***	0.217***	0.210***	0.223*	0.204*	0.207*
	[9.25]	[9.59]	[9.37]	[1.90]	[1.71]	[1.75]
Constant	-19.444***	-19.380***	-19.450***	-6.788***	-6.575***	-6.762***
	[-59.67]	[-58.65]	[-59.32]	[-3.94]	[-3.80]	[-3.91]
Industry	Yes	Yes	Yes	Yes	Yes	Yes
Year	Yes	Yes	Yes	Yes	Yes	Yes
Adjusted R^2	0.400	0.400	0.400	0.189	0.189	0.189
N	19958	19958	19958	19958	19958	19958

注：[　] 内的值为 t 值；***、**、* 表示系数的显著性水平分别为 1%、5%、10%。

表 5-24　　影响机制分析：公司信息披露质量

变量	(1)	(2)	(3)	(4)	(5)	(6)
	Disclosure	*Disclosure*	*Disclosure*	*Cost*	*Cost*	*Cost*
HSR	0.038*			-0.302***		
	[1.88]			[-2.70]		
Line		0.013			-0.145	
		[0.74]			[-1.52]	
Length			0.001			-0.039**
			[0.37]			[-2.26]
Disclosure				-0.214***	-0.215***	-0.215***
				[-5.35]	[-5.38]	[-5.39]
Size	-0.062***	-0.061***	-0.061***	2.130***	2.126***	2.129***
	[-5.53]	[-5.47]	[-5.45]	[19.75]	[19.72]	[19.73]
ROA	0.730***	0.728***	0.728***	-4.840***	-4.830***	-4.837***
	[16.96]	[16.93]	[16.91]	[-12.26]	[-12.23]	[-12.25]
TBQ	-0.053***	-0.053***	-0.053***	0.342***	0.341***	0.342***
	[-7.20]	[-7.18]	[-7.17]	[5.59]	[5.58]	[5.58]
Tangible	-0.279***	-0.278***	-0.278***	2.536***	2.521***	2.531***
	[-5.01]	[-4.98]	[-4.99]	[8.04]	[7.99]	[8.03]
InterestP	0.001***	0.001***	0.001***	-0.009***	-0.009***	-0.009***
	[2.77]	[2.77]	[2.77]	[-5.88]	[-5.87]	[-5.88]
LoanBond	-0.060***	-0.060***	-0.060***	-1.966***	-1.965***	-1.965***
	[-9.20]	[-9.23]	[-9.25]	[-23.58]	[-23.56]	[-23.58]
Maturity	-0.001	-0.002	-0.002	0.154	0.163	0.155
	[-0.04]	[-0.09]	[-0.08]	[0.78]	[0.83]	[0.79]
MarketInd	0.061***	0.062***	0.062***	-0.069**	-0.074**	-0.071**
	[11.33]	[11.50]	[11.59]	[-2.35]	[-2.51]	[-2.44]

续表

变量	(1)	(2)	(3)	(4)	(5)	(6)
	Disclosure	Disclosure	Disclosure	Cost	Cost	Cost
GDP	-0.036**	-0.033**	-0.033**	-0.061	-0.076	-0.060
	[-2.41]	[-2.25]	[-2.22]	[-0.76]	[-0.95]	[-0.75]
Finance	-0.136***	-0.135***	-0.134***	-0.114***	-0.112***	-0.109***
	[-22.73]	[-21.96]	[-22.12]	[-3.33]	[-3.19]	[-3.14]
Constant	4.495***	4.435***	4.424***	1.828	2.187	1.842
	[13.55]	[13.38]	[13.27]	[0.99]	[1.19]	[1.00]
Industry	Yes	Yes	Yes	Yes	Yes	Yes
Year	Yes	Yes	Yes	Yes	Yes	Yes
Adjusted R^2	0.153	0.152	0.152	0.187	0.187	0.187
N	19958	19958	19958	19958	19958	19958

注：[ ] 内的值为 t 值；***、**、* 表示系数的显著性水平分别为 1%、5%、10%。

表 5-25　　影响机制分析：公司财务宽松度

变量	(1)	(2)	(3)	(4)	(5)	(6)
	slack	slack	slack	Cost	Cost	Cost
HSR	0.058***			-0.280**		
	[4.14]			[-2.37]		
Line		0.031**			-0.149	
		[2.50]			[-1.38]	
Length			0.009***			-0.037**
			[4.05]			[-1.97]
slack				-0.764***	-0.767***	-0.765***
				[-10.65]	[-10.70]	[-10.67]
Size	1.079***	1.080***	1.080***	2.959***	2.959***	2.959***
	[158.45]	[158.48]	[158.42]	[21.11]	[21.10]	[21.11]

续表

变量	(1) slack	(2) slack	(3) slack	(4) Cost	(5) Cost	(6) Cost
ROA	0.476***	0.475***	0.477***	-4.636***	-4.628***	-4.633***
	[12.22]	[12.18]	[12.22]	[-11.94]	[-11.92]	[-11.93]
TBQ	-0.012**	-0.012**	-0.012**	0.341***	0.340***	0.341***
	[-2.54]	[-2.51]	[-2.53]	[5.61]	[5.61]	[5.61]
Tangible	-1.293***	-1.290***	-1.293***	1.632***	1.614***	1.627***
	[-33.91]	[-33.80]	[-33.90]	[4.99]	[4.94]	[4.98]
InterestP	-0.000**	-0.000**	-0.000**	-0.009***	-0.009***	-0.009***
	[-2.14]	[-2.15]	[-2.14]	[-6.11]	[-6.11]	[-6.11]
LoanBond	-0.100***	-0.101***	-0.100***	-2.029***	-2.029***	-2.029***
	[-24.68]	[-24.71]	[-24.70]	[-24.14]	[-24.13]	[-24.14]
Maturity	-0.016	-0.018	-0.016	0.153	0.161	0.153
	[-0.91]	[-0.99]	[-0.88]	[0.78]	[0.82]	[0.78]
MarketInd	-0.002	-0.003	-0.003	-0.161***	-0.157***	-0.158***
	[-0.39]	[-0.54]	[-0.57]	[-2.99]	[-2.89]	[-2.93]
GDP	0.028***	0.028***	0.025***	-0.003	-0.003	0.001
	[4.75]	[4.23]	[4.08]	[-0.06]	[-0.06]	[0.02]
Finance	-0.016	-0.012	-0.012	0.145	0.126	0.130
	[-1.21]	[-0.88]	[-0.90]	[1.24]	[1.06]	[1.11]
Constant	-1.610***	-1.645***	-1.596***	-1.805	-1.632	-1.759
	[-9.91]	[-10.01]	[-9.76]	[-1.15]	[-1.04]	[-1.12]
Industry	Yes	Yes	Yes	Yes	Yes	Yes
Year	Yes	Yes	Yes	Yes	Yes	Yes
Adjusted R^2	0.799	0.799	0.799	0.192	0.192	0.192
N	19958	19958	19958	19958	19958	19958

注：[ ] 内的值为 t 值；***、**、* 表示系数的显著性水平分别为 1%、5%、10%。

由表 5－20 至表 5－25 可知，高铁开通会明显提高分析师关注度、媒体跟踪、机构投资者参与度、公司信息披露质量以及公司财务宽松度，并且，将中介变量分别加入主回归模型后，高铁开通的系数或 t 值的绝对值有一定程度的下降，说明以上中介变量的中介效应确实存在，即高铁开通一方面通过改善公司外部信息环境提高了公司信息披露质量，从而缓解了债务双方之间的信息不对称和代理冲突，另一方面突破了地理位置的限制拓展了公司可获取的债务融资资源，提高了公司的资金获取能力，从而提高了公司的财务宽松度和偿债能力，最终使公司以较低成本获取债务融资。此处我们以表 5－23 为例进行详细的结果说明。表 5－23 的第（1）—第（3）列是高铁开通对中介变量——公司外部信息环境主成分（*Component*）影响的回归结果，在控制了其他因素的影响后，高铁开通三个代理变量（公司所在地高铁开通与否、高铁开通线路条数和高铁开通里程数）对公司外部信息环境的影响系数分别为 0.063、0.063 和 0.009，且分别在 1%、1% 和 5% 水平上显著，说明高铁开通会提高公司外部信息环境。第（4）—第（6）列是在主回归模型中加入中介变量后的回归结果，结果显示，公司外部信息环境回归系数均显著为负，高铁开通三个代理变量对公司债务资本成本的影响系数分别为－0.304，－0.152 和－0.041，且该系数和 t 值的绝对值与主回归结果对比均有不同程度的下降，说明公司外部信息环境的中介效应确实存在，即高铁开通通过改善公司外部信息环境降低了公司的债务资本成本。

5.3　本章小结

信息不对称理论认为，外部投资者相对于公司内部人而言处于信息劣势地位，投资者无法准确评估公司的风险程度，从而导致了逆向选择问题。这种信息不确定性及交易成本的存在导致了市场信息中介如分析师、媒体、审计师、评级机构等的出现，通过其在收集信息方面的规模经济优势和其在整理、分析、加工信息方面的专业技能，将信息进行进一步的挖掘、确认以及传播，并在此过程中起到改善公司的信息环境、缓解债务双方之间的信息不对称以及降低由信息不确定性导致的风险，最终降低交易成本。

本章以分析师关注度、媒体跟踪以及机构投资者参与度来衡量公司外部信息环境质量，研究结果发现，较高的分析师关注度、媒体跟踪以及机构投资者参与度意味着较好的公司外部信息环境，在良好的信息环境中能孕育出较高的公司信息透明度，从而缓解债务投资者的信息劣势地位，使其作出更精确的风险评估，进而减轻逆向选择问题，降低公司债务资本成本。本章的研究结果表明，良好的信息环境能提高公司信息披露的数量、质量和效率，缓解债务双方之间的信息不对称，帮助贷款人评估公司价值和违约风险；同时，通过加强外部利益相关者对公司的外部监督，缓解债务双方之间的代理冲突，约束公司内部人（大股东/管理者）的机会主义行为，最终降低公司债务资本成本，验证了信息环境的信息角色和监控角色。

随着近年来中国基础设施特别是高铁建设的迅猛发展，高铁开通的经济效应受到越来越多的关注。高铁开通形成的同城效应瞬间缩短了公司和利益相关者之间的时间距离，不仅促进了沿线城市人才、资源的交流与合作，有利于区域经济发展和资源优化配置，而且通过改善当地信息环境和加强外界对公司的监督作用于资本市场（张俊，2017；张梦婷等，2018；饶品贵等，2019）。

本章基于高铁开通后信息环境的变化，考察高铁开通对公司债务资本成本的影响。研究结果表明，高铁开通能在一定程度上降低公司债务资本成本。这一研究发现验证了高铁开通极大地便利了分析师、媒体记者、机构投资者和债务投资者等与公司之间的当面沟通，加大了他们对公司的近距离监督，缓解了信息不对称和代理问题。

针对样本的自选择等内生性问题，本章使用倾向得分匹配法（PSM）、非机场城市样本回归和非节点城市样本回归进行稳健性检验，检验结果表明主回归的研究结论是稳健的。此外，本章采用渠道检验方法进行了影响机制分析，结果显示，高铁开通一方面通过改善公司信息环境提高了公司信息披露质量，加强了利益相关者对公司的外部监督，从而有利于缓解债务双方之间的信息不对称和代理冲突；另一方面，通过拓展公司可获得的资金来源，提高了公司的财务宽松度，增强了公司的偿债能力，最终降低了公司的债务资本成本。总体来说，高铁开通便利了利益相关者对公司进行实地考察和监督，改善了债务市场信息环境，拓展了公司债务融资的渠道，缓解了公司的融资约束问题。同时，高铁开通后公司信息透明度的提高有利于保护债权人权益，降低公司债务违约风险，这对确保债务融资市场良性运行和健康发展具有一定的积极作用。

以上结果从公司债务融资的角度验证了高铁开通在公司微观层面的积极作用，并揭示了具体的影响机制和路径，具有一定的理论和实践意义。一方面，高铁开通对公司债务融资方面的促进作用，可以被认为是高铁开通促进中国经济发展的途径之一，为基础设施建设对债务市场信息环境和公司债务融资的影响提供了理论支持和经验证据，进一步丰富了关于“高铁经济学”的研究。另一方面，利用高铁开通这一外生性事件，考察高铁开通带来时间距离的瞬间缩短对公司债务资本成本的影响，为关于公司地理位置的金融研究提供了一个新的视角，也为基于信息不对称和代理理论的公司债务融资研究提供了有益的补充。对于公司而言，可以充分利用高铁开通带来的便利性，吸引更多的信息中介和机构投资者参与，提高自身的信息透明度，同时打破地理位置限制拓展债务融资渠道，提高公司财务宽松度。

第6章 重大诉讼和信息环境对公司债务资本成本的交互影响

在前面单独研究重大诉讼、信息环境对公司债务资本成本影响的基础上，本章进一步深入系统地研究重大诉讼和信息环境对公司债务资本成本的交互影响。重大诉讼对公司债务资本成本的负面影响有一部分是源于外界的过度负面预期和由重大诉讼揭露或引发的公司治理问题，缓解上述问题的重要方法是加强债务双方之间的沟通，提高公司的信息透明度，降低债务双方之间的信息不对称，并加强对公司的外部监督以约束内部人（大股东/管理者）的机会主义行为。因此，信息环境的信息角色和监控角色有利于减缓重大诉讼对公司债务资本成本的负面影响。同时，随着高铁建设的迅猛发展，高铁沿线城市特别是站点城市的开放程度进一步提高，有利于改善和加强当地公司的信息环境和外部监督，从而有助于削弱重大诉讼对公司债务资本成本的负面影响。

本章首先理论分析信息环境如何影响重大诉讼与公司债务资本成本之间的关系，提出研究假设，并实证检验重大诉讼与信息环境对公司债务资本成本的交互影响。其次，我们使用分组回归进一步考察所在地信息环境较好的组和所在地信息环境较差的组之间重大诉讼对公司债务资本成本影响的差异，以全面系统地考察信息环境如何影响重大诉讼与公司债务资本成本之间的关系。

本章内容的结构安排如下：首先，对信息环境以及高铁开通带来的信息环境改善如何影响重大诉讼与公司债务资本成本之间关系进行理论分析，并提出相应假设；其次，详细说明研究样本、相关变量以及研究模型的构建方法，并对实证结果进行总结和分析；再次，进行稳健性检验；最后，对本章内容进行小结。

6.1　理论分析与研究假设

先前的文献表明，公司信息披露质量是影响公司债务融资的重要因素（Sengupta，1988；Richardson 和 Welker，2001；Nikolaev 和 Lent，2005；于富生和张敏，2007）。债权人需要了解公司的盈利能力、治理结构、未来的发展前景等信息，而这些信息主要从公司主动披露的公开信息中获得。然而，中国上市公司的治理水平整体较低，债权人法律保护较弱，公司信息披露质量较差。从我们收集的重大诉讼数据来看，很多重大诉讼的公告日期明显非正常延后于重大诉讼发生日期，有的甚至于重大诉讼发生后数年才公开披露详细信息。比如，深圳市桑达实业股份有限公司（证券代码：000032）于 2011 年被诉其子公司高管玩忽职守，纵容并协助完成了瑕疵出资，涉及金额高达 1000 万元，而公司于 2015 年才公布该重大诉讼情况。除了延迟披露，法律纠纷的真实原委也是外部利益相关者难以确定的。

当信息环境较差时，相对阻塞的信息流动可能进一步增加公司内部人（大股东/管理者）与外部利益相关者之间的信息不对称，增大公司内部人（大股东/管理者）的潜在道德风险。在这种情况下，当公司发生重大诉讼时，外部利益相关者更倾向于怀疑公司是否有意隐瞒关键信息或扭曲真实信息，从而引发债务投资者对公司的信任危机，并对公司重大诉讼的成本和风险评估超过合理估计。

当外部信息环境较好时，即公司会受到更多来自市场信息中介和其他利益相关者的跟踪和监督，市场对于重大诉讼的评估会更加客观和准确，公司迫于信息环境压力也会提高自身的信息披露质量，从而降低信息的不确定性风险。第 5 章的研究发现，良好的信息环境能提高公司信息披露的数量、质量和效率，缓解债务双方之间的信息不对称，帮助贷款人评估公司价值和违约风险；同时通过加强外部利益相关者对公司的外部监督，缓解债务双方之间的代理冲突，约束公司内部人（大股东/管理者）的机会主义行为。因此，信息环境可能会缓解重大诉讼对公司债务资本成本的负面影响。

如前文所述，高铁开通带来的公司与利益相关者之间时间距离的瞬间缩短，能够促进信息流通，加强外部利益相关者对公司的实地调研和监督，从而改善公司的信息环境。本章将高铁开通作为公司信息环境的一个外生变量，分别从信息传递、信任和资源效益三种机制分析高铁开通带来的信息环境的改善如何削弱重大诉讼对公司债务资本成本的负面影响。

一般来说，债务投资者在作出投资决策之前，需要充分了解公司的盈利能力、治理结构、未来的发展前景等信息，而这些信息主要通过公司主动公开披露的渠道获得。公司披露的信息质量越高，债务投资者就越能获取更为透明和充分的信息，并据此评估公司的偿债能力和违约风险，以降低其投资决策风险，从而缓解逆向选择问题，促进公司债务融资。根据第 4 章的理论分析，重大诉讼会损害公司价值，对公司未来现金流和财务状况产生不利影响，从而增加公司的债务违约风险。然而，重大诉讼的成本和风险可能被市场夸大。在这种情况下，高铁开通瞬间缩短了公司与外部利益相关者之间的时间距离，便利了债权人、信息中介组织和外部监督者对公司进行实地考察和调研，并使其在获取关于公司的重大诉讼信息方面更加及时、全面和深入。同时，信息中介组织对公司的外部监督也能进一步提高公司主动披露的信息质量。此外，高铁开通后，债权人能以更低的时间和金钱成本对公司进行实地考察、与公司经理面对面交流，以获取更多关于公司重大诉讼的内部信息，并对公司重大诉讼的预计损失和风险进行更加客观的评价和分析；信息中介组织也能通过其信息传递机制，将这些重要的内部信息转化为公开信息，从而增强公司的信息透明度，避免重大诉讼的负面影响被夸大。

另外，由于借款人可能会以各种方式滥用借款资金，不知情的债权人对借款人的还款能力和可信度是不确定的（Petersen 和 Rajan，1995）。重大诉讼给公司带来了一系列的不确定性风险，如未知的诉讼结果、潜在的后续诉讼、公司的战略变化和高管更替等（Engelmann 和 Cornell，1988；Karpoff 和 Lott，1993；Karpoff，2008）。在这种情况下，公司管理者更易发生损害债务投资者的内部人自利行为（Karpoff 等，2008），从而引起或增加债务投资者的不信任，加剧债务双方之间的信息不对称和代理冲突。高铁开通极大地便利了债权人对公司进行实地考察和拜访，由于时间距离的缩短和交通成本的降低，债权人可以更加频繁地与公司管理者进行当面接触和沟通。这种频繁的面对面的交流方式有利于加深双方的相互了解，并形成一种基本的信任关系，而这种信任关系可以被视为一种无形的担保，在缓解债务双方之间的代理冲突方面发挥着重要作用，从而减少代理成本，最终降低公司债务资本成本。

此外，高铁开通带来的信息环境改善可以突破先前债务融资市场的地理界限，为公司提供更多的资金来源，同时，公司与上下游客户之间时间距离的缩短也有利于公司获取更多的商业信用，从而提高了公司的财务宽松度，增强了公司在债务市场中的谈判能力，促进了金融机构间的竞争，迫使金融机构更愿意去了解和分析重大诉讼对公司造成的真实影响，而不是“一刀切”地提高有重大诉讼公司的债务风险溢价，进而从整体上缓解重大诉讼公司的融资约束问题，最终削弱重大诉讼对公司债务资本成本造成的负面影响。

据此，我们提出如下研究假设：

H4：良好的信息环境会削弱重大诉讼对公司债务资本成本产生的负面影响。

H5：高铁开通带来的信息环境改善会削弱重大诉讼对公司债务资本成本产生的负面影响。

6.2 实证研究设计

6.2.1 样本选择

6.2.1.1 数据来源

与第4章和第5章中的数据来源一致，高铁开通数据手工收集自网络搜索引擎、国家铁路局官网等公开线上资料，重大诉讼、外部信息环境（包括分析师关注度、媒体跟踪和机构投资者参与度等）、公司特征以及债务特征数据来自国泰安数据库（CSMAR）。制度因素相关变量数据来源于王小鲁等（2019）的《中国分省份市场化指数报告（2018）》、国家统计局网站和《中国金融年鉴》。

6.2.1.2 样本选择

本章将第4章和第5章实证部分的样本进行合并，得到重大诉讼、信息环境与公司债务资本成本的研究样本，包括19958个观察值，样本区间为2008年至2018年。

6.2.2 变量定义与实证模型设计

6.2.2.1 被解释变量

与前文相同，本章的被解释变量是公司债务资本成本。被解释变量的定义详见第4章。

6.2.2.2 解释变量

为了考察重大诉讼、信息环境与债务资本成本三者之间的关系，我们重点关注重大诉讼、信息环境以及重大诉讼与外部信息环境的交互项系数。其中，重大诉讼度量方式详见第 4 章表 4－1，信息环境的度量方式包括分析师关注度、媒体跟踪和机构投资者参与度构成的主成分指标和高铁开通这一外生变量（详见第 5 章表 5－1 和表 5－6），因此，重大诉讼与信息环境的交互项包括重大诉讼与信息环境主成分指标、重大诉讼与高铁开通两部分。由于重大诉讼包括公司是否有重大诉讼、重大诉讼频率以及涉诉金额三个代理变量，这三个代理变量与信息环境主成分指标逐一相乘得到三个交互项，分别是公司是否有重大诉讼×信息环境主成分指标、重大诉讼频率×信息环境主成分指标以及重大诉讼涉诉金额×信息环境主成分指标。同时，高铁开通变量包括公司所在地高铁开通与否、高铁开通线路条数和高铁开通里程数三个代理变量，与三个重大诉讼代理变量两两相乘后得到九个重大诉讼和高铁开通的交互项，分别为公司是否有重大诉讼×公司所在地高铁开通与否、公司是否有重大诉讼×高铁开通线路条数、公司是否有重大诉讼×高铁开通里程数、重大诉讼频率×公司所在地高铁开通与否、重大诉讼频率×高铁开通线路条数、重大诉讼频率×高铁开通里程数、重大诉讼涉诉金额×公司所在地高铁开通与否、重大诉讼涉诉金额×高铁开通线路条数、重大诉讼涉诉金额×高铁开通里程数。以上交互项及其定义如表 6－1 所示。

表 6－1　　重大诉讼与信息环境交互项的定义

序号	变量符号	变量定义
1	*ISI × Component*	公司是否有重大诉讼×信息环境主成分指标
2	*Frequency × Component*	重大诉讼频率×信息环境主成分指标
3	*Amount × Component*	重大诉讼涉诉金额×信息环境主成分指标

续表

序号	变量符号	变量定义
1	$ISI \times HSR$	公司是否有重大诉讼×公司所在地高铁开通与否
2	$ISI \times Line$	公司是否有重大诉讼×高铁开通线路条数
3	$ISI \times Length$	公司是否有重大诉讼×高铁开通里程数
4	$Frequency \times HSR$	重大诉讼频率×公司所在地高铁开通与否
5	$Frequency \times Line$	重大诉讼频率×高铁开通线路条数
6	$Frequency \times Length$	重大诉讼频率×高铁开通里程数
7	$Amount \times HSR$	重大诉讼涉诉金额×公司所在地高铁开通与否
8	$Amount \times Line$	重大诉讼涉诉金额×高铁开通线路条数
9	$Amount \times Length$	重大诉讼涉诉金额×高铁开通里程数

6.2.2.3 控制变量的定义

与第4章和第5章相同，本章选择的控制变量包括公司特征、债务特征、制度，以及年度和行业因素，控制变量定义详见第4章表4-1。

6.2.2.4 实证模型的设计

为了检验重大诉讼和信息环境对公司债务资本成本的交互影响，本节将重大诉讼、重大诉讼与信息环境的交互项以及信息环境同时纳入模型，并控制年份和行业虚拟变量，构建如下实证模型：

$$Cost_{it} = \alpha + \beta_1 Lawsuit_{it} + \beta_2 Lawsuit_{it} \times IE_{it} + \beta_3 IE_{it} + \sum_{j=1}^{10} \beta_{3+j} ControlVAR_{it} + \sum Year + \sum Industry + \varepsilon_{it} \quad (6-1)$$

其中，$Cost_{it}$ 代表公司债务资本成本，IE_{it} 为公司信息环境，包括信息环境主成分指标（由公司分析师关注度、媒体跟踪和机构投资者参与度构成）和高铁开通的三个代理变量。$Lawsuit_{it} \times IE_{it}$ 为本节重点关注的交互项，为重大诉讼三个代理变量与信息环境主成分指标的三个交互项、重大诉讼三个代理变量与高铁开通三个代理变量两两相乘得到的九个交互项，具体定义详见表 6－1。$\sum_{j=1}^{10}\beta_{3+j}ControlVAR_{it}$ 为所有控制变量的合集，与第 4 章和第 5 章实证中的控制变量一致。为了确保回归结果的稳健，我们对所有回归的标准误采用怀特异方差进行修正（White，1980）。

此外，我们对样本进行分组回归，从另一角度检验重大诉讼、信息环境与公司债务资本成本三者之间的关系。具体实证模型如下：

$$Cost_{it} = \alpha + \beta_1 Lawsuit_{it} + \sum_{j=1}^{10}\beta_{1+j}ControlVAR_{it} + \sum Year + \sum Industry + \varepsilon_{it}, \text{if } Component > \text{Mean}(Component) \quad (6-2)$$

$$Cost_{it} = \alpha + \beta_1 Lawsuit_{it} + \sum_{j=1}^{10}\beta_{1+j}ControlVAR_{it} + \sum Year + \sum Industry + \varepsilon_{it}, \text{if } Component \leqslant \text{Mean}(Component) \quad (6-3)$$

$$Cost_{it} = \alpha + \beta_1 Lawsuit_{it} + \sum_{j=1}^{10}\beta_{1+j}ControlVAR_{it} + \sum Year + \sum Industry + \varepsilon_{it}, \text{if } HSR = 0 \quad (6-4)$$

$$Cost_{it} = \alpha + \beta_1 Lawsuit_{it} + \sum_{j=1}^{10}\beta_{1+j}ControlVAR_{it} + \sum Year + \sum Industry + \varepsilon_{it}, \text{if } HSR = 1 \quad (6-5)$$

其中，$Cost_{it}$ 代表公司债务资本成本，$Lawsuit_{it}$ 为本节重点关注的解释变量，包括公司是否有重大诉讼、公司发生重大诉讼频率以及公司重大诉讼涉诉金额三个代理变量，其余为控制变量，控制变量定义与第 4 章和第 5 章主回归模型一致。本节为该模型设置了前提条件，即当 $Component$ 大于其平均值和 $Component$ 小于等于其平均值；当 $HSR=1$ 和 $HSR=0$ 时，分别对相关模型进行回归。由于三个重大诉讼代理变量中每一个都有两组回归结果进行对比，因此每次回归将得到六列回归结果（详见表 6－4 和表 6－5）。

6.2.3 实证结果分析

6.2.3.1 多元回归分析

表 6-2 列示了重大诉讼（*Lawsuit*）与信息环境（*Component*）对公司债务资本成本交互影响的回归结果。

表 6-2 重大诉讼和信息环境对公司债务资本成本的交互影响

变量	(1)	(2)	(3)
	Cost	*Cost*	*Cost*
ISI	0.221***		
	[2.61]		
ISI × *Component*	-2.028**		
	[-2.57]		
Frequency		0.247***	
		[4.63]	
Frequency × *Component*		-1.458***	
		[-2.87]	
Amount			9.847***
			[3.27]
Amount × *Component*			-77.628***
			[-3.01]
Component	-0.316***	-0.314***	-0.306***
	[-8.29]	[-8.25]	[-8.10]
Control Variables	Yes	Yes	Yes
Year	Yes	Yes	Yes
Industry	Yes	Yes	Yes
Adjusted R^2	0.190	0.191	0.195
N	19958	19958	19958

注：[ ] 内的值为 t 值；***、**、* 表示系数的显著性水平分别为 1%、5%、10%。控制变量因为篇幅原因在此省略。

表6-2中的第（1）列报告了公司是否有重大诉讼与信息环境的交互项对公司债务资本成本的影响。由表6-2可知，公司是否有重大诉讼的系数为0.221，并在1%的置信水平上显著，与第4章的研究结论一致，表明重大诉讼会削弱公司在金融债务市场中的谈判能力，使公司面临的债务融资环境恶化，从而对公司债务资本成本产生负面影响；信息环境的系数为-0.316，并在1%的置信水平上显著，与第5章的研究结论一致，表明良好的信息环境能缓解债务双方之间的信息不对称，帮助贷款人评估公司价值和违约风险；同时通过加强外部利益相关者对公司的外部监督，缓解债务双方之间的代理冲突，约束公司内部人（大股东/管理者）的机会主义行为，从而降低公司的债务资本成本；公司是否有重大诉讼与信息环境的交互项系数为-2.028，并在5%的置信水平上显著，说明良好的信息环境能够削弱重大诉讼的发生对公司债务资本成本的负面影响，该结果验证了研究假设H4。表6-2中的第（2）列和第（3）列分别报告了重大诉讼发生频率和涉诉金额与信息环境的交互项对公司债务资本成本的影响。由表6-2可知，信息环境对重大诉讼严重程度与公司债务资本成本之间关系的削弱作用均在1%的置信水平上显著。以上结果表明，重大诉讼的高成本和不确定性风险会进一步加剧债务双方之间的信息不对称和代理冲突，而良好的信息环境能缓解这一负面影响，从而在一定程度上抑制了重大诉讼发生后公司债务资本成本的上升，弱化了重大诉讼对公司债务资本成本的负面影响。

表6-3报告了重大诉讼（*Lawsuit*）与高铁开通（*Train*）对公司债务资本成本交互影响的回归结果，这里重点关注交互项的回归结果。表6-3中的第（1）—第（3）列报告了公司是否有重大诉讼（*ISI*）与高铁开通三个代理变量（*HSR*、*Line*和*Length*）对公司债务资本成本的交互影响。其中，公司是否有重大诉讼的系数均在1%的置信水平上显著为正，说明有重大诉讼公司的债务资本成

本更高；高铁开通三个代理变量的系数均为负，其中，是否有高铁开通（*HSR*）系数在5%的置信水平上显著，说明高铁开通有利于降低公司债务资本成本，这与第4章和第5章实证部分结论相一致；同时，交互项系数分别为-0.417，-0.335和-0.081，且后两者分别在10%和5%的置信水平上显著，说明公司是否有重大诉讼与高铁开通条数和里程数对公司债务资本成本存在交互影响，即公司所在地高铁开通条数越多、里程数越长，公司发生重大诉讼对公司债务资本成本的负面影响越小。表6-3的第（4）—第（6）列报告了公司重大诉讼发生频率（*Frequency*）与高铁开通三个代理变量（*HSR*、*Line*和*Length*）对公司债务资本成本的交互影响。在重大诉讼发生频率和高铁开通三个代理变量的回归结果大致符合预期的基础上，重大诉讼发生频率和高铁开通三个代理变量的交互项系数均显著为负。表6-3中的第（7）—第（9）列报告了重大诉讼涉诉金额（*Amount*）与高铁开通三个代理变量（*HSR*、*Line*和*Length*）对公司债务资本成本的交互影响。在重大诉讼涉诉金额和高铁开通三个代理变量的回归结果大致符合预期的基础上，重大诉讼涉诉金额和高铁开通三个代理变量的交互项系数均显著为负。表6-3中的第（4）—第（9）列的结果表明高铁开通会削弱公司发生重大诉讼的严重程度对公司债务资本成本的负面影响；并且公司所在地高铁开通线路条数越多、里程越长，公司发生重大诉讼的严重程度对公司债务资本成本的负面影响就越弱。以上结果表明，虽然高铁开通代理变量的回归结果在加入交互项后显著性有所降低，但交互项的回归结果表明，高铁开通确实对重大诉讼与公司债务资本成本之间的关系存在调节效应，该结果验证了研究假设H5。

总之，公司重大诉讼带来的高成本使得公司未来现金流以及公司发展方面的不确定性增加，并导致公司内部人（大股东/管理者）的道德风险上升，从而加剧了债务双方之间的信息不对称和代理冲突，增加了债务投资者监督成本，从而导致公司债务资本成

表 6-3　　重大诉讼与高铁开通对债务资本成本的交互影响

变量	(1)	(2)	(3)	(4)	(5)	(6)	(7)	(8)	(9)
	Cost	*Cost*	*Cost*	*Cost*	*Cost*	*Cost*	*Cost*	*Cost*	*Cost*
ISI	0.781***	0.762***	0.879***						
	[2.93]	[3.42]	[3.45]						
ISI × *HSR*	-0.417								
	[-1.45]								
ISI × *Line*		-0.335*							
		[-1.74]							
ISI × *Length*			-0.081**						
			[-2.00]						
Frequency				0.758***	0.766***	0.857***			
				[3.50]	[4.52]	[4.20]			
Frequency × *HSR*				-0.469**					
				[-2.09]					
Frequency × *Line*					-0.394***				
					[-2.96]				
Frequency × *Length*						-0.088***			
						[-2.86]			
Amount							39.506***	40.970***	41.697***
							[4.58]	[5.67]	[5.04]

续表

变量	(1)	(2)	(3)	(4)	(5)	(6)	(7)	(8)	(9)
	Cost	*Cost*	*Cost*	*Cost*	*Cost*	*Cost*	*Cost*	*Cost*	*Cost*
Amount × *HSR*							-21.297**		
							[-2.31]		
Amount × *Line*								-20.064***	
								[-3.39]	
Amount × *Length*									-3.642***
									[-2.82]
HSR	-0.258**			-0.228*			-0.245**		
	[-2.11]			[-1.88]			[-2.10]		
Line		-0.102			-0.062			-0.082	
		[-0.89]			[-0.55]			[-0.75]	
Length			-0.030			-0.024			-0.029
			[-1.54]			[-1.25]			[-1.58]
Control Variables	Yes	Yes	Yes	Yes	Yes	Yes	Yes	Yes	Yes
Year	Yes	Yes	Yes	Yes	Yes	Yes	Yes	Yes	Yes
Industry	Yes	Yes	Yes	Yes	Yes	Yes	Yes	Yes	Yes
Adjusted R^2	0.187	0.187	0.187	0.187	0.187	0.187	0.192	0.192	0.192
N	19958	19958	19958	19958	19958	19958	19958	19958	19958

注：[ ] 内的值为 t 值；***、**、* 表示系数的显著性水平分别为 1%、5%、10%。控制变量因为篇幅原因在此省略。

本上升。然而，公司所在地高铁开通有利于加强公司和外部利益相关者之间的沟通和交流，改善公司的信息环境，提高公司信息透明度，从而有利于债务投资者了解重大诉讼的真实情况，维护债务双方之间的信任；此外，高铁开通便利了外部利益相关者对公司的实地考察和调研，有利于发挥外部利益相关者对公司的外部监督治理作用，从而抑制公司内部人（大股东/管理者）在重大诉讼过程中的机会主义行为，缓解债务双方之间的代理冲突，从而削弱重大诉讼对公司债务资本成本产生的负面影响。

6.2.3.2　分组回归

理论分析表明，信息环境较好的公司，信息透明度更高，债务双方之间的信任度也较高，只要重大诉讼的发生不会对公司造成财务困境或破产威胁以致债务风险明显上升，那么，一般情况下重大诉讼对公司债务融资活动的影响可能并不明显；反之，信息环境较闭塞的公司，债务双方之间存在较严重的信息不对称和代理冲突，在这种情况下，公司发生重大诉讼会引起债务投资者的高度关注和谨慎，并提高对公司道德风险和违约风险的评估，从而使公司承担更高的债务资本成本。

除了使用分析师关注度、媒体跟踪和机构投资者参与度构建的公司信息环境指标外，本节还使用高铁开通这一外生变量来反映公司的信息环境。具体而言，本节首先以公司信息环境的主成分指标均值（$Component=0$）为界限，将样本划分为信息环境较好的公司组和信息环境较差的公司组。其次，根据公司所在地有无开通高铁，将样本划分为所在地有高铁开通的公司组和所在地无高铁开通的公司组。

表6－4为基于模型（6－2）和模型（6－3）的公司信息环境的分组回归结果。表6－4中的第（1）列、第（3）列和第（5）列为信息环境较差组的回归结果，表6－4中的第（2）列、第（4）列和第（6）列为信息环境较好组的回归结果。

表 6-4　　重大诉讼、信息环境与公司债务资本成本的分组回归结果

变量	(1)	(2)	(3)	(4)	(5)	(6)
	Component≤0	*Component*>0	*Component*≤0	*Component*>0	*Component*≤0	*Component*>0
ISI	0.621***	-0.097				
	[4.61]	[-0.54]				
Frequency			0.510***	-0.098		
			[6.02]	[-0.92]		
Amount					24.587***	-0.342
					[6.95]	[-0.07]
Size	2.466***	2.293***	2.456***	2.294***	2.505***	2.292***
	[16.56]	[12.71]	[16.48]	[12.71]	[16.84]	[12.71]
ROA	-4.292***	-4.798***	-4.186***	-4.809***	-3.786***	-4.791***
	[-9.79]	[-5.44]	[-9.53]	[-5.45]	[-8.46]	[-5.42]
TBQ	0.628***	-0.077	0.622***	-0.078	0.564***	-0.076
	[7.84]	[-0.79]	[7.79]	[-0.80]	[7.17]	[-0.78]
Tangible	2.938***	2.013***	2.970***	2.012***	3.163***	2.013***
	[7.32]	[4.02]	[7.42]	[4.01]	[7.97]	[4.02]
InterestP	-0.012***	-0.004*	-0.012***	-0.004*	-0.012***	-0.004*
	[-6.03]	[-1.81]	[-6.01]	[-1.81]	[-6.09]	[-1.80]

续表

变量	(1)	(2)	(3)	(4)	(5)	(6)
	Component≤0	*Component*>0	*Component*≤0	*Component*>0	*Component*≤0	*Component*>0
LoanBond	-2.002***	-2.026***	-2.004***	-2.026***	-2.008***	-2.027***
	[-19.20]	[-14.37]	[-19.22]	[-14.38]	[-19.28]	[-14.38]
Maturity	-0.026	0.607*	-0.009	0.606*	-0.011	0.606*
	[-0.11]	[1.77]	[-0.04]	[1.77]	[-0.04]	[1.77]
MarketInd	-0.119*	-0.299***	-0.118*	-0.299***	-0.112*	-0.299***
	[-1.78]	[-3.35]	[-1.76]	[-3.35]	[-1.68]	[-3.35]
GDP	-0.070	-0.049	-0.068	-0.050	-0.068	-0.049
	[-1.22]	[-0.63]	[-1.17]	[-0.64]	[-1.18]	[-0.63]
Finance	0.136	0.468**	0.139	0.467**	0.128	0.469**
	[0.94]	[2.36]	[0.96]	[2.35]	[0.88]	[2.36]
Constant	-6.190***	-4.146	-6.031***	-4.132	-6.809***	-4.143
	[-2.91]	[-1.58]	[-2.83]	[-1.58]	[-3.22]	[-1.58]
Year	Yes	Yes	Yes	Yes	Yes	Yes
Industry	Yes	Yes	Yes	Yes	Yes	Yes
Adjusted R^2	0.192	0.195	0.193	0.195	0.199	0.195
N	12922	7036	12922	7036	12922	7036

注：[　] 内的值为 t 值；***、**、* 表示系数的显著性水平分别为 1%、5%、10%。

由表 6－4 可知，公司是否有重大诉讼、重大诉讼发生频率以及重大诉讼涉诉金额的回归系数在信息环境较差组中更加显著：信息环境较差组重大诉讼回归系数分别为 0.621、0.510 和 24.587，且均在 1% 的置信水平上显著；而信息环境较好组重大诉讼回归系数均不显著。

表 6－5 为基于模型（6－4）和模型（6－5）公司所在地有无高铁开通的分组回归结果。表 6－5 中的第（1）列、第（3）列和第（5）列为所在地无高铁开通公司组的回归结果，第（2）列、第（4）列和第（6）列为所在地有高铁开通公司组的回归结果。

由表 6－5 可知，虽然两组重大诉讼系数均在 1% 的置信水平上显著，但公司是否有重大诉讼、重大诉讼发生频率以及重大诉讼涉诉金额在所在地无高铁开通公司组的回归系数分别为 0.947、0.859 和 42.054，均显著高于所在地有高铁开通公司组的回归结果 0.323、0.266 和 17.920，且两组回归系数之间的差异均通过 Chow 检验。

上述实证结果表明，重大诉讼与公司债务资本成本之间的正相关关系在信息环境较差公司组和所在地无高铁开通的公司组更加明显，即信息环境较差（如分析师关注度、媒体跟踪和机构投资者参与度低等），以及所在地没有高铁开通（信息环境相对闭塞）的公司，债务双方之间的信息不对称和代理问题更加严重，公司更难以承受重大诉讼对公司价值和声誉带来的负面影响，因而这些公司发生重大诉讼后，债务资本成本会有明显上升。此外，使用公司所在地有无高铁开通来代表公司外部信息环境进行的分组回归结果差异更加明显，一定程度上说明高铁开通作为信息环境改善的外生变量是可行的。

表 6-5　重大诉讼、高铁开通与公司债务资本成本的分组回归结果

变量	(1)	(2)	(3)	(4)	(5)	(6)
	HSR = 0	*HSR* = 1	*HSR* = 0	*HSR* = 1	*HSR* = 0	*HSR* = 1
ISI	0.947***	0.323***				
	[3.55]	[2.70]				
Frequency			0.859***	0.266***		
			[3.96]	[3.78]		
Amount					42.054***	17.920***
					[5.06]	[5.23]
Size	2.533***	2.045***	2.533***	2.042***	2.570***	2.067***
	[9.80]	[17.57]	[9.80]	[17.53]	[9.99]	[17.77]
ROA	-4.833***	-4.849***	-4.712***	-4.789***	-4.179***	-4.431***
	[-6.13]	[-10.59]	[-6.08]	[-10.39]	[-5.56]	[-9.26]
TBQ	0.356***	0.341***	0.346***	0.340***	0.243**	0.309***
	[3.00]	[4.77]	[2.93]	[4.76]	[2.11]	[4.39]
Tangible	3.116***	2.512***	3.197***	2.524***	3.392***	2.615***
	[5.26]	[6.66]	[5.42]	[6.70]	[5.84]	[6.98]
InterestP	-0.015***	-0.007***	-0.015***	-0.007***	-0.015***	-0.007***
	[-4.41]	[-4.30]	[-4.39]	[-4.29]	[-4.35]	[-4.32]

续表

变量	(1)	(2)	(3)	(4)	(5)	(6)
	HSR = 0	*HSR* = 1	*HSR* = 0	*HSR* = 1	*HSR* = 0	*HSR* = 1
LoanBond	-2. 243 ***	-1. 896 ***	-2. 247 ***	-1. 897 ***	-2. 249 ***	-1. 898 ***
	[-11. 98]	[-20. 47]	[-12. 00]	[-20. 49]	[-12. 07]	[-20. 51]
Maturity	-0. 731 *	0. 433 *	-0. 745 *	0. 441 *	-0. 725 *	0. 440 *
	[-1. 84]	[1. 92]	[-1. 88]	[1. 96]	[-1. 83]	[1. 96]
MarketInd	-0. 230 **	-0. 139 **	-0. 232 **	-0. 139 **	-0. 234 **	-0. 134 **
	[-2. 02]	[-2. 23]	[-2. 04]	[-2. 22]	[-2. 07]	[-2. 15]
GDP	0. 034	-0. 052	0. 032	-0. 050	0. 051	-0. 049
	[0. 37]	[-0. 84]	[0. 35]	[-0. 81]	[0. 56]	[-0. 79]
Finance	0. 170	0. 158	0. 179	0. 161	0. 203	0. 140
	[0. 73]	[1. 13]	[0. 76]	[1. 15]	[0. 87]	[1. 00]
Constant	-4. 146	0. 181	-4. 085	0. 177	-5. 217	-0. 157
	[-1. 24]	[0. 09]	[-1. 22]	[0. 09]	[-1. 56]	[-0. 08]
Year	Yes	Yes	Yes	Yes	Yes	Yes
Industry	Yes	Yes	Yes	Yes	Yes	Yes
Adjusted R^2	0. 228	0. 178	0. 230	0. 178	0. 241	0. 181
N	4976	14982	4976	14982	4976	14982

注：[ ] 内的值为 t 值；***、**、* 表示系数的显著性水平分别为 1%、5%、10%。

6.3　稳健性检验

6.3.1　Heckman 两阶段模型

本节针对公司是否发生重大诉讼，采用 Heckman 两阶段模型计算出逆米尔斯系数（*IMR*），并将其带入所有交互效应的回归模型中，来缓解样本的选择性偏误问题。表 6－6 和表 6－7 分别为重大诉讼和信息环境、重大诉讼和高铁开通对公司债务资本成本的交互影响。

表 6－6　重大诉讼和信息环境对公司债务资本成本的交互影响：Heckman 两阶段模型

变量	(1)	(2)	(3)
	Cost	*Cost*	*Cost*
ISI	0.226***		
	[2.66]		
ISI × *Component*	-1.762**		
	[-2.23]		
Frequency		0.258***	
		[4.81]	
Frequency × *Component*		-1.304**	
		[-2.57]	
Amount			11.069***
			[3.69]
Amount × *Component*			-70.839***
			[-2.76]
Component	-0.284***	-0.282***	-0.275***
	[-7.43]	[-7.38]	[-7.23]

续表

变量	(1)	(2)	(3)
	Cost	*Cost*	*Cost*
IMR	-7.817***	-7.867***	-7.813***
	[-5.59]	[-5.61]	[-5.79]
Control variables	Yes	Yes	Yes
Year	Yes	Yes	Yes
Industry	Yes	Yes	Yes
Adjusted R^2	0.195	0.195	0.200
N	19958	19958	19958

注：[ ] 内的值为 t 值；***、**、* 表示系数的显著性水平分别为 1%、5%、10%。控制变量因为篇幅原因在此省略。

由表 6-6 和表 6-7 可知，在控制了样本选择性偏误产生的影响后，重大诉讼和信息环境的交互项系数均显著为负，重大诉讼和高铁开通的交互项系数大部分显著为负，与主回归结果相吻合，即良好的信息环境以及高铁开通带来的信息环境改善在一定程度上缓解了重大诉讼对公司债务资本成本的负面影响。此外，逆米尔斯系数（*IMR*）的回归系数在统计上均显著为负，说明主回归确实存在一定程度的样本选择偏差问题。

6.3.2 倾向得分匹配法（PSM）

在前文中，为了确切比较有严重诉讼的公司和没有严重诉讼的公司之间债务资本成本的差异，我们采用了 PSM 对样本进行分组。本节在前文匹配后的样本基础上，对重大诉讼、信息环境与公司债务资本成本三者之间的关系重新进行回归。表 6-8 列示了重大诉讼与信息环境主成分指标对公司债务资本成本的交互影响。表 6-9 列示了重大诉讼与高铁开通对公司债务资本成本的交互影响。

表 6-7　　重大诉讼和高铁开通对公司债务资本成本的交互影响：Heckman 两阶段模型

变量	(1)	(2)	(3)	(4)	(5)	(6)	(7)	(8)	(9)
	Cost	*Cost*	*Cost*	*Cost*	*Cost*	*Cost*	*Cost*	*Cost*	*Cost*
ISI	0.607**	0.633***	0.714***						
	[2.30]	[2.87]	[2.83]						
ISI × *HSR*	-0.236								
	[-0.82]								
ISI × *Line*		-0.227							
		[-1.19]							
ISI × *Length*			-0.055						
			[-1.37]						
Frequency				0.645***	0.691***	0.752***			
				[2.99]	[4.10]	[3.70]			
Frequency × *HSR*				-0.337					
				[-1.50]					
Frequency × *Line*					-0.322**				
					[-2.43]				
Frequency × *Length*						-0.070**			
						[-2.27]			
Amount							36.571***	38.810***	38.831***
							[4.31]	[5.47]	[4.78]

续表

变量	(1)	(2)	(3)	(4)	(5)	(6)	(7)	(8)	(9)
	Cost	*Cost*	*Cost*	*Cost*	*Cost*	*Cost*	*Cost*	*Cost*	*Cost*
Amount × *HSR*							-17.456*		
							[-1.92]		
Amount × *Line*								-17.589***	
								[-3.01]	
Amount × *Length*									-3.076**
									[-2.41]
HSR	-0.326***			-0.293**			-0.298**		
	[-2.66]			[-2.43]			[-2.56]		
Line		-0.182			-0.140			-0.149	
		[-1.58]			[-1.23]			[-1.38]	
Length			-0.042**			-0.035*			-0.039**
			[-2.15]			[-1.85]			[-2.10]
IMR	-8.579***	-8.582***	-8.556***	-8.568***	-8.560***	-8.525***	-8.502***	-8.462***	-8.453***
	[-5.95]	[-5.96]	[-5.94]	[-5.94]	[-5.94]	[-5.92]	[-6.12]	[-6.15]	[-6.12]
Control variables	Yes	Yes	Yes	Yes	Yes	Yes	Yes	Yes	Yes
Year	Yes	Yes	Yes	Yes	Yes	Yes	Yes	Yes	Yes
Industry	Yes	Yes	Yes	Yes	Yes	Yes	Yes	Yes	Yes
Adjusted R^2	0.192	0.192	0.192	0.193	0.193	0.193	0.197	0.197	0.197
N	19958	19958	19958	19958	19958	19958	19958	19958	19958

注：[　] 内的值为 t 值；***、**、* 表示系数的显著性水平分别为 1%、5%、10%。控制变量因为篇幅原因在此省略。

表 6－8　重大诉讼与信息环境对公司债务资本成本的交互影响：PSM

变量	(1)	(2)	(3)
	Cost	*Cost*	*Cost*
ISI	0.362***		
	[3.18]		
ISI × *Component*	－1.546*		
	[－1.68]		
Frequency		0.359***	
		[5.50]	
Frequency × *Component*		－1.134**	
		[－2.03]	
Amount			11.733***
			[4.04]
Amount × *Component*			－70.757***
			[－2.72]
Component	－0.294***	－0.289***	－0.274***
	[－4.83]	[－4.76]	[－4.56]
Control variables	Yes	Yes	Yes
Industry	Yes	Yes	Yes
Year	Yes	Yes	Yes
Adjusted R^2	0.209	0.211	0.221
N	7552	7552	7552

注：[　] 内的值为 t 值；***、**、* 表示系数的显著性水平分别为 1%、5%、10%。控制变量因为篇幅原因在此省略。

由表 6－8 和表 6－9 可知，重大诉讼与信息环境的交互项系数均显著为负。重大诉讼与高铁开通的交互项系数绝大部分显著为负。以上结果均符合预期，进一步证明了主回归结果是可靠的，即公司信息环境以及由高铁开通带来的信息环境改善能够削弱重大诉讼对公司债务资本成本的负面影响。

表 6-9 重大诉讼与高铁开通对公司债务资本成本的交互影响：PSM

变量	(1)	(2)	(3)	(4)	(5)	(6)	(7)	(8)	(9)
	Cost	*Cost*	*Cost*	*Cost*	*Cost*	*Cost*	*Cost*	*Cost*	*Cost*
ISI	0.880***	0.801***	1.000***						
	[2.83]	[3.04]	[3.35]						
ISI × *HSR*	-0.413								
	[-1.21]								
ISI × *Line*		-0.273							
		[-1.16]							
ISI × *Length*			-0.085*						
			[-1.75]						
Frequency				0.846***	0.852***	0.974***			
				[3.48]	[4.45]	[4.22]			
Frequency × *HSR*				-0.467*					
				[-1.84]					
Frequency × *Line*					-0.394***				
					[-2.58]				
Frequency × *Length*						-0.093***			
						[-2.66]			
Amount							40.252***	42.265***	42.943***
							[4.49]	[5.66]	[5.02]

续表

变量	(1)	(2)	(3)	(4)	(5)	(6)	(7)	(8)	(9)
	Cost	*Cost*	*Cost*	*Cost*	*Cost*	*Cost*	*Cost*	*Cost*	*Cost*
Amount × *HSR*							-21.366**		
							[-2.22]		
Amount × *Line*								-20.866***	
								[-3.39]	
Amount × *Length*									-3.759***
									[-2.81]
HSR	-0.098			-0.010			-0.068		
	[-0.39]			[-0.04]			[-0.34]		
Line		0.057			0.185			0.136	
		[0.27]			[0.92]			[0.79]	
Length			0.009			0.026			0.008
			[0.22]			[0.72]			[0.26]
Control variables	Yes	Yes	Yes	Yes	Yes	Yes	Yes	Yes	Yes
Industry	Yes	Yes	Yes	Yes	Yes	Yes	Yes	Yes	Yes
Year	Yes	Yes	Yes	Yes	Yes	Yes	Yes	Yes	Yes
Adjusted R^2	0.206	0.206	0.206	0.208	0.208	0.209	0.218	0.220	0.219
N	7552	7552	7552	7552	7552	7552	7552	7552	7552

注：[ ] 内的值为 t 值；***、**、* 表示系数的显著性水平分别为 1%、5%、10%。控制变量因为篇幅原因在此省略。

6.4 关于债券利差的进一步分析

如前文所述，公司不会公开债务融资的所有相关信息，特别是债务资本成本（银行贷款利率的信息披露缺失严重），但是由于证券交易所对债券的发行信息有强制性的披露要求，因而我们可以获取公司债的债券发行利率，并以债券利差作为被解释变量，研究重大诉讼、信息环境与公司债券利差之间的关系，作为该研究的一个补充。债券利差采用公司债发行利率和同期无风险利率（国债收益率）之差（以下简称信用利差）来衡量，若当年一家公司有超过一只债券发行，则对当年这家公司发行债券的信用利差取平均值。

然而，由于公司债的样本有限，2008 年至 2018 年证券交易所共发行 1202 只债券，而高铁开通的城市比例（全样本）已达 75.1%，匹配后的样本中高铁开通变量的差异太小，不再适合进行回归检验，因此，本节的信息环境仅采用分析师关注度（*Analyst*），媒体跟踪（*Report*），机构投资者参与度（*Institution*）以及经 *PCA* 提取的三个变量的主成分（*Component*）来度量。

表 6-10 为重大诉讼与公司债券利差的多元回归结果。

表 6-10　重大诉讼与公司债券利差的多元回归结果

变量	(1)	(2)	(3)
	Cost	Cost	Cost
ISI	0.151*		
	[1.88]		
Frequency		0.037	
		[0.79]	

续表

变量	(1)	(2)	(3)
	Cost	Cost	Cost
Amount			4. 382 **
			[2. 13]
Size	−0. 419 ***	−0. 423 ***	−0. 422 ***
	[−4. 95]	[−4. 97]	[−4. 95]
ROA	−1. 148 ***	−1. 167 ***	−1. 099 ***
	[−3. 39]	[−3. 46]	[−3. 59]
TBQ	−0. 061	−0. 060	−0. 058
	[−0. 98]	[−0. 96]	[−0. 93]
Tangible	−1. 067 ***	−1. 069 ***	−1. 071 ***
	[−4. 25]	[−4. 27]	[−4. 26]
InterestP	0. 001	0. 001	0. 001
	[0. 93]	[0. 90]	[0. 87]
LoanBond	0. 033	0. 039	0. 042
	[0. 43]	[0. 50]	[0. 55]
Maturity	−0. 558 ***	−0. 552 ***	−0. 544 ***
	[−3. 45]	[−3. 40]	[−3. 37]
MarketInd	−0. 211 ***	−0. 213 ***	−0. 213 ***
	[−4. 53]	[−4. 56]	[−4. 57]
GDP	−0. 073 *	−0. 074 *	−0. 078 **
	[−1. 86]	[−1. 86]	[−1. 98]
Finance	0. 213 **	0. 213 **	0. 213 **
	[1. 98]	[1. 99]	[1. 99]
Constant	12. 979 ***	12. 925 ***	12. 880 ***
	[9. 94]	[9. 86]	[9. 82]
Year	Yes	Yes	Yes
Industry	Yes	Yes	Yes
Adjusted R^2	0. 515	0. 514	0. 514
N	1021	1021	1021

注：[　] 内的值为 t 值；***、**、* 表示系数的显著性水平分别为 1%、5%、10%。表中 *Cost* 为公司债务资本成本的代理变量，用公司债券利差度量。解释变量和控制变量的度量参见相关章节的变量定义。

由表6－10可知，公司是否有重大诉讼（*ISI*）的回归系数为0.151，且在10%的置信水平上显著；重大诉讼金额（*Amount*）的回归系数为4.382，且在5%的置信水平上显著，表明有重大诉讼的公司，其债券利差更高，重大诉讼金额越大的公司，其债券利差越高。重大诉讼频率（*Frequency*）的回归系数为0.037，但在统计上不显著，这可能是由于CSMAR在统计时会将未决诉讼以及后续诉讼都统计在内，而债券利差对新发生的重大诉讼比较敏感，从而导致重大诉讼频率（*Frequency*）与债券利差的回归结果不显著。

表6－11为信息环境与公司债券利差的多元回归结果。

表6－11　　信息环境与债券利差的多元回归结果

变量	(1)	(2)	(3)	(4)
	Cost	*Cost*	*Cost*	*Cost*
Analyst	−0.008 **			
	[−2.35]			
Report		−0.003 **		
		[−2.28]		
Institution			−0.008 ***	
			[−5.14]	
Component				−0.076 ***
				[−3.61]
Size	−0.365 ***	−0.370 ***	−0.342 ***	−0.327 ***
	[−4.12]	[−4.18]	[−3.94]	[−3.64]
ROA	−1.099 ***	−1.097 ***	−1.301 ***	−1.073 ***
	[−3.17]	[−3.16]	[−4.05]	[−3.14]
TBQ	−0.021	−0.027	0.015	0.002
	[−0.34]	[−0.43]	[0.24]	[0.04]
Tangible	−1.030 ***	−1.042 ***	−0.968 ***	−1.020 ***
	[−4.14]	[−4.18]	[−3.96]	[−4.11]

续表

变量	(1)	(2)	(3)	(4)
	Cost	*Cost*	*Cost*	*Cost*
InterestP	0.001	0.001	0.002	0.001
	[0.91]	[0.95]	[1.05]	[0.96]
LoanBond	0.021	0.023	0.023	0.009
	[0.28]	[0.30]	[0.30]	[0.12]
Maturity	-0.555***	-0.562***	-0.542***	-0.566***
	[-3.42]	[-3.46]	[-3.40]	[-3.48]
MarketInd	-0.219***	-0.218***	-0.201***	-0.219***
	[-4.65]	[-4.64]	[-4.37]	[-4.68]
GDP	-0.085**	-0.084**	-0.051	-0.086**
	[-2.15]	[-2.13]	[-1.31]	[-2.19]
Finance	0.243**	0.242**	0.180*	0.253**
	[2.24]	[2.23]	[1.70]	[2.34]
Constant	12.031***	12.070***	11.300***	11.295***
	[8.44]	[8.61]	[8.49]	[7.86]
Year	Yes	Yes	Yes	Yes
Industry	Yes	Yes	Yes	Yes
Adjusted R^2	0.516	0.516	0.527	0.520
N	1021	1021	1021	1021

注：[　] 内的值为 t 值；***、**、* 表示系数的显著性水平分别为 1%、5%、10%。表中 *Cost* 为公司债务资本成本的代理变量，用公司债券利差度量。解释变量和控制变量的度量参见相关章节的变量定义。

由表 6-11 可知，分析师关注度（*Analyst*）的回归系数为 -0.008，且在 5% 的置信水平上显著；媒体跟踪（*Report*）的回归系数为 -0.003，且在 5% 的置信水平上显著；机构投资者参与度（*Institution*）的回归系数为 -0.008，且在 1% 的置信水平上显著；主成分分析（*Component*）的回归系数为 -0.076，且在 1% 的置信水平上显著。以上结果表明，信息环境较好的公司，债券利差越低，良好的信息环境能缓解债券投资者与公司之间的信息不对称，从而有利于公司以更低的发行成本获取债券融资。

表 6 - 12 和表 6 - 13 为重大诉讼、信息环境与公司债券利差的调节效应回归结果。

表 6 - 12　重大诉讼、信息环境与债券利差的调节效应回归结果（一）

变量	(1)	(2)	(3)
	Cost	*Cost*	*Cost*
ISI	0.329***		
	[2.69]		
ISI × *Component*	-1.865***		
	[-2.87]		
Frequency		0.153*	
		[1.76]	
Frequency × *Component*		-0.850*	
		[-1.70]	
Amount			10.629***
			[3.16]
Amount × *Component*			-35.453
			[-0.90]
Component	-0.134***	-0.139***	-0.141***
	[-6.34]	[-6.66]	[-6.99]
Adjusted R^2	0.046	0.040	0.043
N	1021	1021	1021

注：[　] 内的值为 t 值；***、**、* 表示系数的显著性水平分别为 1%、5%、10%。表中 *Cost* 为公司债务资本成本的代理变量，用公司债券利差度量。解释变量和控制变量的度量参见相关章节的变量定义。

表 6 - 13　　重大诉讼、信息环境与债券利差的调节效应回归结果（二）

变量	(1)	(2)	(3)
	Cost	*Cost*	*Cost*
ISI	0.143		
	[1.41]		
ISI × *Component*	0.233		
	[0.47]		
Frequency		-0.000	
		[-0.00]	
Frequency × *Component*		0.346	
		[0.97]	
Amount			4.389**
			[2.28]
Amount × *Component*			15.122
			[0.49]
Component	-0.134***	-0.139***	-0.141***
	[-6.34]	[-6.66]	[-6.99]
Control Variables	Yes	Yes	Yes
Year	Yes	Yes	Yes
Industry	Yes	Yes	Yes
Adjusted R^2	0.521	0.520	0.520
N	1021	1021	1021

注：[　] 内的值为 t 值；***、**、* 表示系数的显著性水平分别为 1%、5%、10%。表中 *Cost* 为公司债务资本成本的代理变量，用公司债券利差度量。解释变量和控制变量的度量参见相关章节的变量定义。

表 6 - 12 是仅对重大诉讼、信息环境和重大诉讼与信息环境的交互项进行回归。由表 6 - 12 可知，重大诉讼三个变量系数（*ISI*、*Frequency* 和 *Amount*）均显著为正，信息环境（*Component*）系数显

著为负，是否有重大诉讼、重大诉讼频率与信息环境交互项系数（*ISI* × *Component*、*Frequency* × *Component*）显著为负，重大诉讼金额与信息环境交互项系数（*Amount* × *Component*）为负，但在统计上不显著。以上结果表明，在不考虑其他影响因素的情况下，信息环境能在一定程度上缓解重大诉讼对公司债券利差的负面影响。

表 6-13 是在加入控制变量后重大诉讼、信息环境与公司债券利差的调节效应回归结果。由表 6-13 可知，重大诉讼和交互项系数均不再显著，可能是由于总体样本量较小，重大诉讼比例仅 19.2%，有重大诉讼的上市公司个数仅 196 个，在控制其他因素后，重大诉讼和交互项对公司债券利差的影响不足以达到统计上的显著性。

表 6-14 为重大诉讼与公司债券利差按信息环境分组的回归结果。我们以公司信息环境的主成分指标均值（*Component* = 0.019）为界限，将样本划分为信息环境较差的公司组和信息环境较好的公司组。表 6-14 的第（1）列、第（3）列和第（5）列为信息环境较差组的回归结果，表 6-14 的第（2）列、第（4）列和第（6）列为信息环境较好组的回归结果。

由表 6-14 可知，公司是否有重大诉讼、重大诉讼涉诉金额的回归系数在信息环境较差组中更加显著，系数分别为 0.281 和 3.952，且分别在 10% 和 5% 的置信水平上显著；重大诉讼发生频率系数在信息环境较差组为正，在信息环境较好组为负，但在统计上均不显著。信息环境较好组重大诉讼回归系数均不显著。回归系数之间的差异通过 Chow 检验。

以上结果表明，重大诉讼与公司债券利差的正相关关系在信息环境较差公司组中更加明显，即信息环境较差的上市公司，债务双方之间的信息不对称程度更加严重，更容易引发债券投资者的逆向选择，公司发生重大诉讼对公司声誉以及债权债务关系的冲击也更加严重，因而这些公司发生重大诉讼后，公司的债券利差会明显上升。

表 6 – 14　重大诉讼、信息环境与债券利差的分组回归结果

变量	(1)	(2)	(3)	(4)	(5)	(6)
	Component≤0	*Component*>0	*Component*≤0	*Component*>0	*Component*≤0	*Component*>0
ISI	0.281*	0.020				
	[1.76]	[0.20]				
Frequency			0.068	−0.053		
			[0.81]	[−0.98]		
Amount					3.952**	−3.329
					[2.43]	[−0.49]
Size	−0.200	−0.534***	−0.213	−0.537***	−0.203	−0.533***
	[−1.19]	[−4.62]	[−1.25]	[−4.64]	[−1.19]	[−4.61]
ROA	−1.544***	−0.874*	−1.572***	−0.849	−1.464***	−0.865*
	[−3.90]	[−1.69]	[−3.91]	[−1.64]	[−3.61]	[−1.67]
TBQ	−0.133	−0.051	−0.144	−0.047	−0.135	−0.048
	[−0.88]	[−0.76]	[−0.94]	[−0.70]	[−0.87]	[−0.72]
Tangible	−0.818**	−1.407***	−0.847**	−1.378***	−0.843**	−1.382***
	[−2.07]	[−3.78]	[−2.13]	[−3.73]	[−2.13]	[−3.68]
InterestP	0.005	0.001	0.005	0.001	0.005	0.001
	[1.59]	[0.69]	[1.60]	[0.65]	[1.55]	[0.67]

续表

变量	(1)	(2)	(3)	(4)	(5)	(6)
	Component≤0	*Component*>0	*Component*≤0	*Component*>0	*Component*≤0	*Component*>0
LoanBond	-0.102	0.145	-0.084	0.153	-0.082	0.146
	[-0.74]	[1.36]	[-0.61]	[1.43]	[-0.60]	[1.37]
Maturity	-0.474*	-0.319	-0.456	-0.305	-0.454	-0.318
	[-1.67]	[-1.53]	[-1.59]	[-1.46]	[-1.59]	[-1.52]
MarketInd	-0.327***	-0.124*	-0.326***	-0.126*	-0.325***	-0.125*
	[-4.23]	[-1.86]	[-4.18]	[-1.90]	[-4.18]	[-1.88]
GDP	-0.003	-0.179***	0.009	-0.183***	0.003	-0.180***
	[-0.05]	[-3.53]	[0.12]	[-3.63]	[0.04]	[-3.57]
Finance	0.490***	0.196	0.496***	0.200	0.499***	0.198
	[2.81]	[1.30]	[2.79]	[1.33]	[2.81]	[1.32]
Constant	7.549***	15.463***	7.198***	15.378***	6.946***	15.425***
	[3.43]	[8.61]	[3.14]	[8.56]	[3.11]	[8.59]
Year	Yes	Yes	Yes	Yes	Yes	Yes
Industry	Yes	Yes	Yes	Yes	Yes	Yes
Adjusted R^2	0.543	0.495	0.538	0.495	0.539	0.495
N	369	652	369	652	369	652

注：[ ] 内的值为 t 值；***、**、* 表示系数的显著性水平分别为 1%、5%、10%。表中 *Cost* 为公司债务资本成本的代理变量，用公司债券利差度量。解释变量和控制变量的度量参见相关章节的变量定义。

6.5　本章小结

本章基于信息不对称理论和代理理论推演了公司信息环境以及由高铁开通带来的信息环境改善如何影响重大诉讼与公司债务资本成本之间的关系。在理论分析的基础上，将第 4 章的重大诉讼和公司债务资本成本的实证样本与第 5 章的公司信息环境和手工收集的高铁开通数据进行合并，生成重大诉讼、信息环境与公司债务资本成本的研究样本，并使用调节效应模型检验重大诉讼、信息环境对债务资本成本的交互影响。回归结果发现，良好的信息环境能缓解公司重大诉讼对公司债务资本成本的负面影响。随着高铁的开通，信息环境会得到进一步改善，因而上述结果在所在地有高铁开通的公司中也会有所体现，并且公司所在地高铁开通线路条数越多、里程越长，公司发生重大诉讼对公司债务资本成本的负面影响就越弱。此外，本章还使用分组回归考察重大诉讼与公司债务资本成本之间的关系在信息环境较好公司组和信息环境较差公司组、公司所在地有高铁开通组和无高铁开通组是否有差别。研究发现，重大诉讼与公司债务资本成本之间的正相关关系只存在于信息环境较差的公司组，信息环境较好公司组的重大诉讼与公司债务资本成本之间的正相关关系在统计上不显著；重大诉讼对公司债务资本成本的影响在所在地无高铁开通的公司组更加明显。针对样本偏差产生的内生性问题，使用 Heckman 两阶段模型和 PSM 来缓解，在控制了样本选择性偏差和自选择的内生性问题后，所有结论依然成立，说明研究结论是相对稳健的。

总之，重大诉讼的高成本和不确定性风险决定了债务市场对发生重大诉讼公司的负面反应，并且由于信息不对称和代理冲突的存在，这种负面反应往往超过了合理的程度。然而，良好的信息环境以及高铁开通带来的信息环境改善会缓解债务双方之间的信息不对称和代理冲突，帮助债务投资者了解公司的真实情况，建立债务双方之间的信任，从而削弱重大诉讼对公司债务资本成本的负面影响。无论是调节效应模型还是分组回归的结果都说明，信息环境对于遭受类似重大诉讼负面事件影响公司的重要性，公司在应对重大诉讼等负面事件时应考虑其所在地的信息环境因素，同时不断提高自身的信息透明度和声誉，增强应对重大诉讼等负面事件的能力。

在进一步分析中，我们采用公司债券利差（公司债发行利率和同期国债收益率之差）度量债务资本成本，并进行相关的回归分析，发现相关的研究结论没有发生实质性变化。

第 7 章
结论和政策性建议

7.1　主要研究结论

本书基于中国法制建设和近年来交通基础设施建设进一步发展的时代背景，选取具有代表性的重大诉讼和高铁开通事件，以信息不对称理论和代理理论为基础，分别实证研究法律诉讼和信息环境对公司债务资本成本的影响，以及进一步探索信息环境如何影响重大诉讼和公司债务资本成本之间的关系。在本书中，我们建立了信息环境与公司债务资本成本之间的直接联系，正如 Armstrong 等（2010）所建议的，这是研究透明度对金融市场影响的新途径。本书得到的研究结论总结如下：

第一，法律诉讼作为解决双方纠纷的最后途径，通常会导致被诉公司价值和声誉受损，同时还会引发信息不对称和道德风险问题，导致融资环境恶化。债权人鉴于法律诉讼对公司产生的负面影响，会通过收取更高的债务融资利息来弥补上升的违约风险。本书选取 2008 年至 2018 年非金融行业 A 股上市公司作为研究样本，实证考察公司发生重大诉讼对公司债务资本成本的影响。为了进一步考察公司异质性的影响，本书还检验了重大诉讼与公司债务资本成本之间的关系在不同偿债能力、不同政治背景和不同信息披露质量的公司中的差异。研究发现：（1）重大诉讼会增加公司的债务资本成本，且重大诉讼越严重，公司债务资本成本越高。（2）具有较差偿债能力、较弱政治背景以及较低信息披露质量的公司本身较难以低成本获取债务融资，在遭遇重大诉讼后会面临更严重的逆向选择和融资约束问题，更有可能使债务投资者提高对公司的风险评估并要求更高的风险补偿，从而使重大诉讼对公司债务资本成本的负面影响更加显著。

第二，良好的信息环境能缓解公司与债务投资者之间的信息不对称和代理冲突，有利于公司以较低成本获取债务融资。本书以分析师关注度、媒体跟踪以及机构投资者参与度构建公司外部信息环境评价指标，并使用主成分分析法提取这三个指标的主成分，从而形成衡量公司外部信息环境的指标体系。由于高铁开通便利了公司与外部利益相关者之间的当面接触和交流，不仅有利于公司与外界之间的信息传递，还能加强市场参与者对公司的外部监督，从而有利于提高公司治理水平、缓解债务双方之间的信息不对称和代理冲突。因此，高铁开通对信息环境的改善也会影响公司在债务市场中的谈判能力。本书将高铁开通作为信息环境改善的外生变量引入模型，以 2008 年京津城际高铁的开通为样本时间起点，收集 2008 年至 2018 年高铁开通相关数据构建高铁开通数据库，理论推演并实证检验高铁开通对公司债务资本成本的影响。研究发现：（1）良好的信息环境能缓解债务双方之间的信息不对称，使债务投资者做出更精确和客观的风险评估，进而减轻逆向选择问题，降低公司债务资本成本。（2）高铁开通有利于降低公司债务资本成本，并且高铁开通的线路条数越多、里程数越长，公司债务资本成本越低。（3）本书采用渠道检验方法进行了影响机制分析，结果显示，高铁开通一方面通过改善公司信息环境和公司信息披露质量缓解了债务双方之间的信息不对称和代理冲突，进而降低了公司债务资本成本；另一方面通过拓展公司可获得的资金来源，提高了公司的财务宽松度，增强了公司的偿债能力，从而有利于公司以更低的成本获取债务融资。

第三，在分别研究重大诉讼和信息环境与债务资本成本关系的基础上，本书进一步考察重大诉讼、信息环境与公司债务资本成本三者之间的关系。鉴于由重大诉讼带来的高成本、潜在的不确定性风险以及公司治理问题等，发生重大诉讼的公司意味着更严重的信息不对称程度和代理问题。良好的信息环境有利于外部利益相关者了解关于重大诉讼的真实情况，并且，作为信息环境改善代理变量的高铁开通有利于吸引更多外部利益相关者实地到访，在增强公司与外界信息交流的同时也加强了外界对公司的监督，从而有利于缓解重大诉讼公司与债务投资者之间的信息不对称和代理冲突，最终削弱重大诉讼对公司债务资本成本的负面影响。本书将重大诉讼数据和信息环境数据合并，分别使用调节效应模型和分组回归方法检验重大诉讼、信息环境与公司债务资本成本三者之间的关系。研究发现：（1）通过调节效应模型回归发现，由分析师、媒体和机构投资者构成的公司外部信息环境能够影响重大诉讼与公司债务资本成本之间的关系，即良好的信息环境能削弱重大诉讼对公司债务资本成本的负面影响，以及高铁开通带来的信息环境改善能缓解重大诉讼对公司债务资本成本的负面影响。（2）通过分组回归结果发现，重大诉讼与公司债务资本成本之间的正相关关系在信息环境较差和所在地没有高铁开通的公司组更加明显，即信息环境较差以及所在地没有高铁开通（信息环境相对闭塞）的公司，债务投资者更难以忍受重大诉讼增加的信息不对称和代理问题，因而这些公司发生重大诉讼后，债务资本成本会有更明显的增加。

7.2 政策启示

降低公司融资成本、支持实体经济的发展，是政府监管部门一直以来的工作重心。例如，国务院办公厅在 2014 年发布了《关于多措并举着力缓解公司融资成本高问题的指导意见》，提出要通过推进改革和结构调整的方式逐步降低公司融资成本。随后，2016年国务院发布了《降低实体经济公司成本工作方案的通知》，提出要完善信贷资金向实体经济融通机制，降低贷款中间环节费用，有效降低公司融资成本。2017年，国家发改委等四部门联合发布了《关于做好2017年降成本重点工作的通知》，进一步指出要降低融资成本，缓解企业融资难、融资贵的问题。

然而，中国资本市场发展的不完善和较弱的投资者法律保护使中国上市公司与外部债权人之间的信息不对称和代理问题更加严重，使得中国的上市公司在进行债务融资时受到更多约束，导致资源配置效率低下。此外，由于执法效率低、成本高，中国的诉讼赔偿率相对较低（王彦超等，2016年），这使得重大诉讼无论对被告还是原告公司的负面影响都更加严重。本书基于我国特殊的制度背景和债务市场的发展现状展开研究，所获得的经验证据表明重大诉讼的披露对于诉讼双方而言都是负面事件，债权人会识别公司面临的重大诉讼风险，对公司提出更多的约束条件及风险补偿，使得公司的债务资本成本上升，而良好的信息环境以及信息环境的改善能够缓解重大诉讼对债务资本成本的负面影响。本书结合目前中国背景，根据本书的研究结论，提出以下几点政策建议：

第一，降低诉讼成本，加强投资者和债权人法律保护。较强的投资者法律保护可以促进金融市场的良性发展，降低公司和外部利益相关者之间的代理成本，提高金融市场的运行效率，从而促进经济的长期增长。从本书实证研究部分收集的重大诉讼数据来看，很多重大诉讼持续数年，期间耗费了诉讼双方诸多精力、资源和时间，而诉讼程序方面合理而科学的制度安排是提高诉讼效率的关键。由此，建议对现行诉讼程序进行科学的评估，充分听取诉讼参与人的实际感受和意见，对诉讼流程中存在的缺陷和不足加以修正和完善。另外，我国应进一步完善《公司法》《破产法》以及《担保法》等与债权人利益保护相关的法律制度，加强对关联公司间输送财产和利益、破产欺诈、逃避债务等损害债权人利益行为的法律制裁，同时加强法律实施机制，提高执法效率，使债权人能在利益受到侵犯后尽快通过法律途径弥补损失。从公司层面来说，鉴于诉讼的高成本和风险，公司应增强法律意识，提高公司治理水平，形成有效的制衡机制，从而规范公司管理者行为，在尽量避免重大诉讼发生的同时为可能出现的法律纠纷建立完善的诉讼应对机制。

第二，改善信息环境，提高公司信息披露质量。本书关于公司信息环境的研究结果可以让公司和利益相关者了解信息环境对公司债务融资的重要性，即信息环境能在一定程度上减轻逆向选择问题，拓展公司可触及的债务融资资源，有利于提高债务市场的运行效率，保障债务市场的健康发展。证券市场监管部门应加强对上市公司信息披露方面的要求，建立明确的奖惩制度安排，约束公司管理者行为，打造一个公正、透明、高效的市场环境，真正实现资金的优化配置。基于高铁开通对信息环境的改善这一研究结论，应鼓励公司、投资者以及其他利益相关者充分利用高铁开通带来的出行便利加强对公司的实地考察和监督，从而在提高信息流通的同时为公司吸引更多的市场、人才和资源，实现公司利益最大化。此外，地方政府可以引导相关运营部门针对频繁拜访的商务人士设置高铁出行优惠价，进一步降低商务交通成本，促进信息交流。从公司层面来说，公司管理者一方面应主动提高公司信息披露质量，及时、全面、完整地对公司重大事项进行披露，提高公司信息透明度；另一方面应关注投资者利益，增加与外部利益相关者之间的信息互动，拓宽信息传递渠道，向外部投资者提供真实信息，注重长期发展，健康、高效融资。

第三，加强信息中介组织的信息传播和外部治理效应。目前，中国上市公司信息披露质量较低的主要问题是披露的信息虚假成分过多，严重影响债权人的投资决策，致使公司债权人的利益得不到有效的保护。本书重大诉讼样本中，有相当大比例为证券虚假陈述诉讼，信息严重不对称和道德风险是导致公司债务资本成本上升的主要原因。一个良好稳定的金融市场，除了要有活跃的市场参与主体、健全的市场经济和法律体系之外，还要有活跃的、机制完善的信息中介组织，并充分发挥媒体、分析师、审计师等信息中介的信息传递功能和外部监督效应，以抑制公司管理者的机会主义行为，缓解债务双方之间的信息不对称和代理冲突。此外，从政府层面来说，一方面应加强对信息中介组织的监管，促进信息中介组织的规范、健康发展；另一方面应充分调动信息中介组织的市场活力，使市场中介组织充分发挥其信息传递和外部治理机制，改善信息环境，提高市场经济的运行效率。从公司层面来说，公司管理者应充分利用信息中介组织的信息传递机制提高自身的信息透明度，同时，正确对待其外部监督作用，塑造良好的外部声誉，吸引更优质的融资资源。

7.3 研究局限与未来研究展望

第一，本书只考虑了重大诉讼的发生对公司的影响，重大诉讼结果对公司的影响有待研究。一般而言，公司发生重大诉讼可能有胜诉、败诉以及和解三种结果，以上不同结果对公司的影响也是不同的。值得探索的是，被告公司的胜诉和败诉结果与原告公司的胜诉和败诉结果对公司的影响可能也有所不同，而和解对于不同公司治理水平和信息不对称程度的公司所传达出的信号是不同的，从而对公司债务资本成本的影响也可能有所不同。

第二，本书只考察了重大诉讼和信息环境对公司债务资本成本的影响，有待围绕公司债务融资更详细方面做进一步的相关研究。具体而言，未来研究可以拓展到债务契约的相关内容，如债务成本、期限、担保方式以及限制性条款等，以考察重大诉讼、信息环境与债务契约条款之间的关系。此外，除了银行贷款和公司债券等带息负债，商业信用作为一种常见的短期资金融通手段，在公司债务融资中占据着非常重要的位置（Stern 和 Chew，2003；Cowton 和 San－Jose，2017），并且有研究证明商业信用和带息负债之间存在一种替代或互补的关系（Biais 和 Gollier，1997；Nilsen，2002；Forgione 和 Migliardo，2019）。因此，未来研究也可以拓展到商业信用方面，如重大诉讼、信息环境与公司商业信用之间的关系等。

第三，本书的研究样本仅限于上市公司，学术界也缺乏对非上市中小微企业债务资本成本的研究。近年来，国家开始着手解决中小微企业融资难，融资贵的问题，如在 2020 年的《政府工作报告》中提出，要支持企业扩大债券融资，要让中小微企业综合融资成本明显下降。非上市中小微企业除了本身偿债能力较低之外，还面临更加严重的信息不对称和代理冲突，因此，重大诉讼和信息环境可能对不能获得股票融资和债务融资、资源非常有限的非上市中小微企业的影响更大。未来研究可以尝试从银行、担保公司等金融机构获得非上市中小微企业的债务融资数据，实证研究非上市中小微企业的债务融资问题。

参考文献

[1] Abdulmanova, A., Lothari, P., Ferris, S. and Jayaraman, N., The Effect of Investor Attention on the Corporate Litigation Process [R]. University of Missouri, Working Paper, 2016.

[2] Acharya, V., Hasan, I., and Saunders, A., The Effects of Focus and Diversification on Bank Risk and Return: Evidence from Individual Bank Loan Portfolios [J]. *Journal of Business* 79, 2006, 1355 - 1412.

[3] Adhikari, B. K., Agrawal, A., and Malm, J., Do Women Stay Out of Trouble? Evidence from Corporate Litigation [R]. University of Miami, Working paper, 2016.

[4] Agrawal, A., Jaffe, J. F., and Karpoff, J. M., Management Turnover and Governance Changes Following the Revelation of Fraud [J]. *Journal of Law and Economics* 42, 1999, 309 - 342.

[5] Agarwal, S., and Hauswald, R., Distance and Private Information in Lending [J]. *Review of Financial Studies* 23, 2010, 2757 - 2788.

[6] Aghion, P., and Bolton, P., An Incomplete Contracts Approach to Financial Contracting [J]. *Review of Economic Studies* 59, 1992. 473 - 494.

[7] Aharony, J., Liu, C., and Yawson, A., Corporate Litigation and Executive Turnover [J]. *Journal of Corporate Finance* 34, 2015, 268 - 292.

[8] Ahlfeldt, G. M., and Feddersen, A., From Periphery to Core: Measuring Agglomeration Effects Using High - Speed Rail [J]. *Journal of Economic Geography* 18, 2017, 355 - 390.

[9] Akerlof, A., The Market for "Lemons" Quality Uncertainty and the Market Mechanism [J]. *The Quarterly Journal of Economics* 84, 1970, 488 - 500.

[10] Albring, S. M., Banyi, M. L., Dhaliwal, D., and Pereira, R., Does the Firm Information Environment Influence Financing Decisions? A Test Using Disclosure Regulation [J]. *Management Science* 62, 2016, 303 - 338.

[11] Alge, B. J., Wiethoff, C., and Klein, H. J., When Does the Medium Matter? Knowledge - building Experiences and Opportunities in Decision - making Teams [J]. *Organizational Behavior and Human Decision Processes* 91, 2003, 26 - 37.

[12] Ali, A., and Kallapur, S., Securities Price Consequences of the Private Securities Litigation Reform Act of 1995 and Related Events [J]. *The Accounting Review* 76, 2001, 431 - 460.

[13] Allen, F., Qian, J., and Qian, M., Law, Finance, and Economic Growth in China [J]. *Journal of Financial Economics* 77, 2005, 57 - 116.

[14] Almazan, A., A Model of Competition in Banking: Bank Capital vs. Expertise [J]. *Journal of Financial Intermediation* 11, 2002, 87 - 121.

[15] Amihud, Y., and Mendelson, H., Asset Pricing and the Bid - Ask Spread [J]. *Journal of Financial Economics* 17, 1986, 223 - 249.

[16] Anagnostopoulou, S. C., Accounting Quality and Loan Pricing: The Effect of Cross - country Differences in Legal Enforcement

[J]. *International Journal of Accounting* 52, 2017, 178-200.

[17] Anderson, C. R., Mansi, A. S., and Reeb, D. M., Board Characteristics, Accounting Report Integrity, and the Cost of Debt [J]. *Journal of Accounting and Economics* 37, 2004, 315-342.

[18] Anderson, C. R., Mansi, A. S., and Reeb, D. M., Founding Family Ownership and the Agency Cost of Debt [J]. *Journal of Financial Economics* 68, 2003, 263-285.

[19] Andrade, S. C., Bernile, G., and Hood, F. M., SOX, Corporate Transparency, and the Cost of Debt. *Journal of Banking and Finance* 38, 2014, 145-165.

[20] Ang, J., Cole, R., and Lin, J., Agency Costs and Ownership Structure [J]. *Journal of Finance* 55, 2000, 81-106.

[21] Antonio, and Santos, N., Social Connections in China: Institutions, Culture, and the Changing Nature of Guanxi [J]. *Asian Business and Management* 3, 2004, 127-129.

[22] Arena, M. P., Corporate Litigation and Debt [J]. *Journal of Banking and Finance* 87, 2017, 202-215.

[23] Arena, M. P., and Ferris, S. P., Litigation Risk and Corporate Financial Policies around the World [R]. SSRN Working Paper, 2016.

[24] Arena, M. P, and Julio, B., The Effects of Securities Class Action Litigation on Corporate Liquidity and Investment Policy [J]. *Journal of Financial and Quantitative Analysis* 50, 2015, 251-275.

[25] Arena, M. P, and Julio, B., Litigation Risk Management through Payout Policy [R]. SSRN Working Paper, 2016.

[26] Armstrong, C., Core, J., Taylor, D., and Verrecchia, R., When Does Information Asymmetry Affect Cost of Capital? [J].

Journal of Accounting Research 49, 2011, 1 –40.

[27] Armstrong, C. S., Guay, W. R., and Weber, J. P., The Role of Information and Financial Reporting in Corporate Governance and Debt Contracting [J]. *Journal of Accounting and Economics* 52, 2010, 179 –234.

[28] Ashbaugh, H., Collins, D. W., and LaFond, R., The Effects of Corporate Governance on Firms' Credit Ratings [J]. *Journal of Accounting and Economics* 42, 2006, 203 –243.

[29] Atiase, R., Predisclosure Information, Firm Capitalization, and Security Price Behavior Earnings Announcements [J]. *Journal of Accounting Research* 23, 1985, 21 –36.

[30] Autore, D. M., Hutton, I., Peterson, D. R., and Smith, A. H., The Effect of Securities Litigation on External Financing [J]. *Journal of Corporate Finance* 27, 2014, 231 –250.

[31] Awartani, B., Belkhir, M., Boubaker, S., and Maghyereh, A., Corporate Debt Maturity in the MENA Region: Does Institutional Quality Matter? [J]. *International Review of Financial Analysis* 46, 2016, 309 –325.

[32] Bae, K. H., Stulz, R. M., and Tan. H., Do Local Analysts Know More? A Cross – Country Study of the Performance of Local Analysts and Foreign Analysts [J]. *Journal of Financial Economics* 88, 2008, 581 –606.

[33] Baltes, B. B., Dickson, M. W., Sherman, M. P., Bauer, C. C., and La Ganke, J. S., Computer – Mediated Communication and Group Decision Making: A Meta – Analysis [J]. *Organizational Behavior and Human Decision Processes* 87, 2002, 156 –179.

[34] Banerjee, S., Dai, L., and Shrestha, K., Cross – Country IPOs: What Explains Differences in Underpricing? [J]. *Journal of*

Corporate Finance 17, 2011, 1289 - 1305.

[35] Banerjee, S., Humphery - Jenner, M., Nanda, V. K., and Tham, T. M., Executive Overconfidence and Securities Class Actions [M]. 27th Australasian Finance and Banking Conference, 2014.

[36] Barry, C., and Brown, S., Differential Information and the Small Firm Effect [J]. *Journal of Financial Economics* 13, 1984, 283 - 294.

[37] Barry, C., and Brown, S., Differential Information and Security Market Equilibrium [J]. *Journal of Financial and Quantitative Analysis* 20, 1985, 407 - 422.

[38] Baum - Snow, N., Did Highways Cause Suburbanization? [J]. *The Qqarterly Journal of Economics* 122, 2007, 775 - 805.

[39] Baum - Snow, N., Changes in Transportation Infrastructure and Commuting Patterns in US Metropolitan Areas, 1960 - 2000 [J]. *American Economic Review* 100, 2010, 378 - 382.

[40] Becht, M., Bolton, P., and Röell, A., Corporate Governance and Control [M]. In: Constantinides, G., Harris, M., Stulz, R. (Eds.), Handbook of the Economics of Finance 1, 2003, 1 - 109.

[41] Ben, J. H., Li, X., Duncan, K., and Xu, J. J., Corporate Relationship Spending and Stock Price Crash Risk: Evidence from China's Anti - Corruption Campaign [J]. *Journal of Banking and Finance* 113, 2020, 105758.

[42] Benmelach, E., Garmaise, M., and Moskowitz, T., Do Liquidation Values Affect Financial Contracts? Evidence from Commercial Loan Contracts and Zoning Regulation [J]. *Quarterly Journal of Economics* 120, 2005, 1121 - 1154.

[43] Berger, A. N., The Economic Effects of Technological Progress: Evidence from the Banking Industry [J]. *Journal of Money, Credit and Banking* 35, 2003, 141 - 176.

[44] Berger, A. N., De Young, R., Genay, H., and Udell, G. F., Globalization of Financial Institutions: Evidence from Cross - Border Banking Performance [R]. Brookings - Wharton Papers on Financial Services 3, 2000, 23 - 120.

[45] Berger, A. N., and Udell, G. F., Relationship Lending and Lines of Credit in Small Firm Finance [J]. *Journal of Business* 68, 1995, 351 - 381.

[46] Berle, A., and Means, G., The Modern Corporation and Private Property [M]. New York: Macmillan, 1932.

[47] Berlin, M., and Loyes, J., Bond Covenants and Delegated Monitoring [J]. *Journal of Finance* 43, 1988, 397 - 412.

[48] Beyer, A., Cohen, R. A., Lys, R. Z., and Walther, B. R., The Financial Reporting Environment: Review of the Recent Literature [J]. *Journal of Accounting and Economics* 50, 2010, 296 - 343.

[49] Bhagat, S., Bizjak, J., and Coles, J., The Shareholder Wealth Implications of Corporate Lawsuits [J]. *Financial Management* 27, 1998, 6 - 27.

[50] Bhagat, S., Brickley, J. A., and Coles, J. L., The Costs of Inefficient Bargaining and Financial Distress: Evidence from Corporate Lawsuits [J]. *Journal of Financial Economics* 35, 1994, 221 - 247.

[51] Bharath, S. T., Pasquariello, P., and Wu, G., Does Asymmetric Information Drive Capital Structure Decisions? [J]. *Review of Financial Studies* 22, 2009, 3211 - 3243.

[52] Bharath, S. T., Sunder, J., and Sunder, S. V., Accounting Quality and Debt Contracting [J]. *The Accounting Review* 83, 2008, 1-28.

[53] Bhattacharya, I., and Getoor, L., Collective Entity Resolution in Relational Data [J]. *ACM Transactions on Knowledge Discovery from Data* 1, 2007, Article 5.

[54] Bhattacharya, U., Galpin, N., and Haslem, B., The Home Court Advantage in International Corporate Litigation [J]. *Journal of Law and Economics* 50, 2007, 625-659.

[55] Bhojraj, S., and Sengupta, P., The Effect of Corporate Governance Mechanisms on Bond Ratings and Yields: The Role of Institutional Investors and Outside Directors [J]. *Journal of Business* 76, 2003, 456-476.

[56] Biais, B., and Gollier, C., Trade Credit and Credit Rationing [J]. *Review of Financial Studies* 10, 1997, 904-937.

[57] Biddle, G., Callahan, C., Hong, H., and Knowles, R., Does Mandatory Adoption of International Financial Reporting Standards Increase Investment Efficiency? [R]. SSRN Working Paper, 2011.

[58] Bizjak, J. M., and Coles, J. L., The Effect of Private Antitrust Litigation on the Stock-Market Valuation of the Firm [J]. *American Economic Review* 85, 1995, 436-461.

[59] Black, B. S., Cheffins, B. R., and Klausner, M., Outside Director Liability: A Policy Analysis [J]. *Journal of Institutional and Theoretical Economics* 162, 2006, 5-20.

[60] Blair, M. M., Ownership and Control: Rethinking Corporate Governance for the Twenty-first Century [M]. *The broking institution*, 1995.

[61] Booth, L., Aivazian, V., Demirgüç - Kunt, A., and Macsimovic, V., Capital Structure in Developing Countries [J]. *Journal of Finance* 56, 2001, 87 - 130.

[62] Botosan, C., Disclosure Level and the Cost of Capital [J]. *The Accounting Review* 72, 1997, 323 - 349.

[63] Botosan, C., and Plumlee, M., A Re - examination of Disclosure Level and the Expected Cost of Equity Capital [J]. *Journal of Accounting Research* 40, 2002, 21 - 40.

[64] Boubakri, N., and Ghouma, H., Control Ownership Structure, Creditor Rights Protection, and the Cost of Debt Financing: International Evidence [J]. *Journal of Banking and Finance* 34, 2010, 481 - 2499.

[65] Boubakri, N., El Ghoul, S., Guedhami, O., and Samet, A., The Effects of Analyst Forecast Properties on the Cost of Debt: International Evidence [J]. *Journal of Financial Research* 38, 2015, 461 - 493.

[66] Boyd, J., and Prescott, E., Financial Intermediary - Coalitions [J]. *Journal of Financial Theory* 38, 1986, 211 - 232.

[67] Bradley, M., and Chen, D., Corporate Governance and the Cost of Debt: Evidence from Director Limited Liability and Indemnification Provisions [J]. *Journal of Corporate Finance* 17, 2011, 83 - 107.

[68] Bradley, D., Cline, B. N., and Lian, Q., Class Action Lawsuits and Executive Stock Option Exercise [J]. *Journal of Corporate Finance* 27, 2014, 157 - 172.

[69] Brandt, L., and Li, H., Bank Discrimination in Transition Economies: Ideology, Information, or Incentives? [J]. *Journal of Comparative Economics* 31, 2003, 387 - 413.

[70] Breusch T. S., Pagan A. R., The Lagrange Multiplier Test and Its Applications to Model Specification in Econometrics [J]. *Review of Economic Studies* 47, 1980, 239-253.

[71] Broecker, T., Credit - Worthiness Tests and Interbank Competition [J]. *Econometrica* 58, 1990, 429-452.

[72] Brown, L. D., Call, A. C., Clement, M. B., and Sharp, N. Y., Inside the "Black Box" of Sell - Side Financial Analysts [J]. *Journal of Accounting Research* 53, 2015, 1-47.

[73] Brown, M., Jappelli, T., and Pagano, M., Information Sharing and Credit: Firm - level Evidence from Transition Countries [J]. *Journal of Financial Intermediation*18, 2009, 151-172.

[74] Brown, S., The Effect of Estimation Risk on Capital Market Equilibrium [J]. *Journal of Financial and Quantitative Analysis* 15, 1979, 215-220.

[75] Bushee, B. J., Core, J. E., Guay, W., and Hamm, S. J., The Role of the Business Press as an Information Intermediary [J]. *Journal of Accounting Research* 48, 2010, 1-19.

[76] Bushman, R., and Smith, A., Financial Accounting Information and Corporate Governance [J]. *Journal of Accounting and Economics* 32, 2001, 237-333.

[77] Butler, A. W., Distance Still Matters: Evidence from Municipal Bond Underwriting [J]. *Review of Financial Studies* 21, 2008, 763-784.

[78] Cai, Y., and Tian, X., Firm Locations and Takeover Likelihood [R]. University of North Carolina, Working Paper, 2010.

[79] Cassar, G., Ittner, C. D., and Cavalluzzo, K. S., Alternative Information Sources and Information Asymmetry Reduction: Evidence from Small Business Debt [J]. *Journal of Accounting and*

Economics 59, 2014, 242 - 263.

[80] Chandra, A., and Thompson, E., Does Public Infrastructure Affect Economic Activity?: Evidence from the Rural Interstate Highway System [J]. *Regional Science and Urban Economics* 30, 2000, 457 - 490.

[81] Chandra, U., Wasley, C. E., and Waymire, G. B., Income Conservatism in the U. S. Technology Sector [R]. Simon School Working Paper, 2004.

[82] Chang, X., Dasgupta, S., and Hilary, G., Analyst Coverage and Financing Decisions [J]. *Journal of Finance* 61, 2006, 3009 - 3048.

[83] Chava, S., Agnes Cheng, C. S., Huang, H., and Lobo, G. J., Implications of Securities Class Actions for Cost of Equity Capital [J]. *International Journal of Law and Management* 52, 2010. 144 - 161.

[84] Chava, S., Livdan, D., and Purnanandam, A., Do Shareholder Rights Affect the Cost of Bank Loans? [J]. *Review of Financial Studies* 22, 2009, 2973 - 3004.

[85] Chen, S., and Matsumoto, D., Favorable Versus Unfavorable Recommendations: The Impact on Analyst' Access to Management - provided Information [J]. *Journal of Accounting Research* 40, 2006, 657 - 689.

[86] Chen, Y., Che, L., Zheng, D., and You, H., Corruption Culture and Accounting Quality [J]. *Journal of Accounting and Public Policy* 39, 2020, 106 - 698.

[87] Chen, Y., Chen, D., Wang, W., and Zheng, D., Political Uncertainty and Firms' Information Environment: Evidence from China [J]. *Journal of Accounting and Public Policy* 37, 2018,

39 –64.

[88] Chen, Y., Liu, M., and Su, J., Greasing the Wheels of Bank Lending: Evidence from Private Firms in China [J]. *Journal of Banking and Finance* 37, 2013, 2534 –2545.

[89] Cheng, C. A., Huang, H. H., Li, Y., and Lobo, G., Institutional Monitoring through Shareholder Litigation [J]. *Journal of Financial Economics* 95, 2010, 356 –383.

[90] Cheng, M., and Subramanyam, K., Analyst Following and Credit Ratings [J]. *Contemporary Accounting Research* 25, 2008, 1007 –1044.

[91] Chiappori, P. A., Perez – Castrillo, D., and Verdier, T., Spatial Competition in the Banking System: Localization, Cross – subsidies, and the Regulation of Deposit Rates [J]. *European Economic Review* 39, 1995, 889 –918.

[92] Choi, S., Do the Merits Matter Less after the Private Securities Litigation Reform Act? [J]. *Journal of Law, Economics, and Organization* 23, 2006, 598 –626.

[93] Christoffersen, S. E., and Sarkissian. S., City Size and Fund Performance [J]. *Journal of Financial Economics* 92, 2009, 252 –275.

[94] Chu, Y., Shareholder Litigation, Shareholder – Creditor Conflict, and the Cost of BankLoans [J]. *Journal of Corporate Finance* 45, 2017, 318 –332.

[95] Chung, K., and Jo, H., The Impact of Security Analysts' Monitoring and Marketing Functions on the Market Value of Firms [J]. *Journal of Financial and Quantitative Analysis* 31, 1996, 493 –512.

[96] Claessens, S., Feijen, E., and Laeven, L., Political Connections and Preferential Access to Finance: The Role of Campaign

Contributions [J]. *Journal of Financial Economics* 88, 2008, 554 - 580.

[97] Clarke, D., Peter M., and Susan W., The Role of Law in China's Economic Development [R]. George Washington University, Working Paper, 2006.

[98] Cochran, P. L., and Wartick, S. L., Corporate Governance: Literature Summarization [M]. Harward Business Press, 1988.

[99] Correia, M., Political Connections and SEC Enforcement [J]. *Journal of Accounting and Economics* 57, 2013, 241 - 262.

[100] Costello, A., and Wittenberg - Moerman, R., The Impact of Financial Reporting Quality on Debt Contracting: Evidence from Internal Control Weakness Reports [J]. *Journal of Accounting Research* 49, 2011, 97 - 136.

[101] Coval, J., and Moskowitz, T., Home Bias at Home: Local Equity Preference in Domestic Portfolios [J]. *Journal of Finance* 54, 1999, 2046 - 2073.

[102] Coval, J., and Moskowitz. T., The Geography of Investment: Informed Trading and Asset Prices [J]. *Journal of Political Economy*109, 2001, 811 - 841.

[103] Cowton, C. J., and San - Jose, L., On the Ethics of Trade Credit: Understanding Good Payment Practice in the Supply Chain [J]. *Journal of Business Ethics* 140, 2017, 1 - 13.

[104] Cox, J. D., and Thomas, R. S., Public and Private Enforcement of the Securities Laws: Have Things Changed Since Enron? [J]. *Notre Dame Law Review* 80, 2004, 893 - 907.

[105] Crabtree, A. D., and Maher, J. J., Earnings Predictability, Bond Ratings, and Bond Yields [J]. *Review of Quantitative Finance and Accounting* 25, 2005, 233 - 253.

[106] Crane, A. D., Almazan, A., and Alti, A., The Litigation Environment of a Firm and Its Impact on Financial Policy [R]. SSRN Working Paper, 2011.

[107] Cremers, K. J., Nair, V., and Wei, C., Governance Mechanisms and Bond Prices [J]. *Review of Financial Studies* 20, 2007, 1359 – 1388.

[108] Cull, R., and Xu, L., Who Gets Credit? The Behaviour of Bureaucrats and State Banks in Allocating Credit to Chinese State – Owned Enterprises [J]. *Journal of Development Economics* 71, 2003, 533 – 559.

[109] Cutler, D. M., and Summers, L. H., The Costs of Conflict Resolution and Financial Distress: Evidence from the Texaco – Pennzoil Litigation [J]. *The RAND Journal of Economics* 19, 1988, 157 – 172.

[110] Dai, Z., Jin, L., and Zhang, W., Executive Pay – Performance Sensitivity and Litigation [J]. *Contemporary Accounting Research* 31, 2014, 152 – 177.

[111] Daske, H., Hail, L., Leuz, C., and Verdi, R., Mandatory IFRS Reporting around the World: Early Evidence on the Economic Consequences [J]. *Journal of Accounting Research* 46, 2008, 1085 – 1142.

[112] Datta, S., and Iskandar – Datta, M., Does Insider Trading Have Information Content for the Bond Market? [J]. *Journal of Banking and Finance* 20, 1996, 555 – 575.

[113] De Young, R., Glennon, D., and Nigro, P., Borrower – lender Distance, Credit Scoring, and the Performance of Small Business Loans [R]. SSRN Working Paper, 2006.

[114] DeFond, M., Francis, J., and Hu, X., The Geography of Auditor Independence and SEC Enforcement [R]. University of

Southern California, Working Paper, 2008.

[115] Degryse, H., and Ongena, S., Distance, Lending Relationships, and Competition [J]. *Journal of Finance* 60, 2005, 231 - 266.

[116] Demirgüç - Kunt, A., and Maksimovic, V., Law, Finance, and Firm Growth [J]. *Journal of Finance* 53, 1998, 2107 - 2137.

[117] Deng, H., Moshirian, F., and Zhang, B., Information Environments and the Cost of Debt: International Evidence [R]. SSRN Working Paper, 2013.

[118] Deng, S., Willis, R. H., and Xu, L., Shareholder Litigation, Reputational Loss, and Bank Loan Contracting [J]. *Journal of Financial and Quantitative Analysis* 49, 2014, 1101 - 1132.

[119] Denis, D., and Mihov, V., The Choice among Bank Debt, Non - Bank Private Debt, and Public Debt: Evidence from New Corporate Borrowings [J]. *Journal of Financial Economics* 70, 2003, 3 - 28.

[120] Derrien, F., A., and Kecskés, A., The Real Effects of Financial Shocks: Evidence from Exogenous Changes in Analyst Coverage [J]. *Journal of Finance* 68, 2013, 1407 - 1440.

[121] Devos, E., and Rahman, S., Location and Lease Intensity [J]. *Journal of Corporate Finance* 29, 2014, 20 - 36.

[122] Dhaliwal, D., Hogan, C., Trezevant, R., and Wilkins, M., Internal Control Disclosures, Monitoring, and the Cost of Debt [J]. *The Accounting Review* 86, 2011, 1131 - 1156.

[123] Diamond, D., Financial Intermediation and Delegated Monitoring [J]. *Review of Economic Studies* 51, 1984, 393 - 414.

[124] Diamond, D., Monitoring and Reputation: The Choice

between Bank Loans and Directly Placed Debt [J]. *Journal of Political Economy* 99, 1991, 689 -721.

[125] Diamond, D., and Verrecchia, R., Disclosure, Liquidity, and the Cost of Capital [J]. *Journal of Finance* 66, 1991, 1325 - 1355.

[126] Ding, F., Gu, C., and Che, J., Institutional Investors and Corporate Short - term Debt Financing [M]. The 19th International Conference on Industrial Engineering and Engineering Management 2009, 437 -444.

[127] Djankov, S., McLiesh, C., and Shleifer, A., Private Credit in 129 Countries [J]. *Journal of Financial Economics* 84, 2007, 299 -329.

[128] D'Mello, R., and Ferris, S. P., The Information Effects of Analyst Activity at the Announcement of New Equity Issues [J]. *Financial Management* 29, 2000, 78 -95.

[129] Drake, P. D., and Vetsuypens, M. R., IPO Underpricing and Insurance Against Legal Liability [J]. *Financial Management* 22, 1993, 64 -73.

[130] Duarte, J., Han, X., Harford, J., and Young, L., Information Asymmetry, Information Dissemination and the Effect of Regulation FD on the Cost of Capital [J]. *Journal of Financial Economics* 87, 2008, 24 -44.

[131] Duarte, J., and Young, L., Why is PIN Priced? [J]. *Journal of Financial Economics* 91, 2009, 119 - 138.

[132] Duffie, D., and Lando, D., Term Structure of Credit Spreads with Incomplete Accounting Information [J]. *Econometrica* 69, 2001, 633 -664.

[133] Dvorak, T., Do Domestic Investors Have an Information

Advantage? Evidence from Indonesia [J]. *Journal of Finance* 60, 2005, 817 - 839.

[134] Dyck, A., and Zingales, L., The Media and Asset Prices [R]. Harvard Business School, Working Paper, 2003.

[135] Dyck, A., Morse, A., and Zingales, L., Who Blows the Whistle on Corporate Fraud? [J]. *Journal of Finance* 65, 2010, 2214 - 2253.

[136] Dyck, A., Volchkova, N., and Zingales, L., The Corporate Governance Role of the Media: Evidence from Russia [J]. *Journal of Finance* 63, 2008, 1094 - 1135.

[137] Easley, D., and O'Hara, M., Information and Cost of Capital [J]. *Journal of Finance* 59, 2004, 1554 - 1583.

[138] Easley, D., Hvidkjaer, S., and O'Hara, M., Is Information Risk a Determinant of Asset Returns? [J]. *Journal of Finance* 57, 2002, 2185 - 2221.

[139] El Ghoul, S., Guedhami, O., Ni, Y., Pittman, J., and Saadi, S., Does Information Asymmetry Matter to Equity Pricing? Evidence from Firms' Geographic Location [J]. *Contemporary Accounting Research* 30, 2013, 140 - 181.

[140] Elyasiani, E., Jia, J., and Mao, C. X., Institutional Ownership Stability and the Cost of Debt [J]. *Journal of Financial Markets* 13, 2010, 475 - 500.

[141] Ellert, J. C., Mergers, Antitrust Law Enforcement and Stockholder Returns [J]. *Journal of Finance* 31, 1976, 715 - 732.

[142] Engelberg, J., Gao, P., and Parsons, C. A., Friends with Money [J]. *Journal of Financial Economics* 103, 2013, 169 - 188.

[143] Engelmann, K., and Cornell, B., Measuring the Cost of

Corporate Litigation: Five Case Studies [J]. *The Journal of Legal Studies* 17, 1988, 377 –399.

[144] Faber, D. B., Trade Integration, Market Size, and Industrialization: Evidence from China's National Trunk Highway System [J]. *Review of Economic Studies* 81, 2014, 1046 –1070.

[145] Faccio, M., Differences between Politically Connected and Nonconnected Firms: A Cross – Country Analysis [J]. *Financial Management* 39, 2010, 905 –928.

[146] Faccio, M., Lang, H. P. L., and Young, L., Dividends and Expropriation [J]. *American Economic Review* 91, 2001, 54 –78.

[147] Fama, E., What's Different about Banks? [J]. *Journal of Monetary Economics* 15, 1985, 29 –39.

[148] Fama, E., and Jensen, M. C., Separation of Ownership and Control [J]. *Journal of Law and Economics* 26, 1983, 301 – 325.

[149] Fan, P. H., Titman, S., and Twite, G., An International Comparison of Capital Structure and Debt Maturity Choices [J]. *Journal of Financial and Quantitative Analysis* 47, 2012, 23 –56.

[150] Fang, L., and Peress, J., Media Coverage and the Cross – section of Stock Returns [J]. *Journal of Finance* 64, 2009, 2024 –2052.

[151] Farber, D. B., Restoring Trust after Fraud: Does Corporate Governance Matter? [J]. *The Accounting Review* 80, 2005, 539 – 561.

[152] Farh, J. L., Tsui, A. S., Xin, K., and Cheng, B. S., The Influence of Relational Demography and Guanxi: The Chinese Case [J]. *Organization Science* 9, 1998, 471 –488.

[153] Ferrer, E., Santamaria, F., and Suárez, N., Does Analyst Information Influence the Cost of Debt? Some International Evidence [J]. *International Review of Economics and Finance* 64, 2019, 323 - 342.

[154] Ferris, S., Hao, G., and Liao, M., The Effect of Issuer Conservatism on IPO Pricing and Performance [J]. *Review of Finance* 17, 2013, 993 - 1027.

[155] Ferris, S. P., Jandik, T., Lawless, R. M., and Makhija, A., Derivative Lawsuits as a Corporate Governance Mechanism: Empirical Evidence on Board Changes Surrounding Filings [J]. *Journal of Financial and Quantitative Analysis* 42, 2007, 143 - 165.

[156] Fich, E. M., and Shivdasani, A., Financial Fraud, Director Reputation, and Shareholder Wealth [J]. *Journal of Financial Economics* 86, 2007, 306 - 336.

[157] Field, L., Lowry, M., and Shu, S., Does Disclosure Deter or Trigger Litigation [J]. *Journal of Accounting and Economics* 39, 2005, 487 - 507.

[158] Firth, M., Rui, O. M., and Wu, W., The Effects of Political Connections and State Ownership on Corporate Litigation in China [J]. *Journal of Law and Economics* 54, 2011, 574 - 607.

[159] Fischel, D. R., and Bradley, M., Role of Liability Rules and the Derivative Suit in Corporate Law: A Theoretical and Empirical Analysis [J]. *Cornell Law Review* 71, 1986, 261 - 298.

[160] Flannery, M., Asymmetric Information and Risk Debt Maturity Structure Choice [J]. *Journal of Finance* 41, 1986. 18 - 38.

[161] Fombrun, C., and Shanley, M., What's in a Name? Reputation Building and Corporate Strategy [J]. *Academy of Management Journal* 33, 1990, 234 - 258.

[162] Forgione, A. F., and Migliardo, C., An Empirical Analysis of the Impact of Trade Credit on Bank Debt Restructuring [J]. *Economia politica* 36, 2019, 416 - 438.

[163] Fortin, S., Pittman J. A., Auditor Choice and the Cost of Debt Capital for Newly Public Firms [J]. *Journal of Accounting and Economics* 37, 2004, 113 - 136.

[164] Foster, G., Briloff and the Capital Market [J]. *Journal of Accounting Research* 17, 1979, 262 - 274.

[165] Francis, B., Hasan, I., John, K., and Waisman, M., Urban Agglomeration and CEO Pay [R]. New York University, Working Paper, 2010.

[166] Francis, B., Hasan, I., Koetter, M., and Wu, Q., Corporate Boards and Bank Loan Contracting [J]. *Journal of Financial Research* 35, 2012, 521 - 552.

[167] Francis, B., Hasan, I., and Wu, Q., The Impact of CFO Gender on Bank Loan Contracting [J]. *Journal of Accounting, Auditing and Finance* 28, 2013, 53 - 78.

[168] Francis, J. R., Khurana, I. K., and Pereira, R., Disclosure Incentives and Effects on Cost of Capital around the World [J]. *The Accounting Review* 80, 2005, 1125 - 1162.

[169] Francis, J. R, LaFond, R., Olsson, P., and Schipper, K., The Market Pricing of Accruals Quality [J]. *Journal of Accounting and Economics* 39, 2005, 295 - 327.

[170] Francis, J. R, Philbrick, D., and Schipper, K., Shareholder Litigation and Corporate Disclosures [J]. *Journal of Accounting Research* 32, 1994, 137 - 164.

[171] Frank, M., and Goyal, V., Testing the Pecking Order Theory of Capital Structure [J]. *Journal of Financial Economics* 67,

2003, 217 - 248.

[172] Frankel, R., Johnson, M., and Skinner, D., An Empirical Examination of Conference Calls as a Voluntary Disclosure Medium [J]. *Journal of Accounting Research* 37, 1999, 133 - 150.

[173] Frankel, R., Kothari, S., and Weber, J., Determinants of the Informativeness of Analyst Research [J]. *Journal of Accounting and Economics* 41, 2006, 29 - 54.

[174] Frankel R., and Li X., Characteristics of A Firm's Information Environment and the Information Asymmetry between Insiders and Outsiders [J]. *Journal of Accounting & Economics* 37, 2004, 229 - 259.

[175] Frankel, R., McNichols, M., and Wilson. G., Discretionary Disclosure and External Financing [J]. *The Accounting Review* 70, 1995, 135 - 150.

[176] Freixas, X., and Rochet. J. C., Microeconomics of Banking [M]. 2nd ed. Cambridge, MA: MIT Press, 2008.

[177] Fudenberg, D., and Tirole, J., A Theory of Income and Dividend Smoothing Based on Incumbency Rents [J]. *Journal of Political Economy* 103, 1995, 75 - 93.

[178] Fulmer, S., and Knill, A. M., Political Contributions and the Severity of Government Enforcement [R]. Florida State University, Working Paper, 2012.

[179] Gande, A., and Lewis, C., Shareholder Initiated Class Action Lawsuits, Shareholder Wealth Effects and Industry Spillovers [J]. *Journal of Financial and Quantitative Analysis* 44, 2009, 824 - 850.

[180] Gao, H., Wang, J., Wang, Y., Wu, C., and Dong, X., Media Coverage and the Cost of Debt [J]. *Journal of Financial*

*and Quantitative Analysis*55, 2019, 429 - 471.

[181] Garmaise, M. J., and Natividad, G., Information, the Cost of Credit, and Operational Efficiency: An Empirical Study of Microfinance [J]. *Review of Financial Studies* 23, 2010, 2560 - 2590.

[182] Gaspar, J. M., and Massa, M., Local Ownership as Private Information: Evidence on the Monitoring - Liquidity Trade - off [J]. *Journal of Financial Economics* 83, 2007, 751 - 792.

[183] Gatchev, V. A., Spindt, P. A., and Tarhan, V., How do Firms Finance their Investments? The Relative Importance of Equity Issuance and Debt Contracting Costs [J]. *Journal of Corporate Finance* 15, 2009, 179 - 195.

[184] Ge, W. X., Kim, J. B., and Song, B. Y., Internal Governance, Legal Institutions and Bank Loan Contracting around the World [J]. *Journal of Corporate Finance* 18, 2012, 414 - 432.

[185] Gehrig, T., Market Structure, Monitoring and Capital Adequacy Regulation [J]. *Swiss Journal of Economics and Statistics* 132, 1996, 685 - 702.

[186] Gehrig, T., Screening, Cross - Border Banking, and the Allocation of Credit [J]. *Research in Economics* 52, 1998, 387 - 407.

[187] Gerschenkron, A., Economic Backwardness in Historical Perspective: A Book of Essays (No. 330. 947 G381) [M]. Cambridge, MA: Belknap Press of Harvard University Press, 1962.

[188] Gertner, R., and Scharfstein, D., A Theory of Workouts and the Effects of Reorganization Law [J]. *Journal of Finance* 46, 1991, 1189 - 1222.

[189] Ghouma, H., How Does Managerial Opportunism Affect the Cost of Debt Financing [J]. *Research in International Business and*

Finance 39, 2017, 14 - 29.

[190] Giannetti, M., Do Better Institutions Mitigate Agency Problems? Evidence from Corporate Finance Choice [J]. *Journal of Financial and Quantitative Analysis* 38, 2003, 185 - 212.

[191] Gilson, S., Bankruptcy, Boards, Banks, and Blockholders: Evidence on Changes in Corporate Ownership and Control When Firms Default [J]. *Journal of Financial Economics* 27, 1990, 355 - 387.

[192] Giroud, X., Proximity and Investment: Evidence from Plant - Level Data [J]. *Quarterly Journal of Economics* 128, 2013, 861 - 915.

[193] Givoly, D., and Lakonishok, J., The Information Content of Financial Analysts' Forecasts of Earnings: Some Evidence on Semi - strong Inefficiency [J]. *Journal of Accounting and Economics* 1, 1979, 165 - 185.

[194] Gjesdal, F., Accounting for Stewardship [J]. *Journal of Accounting Research* 19, 1981, 208 - 231.

[195] Glosten, L., and Milgrom, P., Bid, Ask and Transaction Prices in a Specialist Market with Heterogeneously Informed Traders [J]. *Journal of Financial Economics* 14, 1985, 71 - 100.

[196] Gong, G. M., Xu, S., and Gong, X., On the Value of Corporate Social Responsibility Disclosure: An Empirical Investigation of Corporate Bond Issues in China [J]. *Journal of Business Ethics* 150, 2018, 1 - 32.

[197] Gong, T., Dependent Judiciary and Unaccountable Judges: Judicial Corruption in Contemporary China [J]. *China Review* 4, 2004, 33 - 54.

[198] Gormley, T. A., and Matsa, D. A., Growing out of

Trouble? Corporate Responses to Liability Risk [J]. *Review of Financial Studies* 24, 2011, 2781 -2821.

[199] Graetz, K. A., Boyle, E. S., Kimble, C. E., Thompson, P., and Garloch, J. L., Information Sharing in Face - to - Face, Teleconferencing, and Electronic Chat Groups [J]. *Small Group Research* 29, 1998, 714 -743.

[200] Graham, J. R., Harvey, C., and Rajgopal, S., The Economic Implications of Corporate Financial Reporting [J]. *Journal of Accounting and Economics* 40, 2005, 3 -73.

[201] Graham, J. R., Li, S., and Qiu, J., Corporate Misreporting and Bank Loan Contracting [J]. *Journal of Financial Economics* 89, 2008, 45 -61.

[202] Griffin, P. A., Grundfest, J. A., and Perino, M. A., Stock Price Response to News of Securities Fraud Litigation: An Analysis of Sequential and Conditional Information [J]. *Abacus* 40, 2004, 21 -48.

[203] Güntay, L., and Hackbarth, D., Corporate Bond Credit Spreads and Forecast Dispersion [J]. *Journal of Banking and Finance* 34, 2010, 2328 -2345.

[204] Guo, H. L., and Xiao, Z. P., Effect of Severe Litigation and Bank Connection on Bank Financing in China [J]. *Accounting and Finance* 61, 2021, 3883 -3914.

[205] Hadlock, C, and James, C., Do Banks Provide Financial Slack? [J]. *Journal of Finance* 57, 2002, 1383 -1419.

[206] Hail, L., and Leuz, C., International Differences in the Cost of Equity Capital: Do Legal Institutions and Securities Regulation Matter? [J]. *Journal of Accounting Research* 44, 2006, 485 -531.

[207] Halov, N., and Heider F., Capital Structure, Risk and

Asymmetric Information [J]. *Quarterly Journal of Finance* 1, 2011, 767 -809.

[208] Harris, M., and Raviv, A., Capital Structure and the Information Role of Debt [J]. *Journal of Finance* 45, 1990, 321 -349.

[209] Hart, O., Corporate Governance: Some Theory and Implications [J]. *Economic Journal* 105, 1995, 678 -689.

[210] Hasan, I., Park, J. C., and Wu, Q., The Impact of Earnings Predictability on Bank Loan Contracting [J]. *Journal of Business, Finance and Accounting* 39, 2012, 1068 -1101.

[211] Haslem, B., Managerial Opportunism during Corporate Litigation [J]. *Journal of Finance* 60, 2003, 2014 -2041.

[212] Hau, H., Location Matters: An Examination of Trading Profits [J]. *Journal of Finance* 56, 2001, 1959 -1983.

[213] Hauswald, R., and Marquez, R., Competition and Strategic Information Acquisition in Credit Markets [J]. *Review of Financial Studies* 19, 2006, 967 -1000.

[214] Healy, P. M., and Palepu, K. G., Information Asymmetry, Corporate Disclosure, and the Capital Markets: A Review of the Empirical Disclosure Literature [J]. *Journal of Accounting and Economics* 31, 2001, 406 -440.

[215] Healy, P. M., Palepu, K. G., and Sweeney, A. H., Stock Performance and Intermediation Changes Surrounding Sustained Increases in Disclosure [J]. *Contemporary Accounting Research* 16, 1999, 485 -520.

[216] Heckman, J. J., Sample Selection Bias as a Specification Error [J]. *Econometrica* 47, 1979, 153 -161.

[217] Helland, E., Reputational Penalties and the Merits of

Class – Action Securities Litigation [J]. *Journal of Law and Economics* 49, 2006, 365 – 395.

[218] Helwege, J. and Liang, N., Is There a Pecking Order? Evidence from a Panel of IPO Firms [J]. *Journal of Financial Economics* 40, 1996, 429 – 458.

[219] Hennessy, C. A., Livdan, D., and Miranda, B., Corporate Financing under Repeated Adverse Selection [R]. SSRN Working Paper, 2007.

[220] Hodgson, C., The Effect of Transport Infrastructure on the Location of Economic Activity: Railroads and Post Offices in the American West [J]. *Journal of Urban Economics* 104, 2018, 59 – 76.

[221] Hope, O. K., Yue, H., and Zhong, Q., China's Anti – Corruption Campaign and Financial Reporting Quality [J]. *Contemporary Accounting Research* 37, 2020, 1015 – 1043.

[222] Horton, J., Serafeim, G., and Serafeim, I., Does Mandatory IFRS Adoption Improve the Information Environment? [J]. *Contemporary Accounting Research* 30, 2013, 388 – 423.

[223] Houston, J. F., and James, C., Bank Information Monopolies and the Mix of Private and Public Debt Claims [J]. *Journal of Finance* 51, 1996, 1863 – 1889.

[224] Houston, J. F., Jiang, L., Lin, C., and Yue, M. A., Political Connections and the Cost of Bank Loans [J]. *Journal of Accounting Research* 52, 2014, 193 – 243.

[225] Hsiao, C., Benefits and Limitations of Panel Data [J]. *Econometric Reviews* 4, 1985, 121 – 174.

[226] Huberman, G., Familiarity Breeds Investment [J]. *Review of Financial Studies* 14, 2001, 659 – 680.

[227] Hughes, J., Liu, J., and Liu, J., Information Asymmetry, Diversification and Cost of Capital [J]. *The Accounting Review* 82, 2007, 705 - 729.

[228] Humphery - Jenner, M. L., Internal and External Discipline Following Securities Class Actions [J]. *Journal of Financial Intermediation* 21, 2012, 151 - 179.

[229] Hutton, I., Jiang, D., and Kumar, A., Political Values, Culture, and Corporate Litigation [J]. *Management Science* 61, 2015, 2905 - 2925.

[230] Ibbotson, R. G., Price Performance of Common Stock New Issues [J]. *Journal of Financial Economics* 2, 1975, 235 - 272.

[231] Iqbal, Z., Shetty, S., and Wang, K., Further Evidence on Insider Trading and the Merits of Securities Class Actions [J]. *Journal of Financial Research* 30, 2007, 533 - 545.

[232] Irvine, P., The Incremental Impact of Analyst Initiation of Coverage [J]. *Journal of Corporate Finance* 9, 2003, 431 - 451.

[233] Iturriaga, F. J. L., Debt Ownership Structure and Legal System: An International Analysis [J]. *Applied Economics* 37, 2005, 356 - 365.

[234] Ivkovic, Z., and Weisbenner, S., Local Does as Local Is: Information Content of the Geography of Individual Investors' Common Stock Investments [J]. *Journal of Finance* 60, 2005, 267 - 306.

[235] Jaggi, B., and Tang, L., Geographic Location of the Firm and Credit Rating Accuracy [J]. *Journal of Accounting, Auditing and Finance* 32, 2017, 156 - 181.

[236] James, C., and Smith, D., Are Banks Still Special? New Evidence on Their Role in the Corporate Capital Raising Process

[J]. *Journal of Applied Corporate Finance* 13, 2000, 52 - 63.

[237] Jensen, K., Kim, J. M., and Yi, H., The Geography of US Auditors: Information Quality and Monitoring Costs by Local Versus Non - local Auditors [J]. *Review of Quantitative Finance and Accounting* 44, 2015, 514 - 549.

[238] Jensen, M., Agency Costs of Free Cash Flow, Corporate Finance, and Takeovers [J]. *American Economic Review* 76, 1986, 323 - 329.

[239] Jensen, M. C., and Meckling, W. H., Theory of the Firm: Managerial Behavior, Agency Costs and Capital Structure [J]. *Journal of Financial Economics* 4, 1976, 306 - 360.

[240] Jin, J., and Myers, S., R2 around the World: New Theory and New Tests [J]. *Journal of Financial Economics* 79, 2006, 257 - 292.

[241] John, K., Knyazeva, A., and Knyazeva, D., Does Geography Matter? Firm Location and Corporate Payout Policy [J]. *Journal of Financial Economics* 101, 2011, 533 - 555.

[242] John, K., and Senbet, L., Corporate Governance and Board Effectiveness [J]. *Journal of Banking and Finance* 22, 1998, 371 - 403.

[243] Johnson, M. F., Kasznik, R., and Nelson, K. K., Shareholder Wealth Effects of the Private Securities Litigation Reform Act of 1995 [J]. *Review of Accounting Studies* 5, 2000, 217 - 233.

[244] Johnson, M. F., Kasznik, R., and Nelson, K. K., The Impact of Securities Litigation Reform on the Disclosure of Forward - Looking Information by High Technology Firms [J]. *Journal of Accounting Research* 39, 2001, 297 - 327.

[245] Johnson, M. F., Nelson, K. K., and Pritchard, A. C.,

Do the Merits Matter More? The Impact of the Private Securities Litigation Reform Act [J]. *Journal of Law, Economics, and Organization* 23, 2007, 627 - 652.

[246] Kale, J. R., and Noe, T. H., Risk Debt Maturity Choice in a Sequential Equilibrium [J]. *Journal of Financial Research* 13, 1990, 155 - 165.

[247] Kang, J. K., and Kim, J. M., The Geography of Block Acquisitions [J]. *Journal of Finance* 63, 2008. 2817 - 2858.

[248] Kang, J. K., and Rene, M. S., Why Is There a Home Bias? An Analysis of Foreign Portfolio Equity Ownership in Japan [J]. *Journal of Financial Economics* 46, 1997, 3 - 28.

[249] Karpoff, J. M., and lott, J. R., On the Determinants and Importance of Punitive Damage Awards [J]. *Journal of Law and Economics* 42, 1999, 527 - 573.

[250] Karpoff, J. M., and Lott, J. R., The Reputational Penalty Firms Bear from Committing Criminal Fraud [J]. *Journal of Law and Economics* 36, 1993, 757 - 802.

[251] Karpoff, J. M., Lee, D. S., and Martin, G. S., The Consequences to Managers for Financial Misrepresentation [J]. *Journal of Financial Economics* 88, 2008, 194 - 215.

[252] Ke, B., and Yu, Y., The Effect of Issuing Biased Earnings Forecasts on Analysts' Access to Management and Survival [J]. *Journal of Accounting Research* 44, 2006, 965 - 1000.

[253] Kedia, S., Panchapagesan, V., and Uysal, V., Geography and Acquirer Returns [J]. *Journal of Financial Intermediation*17, 2008, 256 - 275.

[254] Kedia, S., and Rajgopal, S., Do the SEC's Enforcement Preferences Affect Corporate Misconduct? [J]. *Journal of*

Accounting and Economics 51, 2011, 259 – 278.

[255] Kedia, S., and Rajgopal, S., Geography and the Incidence of Financial Misreporting [R]. SSRN Working paper, 2007.

[256] Kelly, B., and Ljungqvist, A., Testing Asymmetric – Information Asset Pricing Models [J]. *Review of Financial Studies* 25, 2012, 1366 – 1413.

[257] Keloharju, M., The Winner's Curse, Legal Liability, and the Long – Run Price Performance of Initial Public Offerings in Finland [J]. *Journal of Financial Economics* 34, 1993, 251 – 277.

[258] Kim, C. F., Pantzalis, C., and Park, J. C., Political Geography and Stock Returns: The Value and Risk Implications of Proximity to Political Power [J]. *Journal of Financial Economics* 106, 2012, 196 – 228.

[259] Kim, I., and Skinner, D. J., Measuring Securities Litigation Risk [J]. *Journal of Accounting and Economics* 53, 2012, 290 – 310.

[260] Kim, J. B., Song, B. Y., and Tsui, J. S., Auditor Size, Tenure, and Bank Loan Pricing [J]. *Review of Quantitative Finance and Accounting* 40, 2013, 75 – 99.

[261] Kim, O., and Verrecchia, R., Market Liquidity and Volume around Earnings Announcements [J]. *Journal of Accounting and Economics* 17, 1994, 41 – 68.

[262] Kisgen, D. J., Credit Ratings and Capital Structure [J]. *Journal of Finance* 61, 2006, 1036 – 1072.

[263] Klein, B., and Leffler, K. B., The Role of Market Forces in Assuring Contractual Performance [J]. *Journal of Political Economy* 89, 1981, 615 – 641.

[264] Klein, R., and Bawa. V., The Effect of Estimation Risk

on Optimal Portfolio Choice [J]. *Journal of Financial Economics* 3, 1976, 215 - 231.

[265] Klock, M., Do Class Action Filings Affect Stock Prices? The Stock Market Reaction toSecurities Class Actions post PSLRA [J]. *Journal of Business and Securities Law* 15, 2015, 109 - 156.

[266] Klock, M., Mansi, S., and Maxwell, W., Does Corporate Governance Matter to Bondholders [J]. *Journal of Financial and Quantitative Analysis* 40, 2005, 693 - 720.

[267] Kothari, S., Li, X., and Short, J., The Effect of Disclosures by Management, Analysts, and Financial Press on the Equity Cost of Capital: A Study Using Content Analysis [J]. *The Accounting Review* 84, 2009, 1639 - 1670.

[268] Lambert, R., Leuz, C., and Verrecchia, R., Accounting Information, Disclosure and the Cost of Capital [J]. *Journal of Accounting Research* 45, 2007, 385 - 420.

[269] Landes, W. M., and Posner, R. A., Trademark Law: An Economic Perspective [J]. *American Economic Review* 30, 1987, 265 - 309.

[270] Lang, M., and Lundholm, R., Voluntary Disclosure and Equity Oferings: Reducing Information Asymmetry or Hyping the Stock? [J]. *Contemporary Accounting Research* 17, 2000, 623 - 662.

[271] La Porta, R., Lǒpez - de - Silanes, F., and Shleifer, A., Legal Determinants of External Finance [J]. *Journal of Finance* 52, 1997, 1131 - 1150.

[272] La Porta, R., Lopez - de - Silanes, F., Shleifer, A., and Vishny, R. W., Law and Finance [J]. *Journal of Political Economy* 106, 1998, 1131 - 1155.

[273] La Porta, R., Lopez - de - Silanes, F., Shleifer, A.,

and Vishny, R. W., Investor Protection and Corporate Governance [J]. *Journal of Financial Economics* 58, 2000, 141 – 186.

[274] La Porta, R., Lopez – de – Silanes, F., Shleifer, A., and Vishny, R. W., Investor Protection and Corporate Valuation [J]. *Journal of Finance* 57, 2002, 1147 – 1170.

[275] Landsman, W. R., Maydew, E. L., and Thornock, J. R., The Information Content of Annual Earnings Announcements and Mandatory Adoption of IFRS [J]. *Journal of Accounting and Economics* 53, 2012, 34 – 54.

[276] Lang, M., and Lundholm, R., Corporate Disclosure Policy and Analyst Behavior [J]. *Accounting Review* 71, 1996, 467 – 492.

[277] Lang, M., Lins, K., and Miller, D., Concentrated Control, Analyst Following, and Valuation: Do Analysts Matter Most When Investors are Protected Least? [J]. *Journal of Accounting Research* 42, 2004, 589 – 623.

[278] Leary, M. T., and Roberts, M. R., The Pecking Order, Debt Capacity, and Information Asymmetry [J]. *Journal of Financial Economics* 95, 2010, 332 – 355.

[279] Lederer, P. J., and Hurter, A. P., Competition of Firms: Discriminatory Pricing and Location [J]. *Econometrica* 54, 1986, 623 – 640.

[280] Leland, H. E., and Pyle, D. H., Information Asynmetries, Financial Structure, and Financial Intermediation [J]. *Journal of Finance* 38, 1977, 371 – 387.

[281] Lemmon, M. L., and Zender, J. F., Debt Capacity and Tests of Capital Structure Theories [J]. *Journal of Financial and Quantitative Analysis* 45, 2010, 1161 – 1187.

[282] Lerner, J., Venture Capitalists and the Oversight of Private Firms [J]. *Journal of Finance* 50, 1995, 301 –318.

[283] Leuz, C., Nanda, D., and Wysocki, P., Earnings Management and Investor Protection: An International Comparison [J]. *Journal of Financial Economics* 69, 2003, 505 –527.

[284] Leuz, C., and Oberholzer – Gee, Political Relationships, Global Financing and Corporate Transparency: Evidence from Indonesia [J]. *Journal of Financial Economics* 81, 2006, 411 –439.

[285] Leuz, C., and Verrecchia, R., The Economic Consequences of Increased Disclosure [J]. *Journal of Accounting Research* 38, 2000, 91 –124.

[286] Levine, R., and Zervos, S., Stock Markets, Banks, and Economic Growth [J]. *American Economic Review* 88, 1998, 537 – 558.

[287] Li, H. B., Meng, L., Wang, Q., and Zhou, L., Political Connections, Financing and Firm Performance: Evidence from Chinese Private Firms [J]. *Journal of Development Economics* 87, 2008, 283 –299.

[288] Li, S., Does Mandatory Adoption of International Financial Reporting Standards in the European Union Reduce the Cost of Equity Capital? [J]. *The Accounting Review* 85, 2010, 607 –636.

[289] Li, X., Lin, C., and Zhan, X., Does the Change in the Information Environment Affect the Choice between Bank Debt and Public Debt? [R]. SSRN Working Paper, 2014.

[290] Liang, P. J., and Zhang, X., Accounting Treatment of Inherent versus Incentive Uncertainties and the Capital Structure of the Firm [J]. *Journal of Accounting Research* 44, 2010, 145 –176.

[291] Liao, L., and Lin, Y., The Effects of Overall Informa-

tion Environment on Financing Choices [R]. SSRN Working Paper, 2015.

[292] Lin, C., Ma, Y., Malatesta, P., and Xuan, Y. H., Ownership Structure and the Cost of Corporate Borrowing [J]. *Journal of Financial Economics* 100, 2011, 1-23.

[293] Lin, C. Y., Chen, Y. S., and Yen, J. F., On the Determinant of Bank Loan Contracts: The Roles of Borrowers' Ownership and Board Structures [J]. *Quarterly Review of Economics and Finance* 54, 2014, 500-512.

[294] Lin, H. L., Pukthuanthong, K., and Walker, T. J., An International Look at the Lawsuit Avoidance Hypothesis of IPO Underpricing [J]. *Journal of Corporate Finance* 19, 2013, 56-77.

[295] Liu, C. Y., Xiao, Z. P., and Xie. H., Customer Concentration, Institutions, and Corporate Bond Contracts [J]. *International Journal of Finance and Economics* 25, 2020, 90-119.

[296] Liu, L. X., Corruption Culture and Corporate Misconduct [J]. *Journal of Financial Economics* 122, 2016, 307-327.

[297] Liu, L. X., Sherman, A. E., and Zhang, Y., The Long-Run Role of the Media: Evidence from Initial Public Offerings [J]. *Management Science* 60, 2014, 1945-1964.

[298] Loughran, T., Geographic Dissemination of Information [J]. *Journal of Corporate Finance* 13, 2007, 675-694.

[299] Loughran, T., The Impact of Firm Location on Equity Issuance [J]. *Financial Management* 37, 2008, 1-21.

[300] Loughran, T., and Schultz, P., Liquidity: Urban versus Rural Firms [J]. *Journal of Financial Economics* 78, 2005, 341-374.

[301] Lowry, M., and Shu, S., Litigation Risk and IPO

Underpricing [J]. *Journal of Financial Economics* 65, 2002, 309 - 335.

[302] Lu, C., Chen, T., and Liao, H., Information Uncertainty, Information Asymmetry and Corporate Bond Yield Spreads [J]. *Journal of Banking and Finance* 34, 2010, 2265 - 2279.

[303] Lys, T., and Sohn, S., The Association between Revisions of Financial Analysts' Earnings Forecasts and Security - Price Changes [J]. *Journal of Accounting and Economics* 13, 1990, 341 - 363.

[304] Malitz, I., On Financial Contracting: The Determinants of Bond Covenants [J]. *Financial Management* 15, 1986, 18 - 25.

[305] Malloy, C. J., The Geography of Equity Analysis [J]. *Journal of Finance* 60, 2005, 719 - 755.

[306] Malm, J., and Krolikowski, M., Litigation Risk and Financial Leverage [J]. *Journal of Economics and Finance* 41, 2017, 180 - 194.

[307] Mansi, S. A., Maxwell, W. F., and Miller, D. P., Does Auditor Quality and Tenure Matter to Investors? Evidence from the Bond Market [J]. *Journal of Accounting Research* 42, 2004, 756 - 793.

[308] Mansi, S. A., Maxwell, W. F., and Miller, D. P., Analyst Forecasts Characteristics and the Cost of Debt [J]. *Review of Accounting Studies* 16, 2011, 116 - 142.

[309] Marciukaityte, D., Szewczyk, S. H., Uzun, H., and Varma, R., Governance and Performance Changes after Accusations of Corporate Fraud [J]. *Financial Analysts Journal* 62, 2006, 32 - 41.

[310] McTier, B. C., and Wald, J. K., The Causes and Consequences of Securities Class Action Litigation [J]. *Journal of Corpo-*

rate Finance 17, 2011, 649 - 665.

[311] Merton, R. C., On the Pricing of Corporate Debt: The Risk Structure of Interest Rates [J]. *Journal of Finance* 29, 1974, 449 - 470.

[312] Merton, R. C., A Simple Model of Capital Market Equilibrium with Incomplete Information [J]. *Journal of Finance* 42, 1987, 483 - 510.

[313] Miller, D. P., and Puthenpurackal, J. J., The Costs, Wealth Effects and Determinants of Public Yankee Bond Offerings [J]. *Journal of Financial Intermediation* 11, 2002, 455 - 485.

[314] Miller, G., and Shanthikumar, D., Geographic Location, Media Coverage, and Investor Reactions [R]. University of Michigan, Working Paper, 2010.

[315] Mitchel, M., and Mulherin, J. H., The Impact of Public Information on the Stock Market [J]. *Journal of Finance* 49, 1994, 923 - 950.

[316] Modigliani, F., and Miller, M., The Cost of Capital, Corporation Finance and the Theory of Investment [J]. *American Economic Review* 48, 1958, 261 - 297.

[317] Morck, R., Shleifer, A., and Vishny, R., Alternative Mechanisms for Corporate Control [J]. *American Economic Review* 79, 1989, 842 - 852.

[318] Murphy, D. L., Shrieves, R. E., and Tibbs, S. L., Understanding the Penalties Associated with Corporate Misconduct: An Empirical Examination of Earnings and Risk [J]. *Journal of Financial and Quantitative Analysis* 44, 2009, 55 - 83.

[319] Myers, S. C., and Majluf, N. S., Corporate Financing and Investment Decisions When Firms Have Information That Investors

Do Not Have [J]. *Journal of Financial Economics* 13, 1984, 187 - 221.

[320] Nash, C. R., Netter, J. M., and Poulsen, A. B., Determinants of Contractual Relations between Shareholders and Bondholders: Investment Opportunities and Restrictive Covenants [J]. *Journal of Corporate Finance* 9, 2003, 201 - 232.

[321] Nguyen, H., and Qian, R., The Cross - Country Magnitude and Determinants of Collateral Borrowing [R]. World Bank Policy Research Working Paper, 2012.

[322] Niehaus, G., and Roth, G., Insider Trading, Equity Issues, and CEO Turnover in Firms Subject to Securities Class Action [J]. *Financial Management* 28, 1999, 52 - 72.

[323] Nikolaev, V., and Lent, L. V., The Endogeneity Bias in the Relation between Cost - of - Debt Capital and Corporate Disclosure Policy [J]. *European Accounting Review* 14, 2005, 677 - 724.

[324] Nilsen, J. H., Trade Credit and the Bank Lending Channel [J]. *Journal of Money, Credit and Banking* 34, 2002, 226 - 253.

[325] Nini, G., Smith, D., and Sufi, A., Creditor Control Rights, Corporate Governance and Firm Value [J]. *Review of Financial Studies* 25, 2012, 1713 - 1761.

[326] North, D. C., Institutions, Institutional Change and Economic Performance [M]. Cambridge: Cambridge University Press, 1990.

[327] Ortiz - Molina, H., Top Management Incentives and the Pricing of Corporate Public Debt [J]. *Journal of Financial and Quantitative Analysis* 41, 2006, 317 - 340.

[328] Paananen, M., Renders, A., and Blomkvist, M.,

Causes and Consequences of Improvements in the Information Environment for Swedish Small and Mid - Sized Firms [J]. *Accounting in Europe* 13, 2016, 1 -22.

[329] Pan, X., and Tian, G. G., Political Connections and Corporate Investments: Evidence from the Recent Anti - Corruption Campaign in China [J]. *Journal of Banking and Finance* 119, 2020, 105 -108.

[330] Park, C., Monitoring and Structure of Debt Contracts [J]. *Journal of Finance* 55, 2000, 2157 -2195.

[331] Patell, J. M., Weil, R. L., and Wolfson, M. A., Accumulating Damages in Litigation: The Roles of Uncertainty and Interest Rates [J]. *Journal of Legal Studies* 11, 1982, 341 -364.

[332] Peltzman, S., The Effects of FTC Advertising Regulation [J]. *American Economic Review* 24, 1981, 403 -448.

[333] Peng, L., and Röell, A., Manipulation and Equity - Based Compensation [J]. *American Economic Review* 98, 2008, 285 -290.

[334] Peng, H., Zhang, X., and Zhu, X., Political Connections of the Board of Directors and Credit Financing: Evidence from Chinese Private Enterprises [J]. *Accounting and Finance* 57, 2017, 1481 -1516.

[335] Peress, J., The Media and the Diffusion of Information in Financial Markets: Evidence from Newspaper Strikes [J]. *Journal of Finance* 69, 2014, 2007 -2043.

[336] Petersen, M., and Rajan, R., Does Distance Still Matter? The Information Revolution in Small Business Lending [J]. *Journal of Finance* 57, 2002, 2534 -2570.

[337] Petersen, M., and Rajan, R., The Effect of Credit Mar-

ket Concentration on Firm Creditor Relationships [J]. *Quarterly Journal of Economics* 110, 1995, 406 - 443.

[338] Phillips, R. M., and Miller, G. C., The Private Securities Litigation Reform Act of 1995: Rebalancing Litigation Risks and Rewards for Class Action Plaintiffs, Defendants and Lawyers [J]. *The Business Lawyer* 51, 1996, 1009 - 1069.

[339] Pinkse, J., Slade, M. E., and Brett, C., Spatial Price Competition: A Semipara - Metric Approach [J]. *Econometrica* 70, 2002, 1111 - 1153.

[340] Piot, C., and Missonier - Piera, F., Corporate Governance, Audit Quality and the Cost of Debt Financing of French Listed Companies [R]. Social Science Research Network, 2007.

[341] Piotroski, J. D., and Wong, T. J., Institutions and Information Environment of Chinese Listed Firms [M]. Nber Chapters 47, 2012, 201 - 242.

[342] Piotroski, J. D., Wong, T. J., and Zhang, T., Political Incentives to Suppress Negative Information: Evidence from Chinese Listed Firms [J]. *Journal of Accounting Research* 53, 2015, 405 - 459.

[343] Qian, J., and Strahan, P. E., How Laws and Institutions Shape Financial Contracts: The Case of Bank Loans [J]. *Journal of Finance* 6, 2007, 2804 - 2833.

[344] Qin, Y., 'No County Left Behind?' The Distributional Impact of High - Speed Rail Upgrades in China [J]. *Journal of Economic Geography* 17, 2017, 489 - 520.

[345] Qiu, X. M., Su, Z. Q., and Xiao, Z. P., Do Social Ties Matter for Corporate Bond Yield Spreads? Evidence from China [J]. *Corporate Governance: An International Review* 27, 2019, 427 -

457.

[346] Rajan, R., Insiders and Outsiders: The Choice between Informed and Arm's – Length Debt [J]. *Journal of Finance* 47, 1992, 1367 – 1400.

[347] Rajan, U., Seru, A., and Vig, V., The Failure of Models that Predict Failure [J]: Distance, Incentives and Defaults [R]. University of Michigan, Working Paper, 2010.

[348] Rajan, R. G., and Zingales, L., What Do We Know about Capital Structure? Some Evidence from International Data [J]. *Journal of Finance* 50, 1995, 1421 – 1460.

[349] Rice, T., and Strahan, P. E., Does Credit Competition Affect Small – Firm Finance [J]. *Journal of Finance* 65, 2010, 861 – 889.

[350] Richardson, A. J., and Welker, M., Social Disclosure, Financial Disclosure and the Cost of Equity Capital [J]. *Accounting, Organizations and Society* 26, 2001, 597 – 616.

[351] Riordan, M., Competition and Bank Performance: A Theoretical Perspective [M]. In C. Mayer and X. Vives (eds.), Capital Markets and Financial Intermediation, Cambridge University Press, Cambridge, UK, 1993.

[352] Rock, K., Why New Issues are Underpriced [J]. *Journal of Financial Economics* 15, 1986, 187 – 212.

[353] Rogers, J. L., and Buskik, A. V., Shareholder Litigation and Changes in Disclosure Behavior [J]. *Journal of Accounting and Economics* 47, 2009, 136 – 156.

[354] Romano, R., The Shareholder Suit: Litigation without Foundation? [J]. *Journal of Law, Economics, and Organization* 7, 1991, 55 – 87.

[355] Ross, S., The Determinants of Financial Structure: The Incentive Signaling Apporach [J]. *Bell Joumal of Eeonomics* 8, 1977, 23 -40.

[356] Rucker, D. D., Preacher, K. J., Tormala, Z. L., and Petty, R. E., Mediation Analysis in Social Psychology: Current practices and New Recommendations [J]. *Social and Personality Psychology Compass* 5, 2011, 359 -371.

[357] Sengupta, P., Corporate Disclosure Quality and the Cost of Debt [J]. *The Accounting Review* 73, 1998, 459 -474.

[358] Sharpe, S., Asymmetric Information, Bank Lending and Implicit Contracts: A Stylized Model of Customer Relationships [J]. *Journal of Finance* 45, 1990, 1069 -1087.

[359] Shleifer, A., and Vishny, R. W., Corruption [J]. *The Quarterly Journal of Economics* 108, 1993, 599 -617.

[360] Shleifer, A., and Vishny, R. W, A Survey of Corporate Governance [J]. *Journal of Finance* 52, 1997, 737 -783.

[361] Shleifer, A., and Vishny, R. W, Large Shareholders and Corporate Control [J]. *Journal of Political Economy* 94, 1986, 461 -488.

[362] Shleifer, A., and Vishny, R. W., Management Entrenchment: The Case of Manger - Specific Investment [J]. *Journal of Financial Economics* 25, 1989, 123 -140.

[363] Shyam - Sunder, L., and Myers, S. C., Testing Static Tradeoff against Pecking Order Models of Capital Structure [J]. *Journal of Financial Economics* 51, 1999, 219 -244.

[364] Smith, C. W., and Warner, J. B., On Financial Contracting: An Analysis of Bond Covenants [J]. *Journal of Financial Economics* 7, 1979, 117 -161.

[365] Solomon, D. H., Soltes, E., and Sosyura, D., Winners in the Spotlight: Media Coverage of Fund Holdings as a Driver of Flows [J]. *Journal of Financial Economics* 113, 2014, 53 – 72.

[366] Stein, J., Information Production and Capital Allocation: Decentralized versus Hierar – Chical Firms [J]. *Journal of Finance* 57, 2002, 1891 – 1922.

[367] Stern, J. M., and Chew, D. H., The Revolution in Corporate Finance [M]. *Oxford*: *Blackwell*, 2003.

[368] Stiglitz, J. E., and Weiss, A., Credit Rationing in Markets with Imperfect Information [J]. *American Economic Review* 71, 1981, 393 – 410.

[369] Sussman, O., and Zeira. J., Banking and Development [R]. CEPR Discussion Paper 1127, 1995.

[370] Tanaka, T., How Do Managerial Incentives Affect the Maturity Structure of Corporate Public Debt? [J]. *Pacific – Basin Finance Journal* 40, 2016, 130 – 146.

[371] Teo, M., The Geography of Hedge Funds [J]. *Review of Financial Studies* 22, 2009, 3531 – 3561.

[372] Tetlock, P. C., Giving Content to Investor Sentiment: The Role of Media in the Stock Market [J]. *Journal of Finance* 62, 2007, 1139 – 1168.

[373] Tetlock, P. C., Saar – Tsechansky, M., and Macskassy, S., More Than Words: Quantifying Language to Measure Firms' Fundamentals [J]. *Journal of Finance* 63, 2008, 1437 – 1467.

[374] Thompson, R., Olsen, C., and Dietrich, J. R., Attributes of News about Firms: An Analysis of Firm – Specific News Reported in the Wall Street Journal Index [J]. *Journal of Accounting Research* 25, 1987, 245 – 274.

[375] Tinic, S. M., Anatomy of Initial Public Offerings of Common Stock [J]. *Journal of Finance* 43, 1988, 789 - 822.

[376] Titman, S., and Wessels, R., The Determinants of Capital Structures Choice [J]. *Journal of Finance* 43, 1988, 1 - 19.

[377] Uysal, V. B., Kedia, S., and Panchapagesan, V., Geography and Acquirer Returns [J]. *Journal of Financial Intermediation* 17, 2008, 256 - 275.

[378] Valta, P., Competition and the Cost of Debt [J]. *Journal of Financial Economics* 105, 2012, 661 - 682.

[379] Verrecchia, R., Discretionary Disclosure [J]. *Journal of Accounting and Economics* 5, 1983, 179 - 194.

[380] Verrecchia, R., and Weber, J., Firm Performance Measures and Adverse Selection Costs [R]. MIT Sloan School of Management, Working Paper, 2008.

[381] Waisman, M., Product Market Competition and the Cost of Bank Loans: Evidence from State Antitakeover Laws [J]. *Journal of Banking and Finance* 37, 2013, 4721 - 4737.

[382] Wei, S. J., and Wang, T., The Siamese Twins: Do State Owned Banks Favour State Owned Enterprises in China [J]. *China Economic Review* 8, 1997, 19 - 29.

[383] Welker, M., Disclosure Policy, Information Asymmetry, and Liquidity in Equity Markets [J]. *Contemporary Accounting Research* 11, 1995, 801 - 827.

[384] White, H., A Heteroskedasticity - Consistent Covariance Matrix Estimator and A Direct Test for Heteroskedasticity [J]. *Econometrica* 48, 1980, 817 - 838.

[385] Williamso, O., Corporate Finance and Corporate Governance [J]. *Journal of Finance* 43, 1988, 567 - 591.

[386] Winton, A., Don't Put All Your Eggs in One Basket? Diversification and Specialization in Lending [M]. Mimeograph, University of Minnesota, Minneapolis, MN, 1999.

[387] Woo, M. Y. K., and Wang, Y. X., Civil Justice in China: An Empirical Study of Courts in Three Provinces [J]. *American Journal of Comparative Law* 53, 2005, 911 –940.

[388] Xu, S., Gong, G. M., and Gong, X., Accruals Quality, Underwriter Reputation, and Corporate Bond Underpricing: Evidence from China [J]. *China Journal of Accounting Research* 10, 2017, 317 –339.

[389] Yang, D. M., Lu, Z. F., and Luo, D. L., Political Connection, Media Monitoring andLong – Term Loans [J]. *China Journal of Accounting Research* 7, 2014, 166 –177.

[390] Yeung, G., How Banks in China Make Lending Decisions [J]. *Journal of Contemporary China* 18, 2009, 285 –302.

[391] Yeung, I. Y. M., and Tung, R. L., Achieving Business Success in Confucian Societies: The Importance of Guanxi (Connections) [J]. *Organizational Dynamics* 25, 1996, 54 –65.

[392] Yu, F., Accounting Transparency and the Term Structure of Credit Spreads [J]. *Journal of Financial Economics* 75, 2005, 53 –84.

[393] Yu, F., Analyst Coverage and Earnings Management [J]. *Journal of Financial Economics* 88, 2008, 246 –271.

[394] Yuan, Q. B., and Zhang, Y. Y., Do Banks Price Litigation Risk in Debt Contracting? Evidence from Class Action Lawsuits [J]. *Journal of Business Finance and Accounting* 42, 2015, 1310 –1340.

[395] Zhang, J., The Contracting Benefits of Accounting Con-

servatism to Lenders and Borrowers [J]. *Journal of Accounting and Economics* 45, 2008, 27 - 54.

[396] Zhu, Y. E., The Relation between IPO Underpricing and Litigation Risk Revisited: Changes between 1990 and 2002 [J]. *Financial Management* 38, 2009, 323 - 355.

[397] Zou, H., and Adams, M. B., Debt Capacity, Cost of Debt, and Corporate Insurance [J]. *Journal of Financial and Quantitative Analysis* 43, 2008, 433 - 466.

[398] Zingales, L., Corporate Governance [M]. In: Peter Newman. The New Palgrave Dictionary of Economics and the Law, London: Macmillan, 1998, 497 - 502.

[399] Zingales, L., Is the US Capital Market Losing Its Competitive Edge? [R]. ECGI - Finance Working Paper, 2007.

[400] 卞元超，吴利华，白俊红．高铁开通、要素流动与区域经济差距 [J]. 财贸经济，2018 (6): 147 - 161.

[401] 陈德球，肖泽忠，董志勇．家族控制权结构与银行信贷合约：寻租还是效率？[J]. 管理世界，2013 (9): 130 - 143.

[402] 陈汉文，周中胜．内部控制质量与企业债务融资成本 [J]. 南开管理评论，2014 (3): 103 - 111.

[403] 戴亦一，潘越，陈芬．媒体监督、政府质量与审计师变更 [J]. 会计研究，2013 (10): 89 - 95.

[404] 冯延超，梁莱歆．上市公司法律风险、审计收费及非标准审计意见——来自中国上市公司的经验证据 [J]. 审计研究，2010 (3): 76 - 81.

[405] 高敬忠，韩传模，王英允．公司诉讼风险与管理层盈余预告披露方式选择——来自中国 A 股上市公司的经验证据 [J]. 经济与管理研究，2011 (5): 102 - 112.

[406] 黄少安，张岗．中国上市公司股权融资偏好分析 [J].

经济研究，2001（11）：12－27.

［407］黄少安，钟卫东．股权融资成本软约束与股权融资偏好——对中国公司股权融资偏好的进一步解释［J］．财经问题研究，2012（12）：3－10.

［408］黄张凯，刘津宇，马光荣．地理位置、高铁与信息：来自中国IPO市场的证据［J］．世界经济，2016（10）：137－154.

［409］蒋琰．权益成本、债务成本与公司治理：影响差异性研究［J］．管理世界，2009（11）：144－155.

［410］李维安．改革实践的呼唤：中国公司治理原则［J］．中国改革，2000（10）：26－29.

［411］李志军，王善平．货币政策、信息披露质量与公司债务融资［J］．会计研究，2011（10）：56－62.

［412］梁若冰，席鹏辉．轨道交通对空气污染的异质性影响——基于RDID方法的经验研究［J］．中国工业经济，2016（3）：84－98.

［413］林斌，周美华，舒伟，刘春丽．内部控制、公司诉讼和公司价值［J］．中国会计评论，2013（4）：431－456.

［414］林毅夫，李周．现代企业制度的内涵与国有企业改革方向［J］．经济研究，1997（3）：3－10.

［415］刘慧，张俊瑞，周键．诉讼风险、法律环境与企业债务融资成本［J］．南开管理评论，2016（5）：16－27.

［416］刘慧，张俊瑞，孙嘉楠．上市公司未决诉讼、法律环境与审计报告时滞［J］．审计研究，2018（3）：115－122.

［417］赖黎，马永强，夏晓兰．媒体报道与信贷获取［J］．世界经济，2016（9）：125－148.

［418］龙玉，赵海龙，张新德，李曜．时空压缩下的风险投资——高铁通车与风险投资区域变化［J］．经济研究，2017（4）：

196－208.

［419］卢文彬，官峰，张佩佩，邓玉洁．媒体曝光度、信息披露环境与权益资本成本［J］．会计研究，2014（12）：66－71，96.

［420］潘越，潘健平，戴亦一．公司诉讼风险、司法地方保护与公司创新［J］．经济研究，2015（3）：131－145.

［421］岳剑波．《信息环境论》［M］．北京：书目文献出版社，1996.

［422］岳剑波．从信息资源论到信息环境论［J］．北京大学学报：哲学社会科学版，1992（4）：99－104.

［423］饶品贵，王得力，李晓溪．高铁开通与供应商分布决策［J］．中国工业经济，2019（10）：127－149.

［424］孙铮，刘凤委，李增泉．市场化程度、政府干预与公司债务期限结构——来自我国上市公司的经验证据［J］．经济研究，2005（5）：52－63.

［425］王小鲁，樊纲，胡李鹏．中国分省市场化指数报告（2018）［M］．北京：社会科学文献出版社，2019.

［426］王彦超，姜国华，辛清泉．诉讼风险、法制环境与债务成本［J］．会计研究，2016（6）：30－37.

［427］吴敬琏．论现代企业制度［J］．财经研究，2014（2）：3－13.

［428］肖作平．终极所有权结构对资本结构选择的影响［J］．中国管理科学，2012（4）：167－176.

［429］肖作平．终极控制股东对债务期限结构选择的影响［J］．南开管理评论，2011（6）：25－35.

［430］肖作平．所有权和控制权的分离度、政府干预与资本结构选择［J］．南开管理评论，2010（5）：144－152.

［431］肖作平．大股东、法律制度和资本结构决策［J］．南开管理评论，2009（1）：27－39.

[432] 肖作平，廖理．公司治理影响债务期限水平吗？[J]．管理世界，2008 (11)：143－156.

[433] 肖作平，廖理．大股东，债权人保护和公司债务期限结构选择——来自中国上市公司的实证证据 [J]．管理世界，2007 (10)：99－113.

[434] 肖作平．廖理．终极控制股东，法律环境与融资结构选择 [J]．管理科学学报，2012 (9)：84－96.

[435] 肖作平，廖理．债务期限结构影响因素研究——理论和证据 [M]．中国人民大学出版社，2009.

[436] 肖作平，邓春梅．法律诉讼，政治关系与银行贷款契约——来自中国民营上市公司的经验证据 [J]．证券市场导报，2019 (10)：4－14.

[437] 肖作平，黄璜．媒体监督、所有权性质和权益资本成本 [J]．证券市场导报，2013 (12)：14－20.

[438] 肖作平，张樱．终极所有权结构对银行贷款契约的影响——来自中国上市公司的经验证据 [J]．证券市场导报，2015 (11)：19－30.

[439] 肖作平，周婧霏．腐败、媒体关注与权益资本成本 [J]．证券市场导报，2021 (8)：36－47.

[440] 熊艳，李常青，魏志华．媒体报道与 IPO 定价效率：基于信息不对称与行为金融视角 [J]．世界经济，2014 (5)：135－160.

[441] 姚立杰，罗玫，夏冬林．公司治理与银行借款融资 [J]．会计研究，2010 (8)：56－61.

[442] 杨建莹，钱皓．商业银行抵押贷款问题调查 [J]．金融研究，2008 (3)：79－87.

[443] 尹志超，钱龙，吴雨．银企关系、银行业竞争与中小公司借贷成本 [J]．金融研究，2015 (1)：135－149.

[444] 于富生，张敏．信息披露质量与债务成本——来自中国

证券市场的经验证据［J］．审计与经济研究，2007（5）：93－96.

［445］余明桂，潘红波．政治关系、制度环境与民营企业银行贷款［J］．管理世界，2008（8）：9－21.

［446］俞国栋，周开国，郑倩昀．法律诉讼与公司财务政策［J］．证券市场导报，2015（12）：27－35.

［447］张纯，吕伟．信息环境、融资约束与现金股利［J］．金融研究，2009（7）：81－94.

［448］张敦力，李四海．社会信任、政治关系与民营企业银行贷款［J］．会计研究，2012（8）：17－24.

［449］张合金，陈震，鹿新华．产品市场竞争与银行贷款定价——基于上市公司债务资本成本的视角［J］．投资研究，2014（10）：56－69.

［450］张俊．高铁建设与县域经济发展——基于卫星灯光数据的研究［J］．经济学（季刊），2017（4）：1534－1562.

［451］张俊瑞，刘慧．上市公司未决诉讼对高管薪酬业绩敏感性的影响［J］．审计与经济研究，2016（2）：61－70.

［452］张梦婷，俞峰，钟昌标，林发勤．高铁网络、市场准入与公司生产率［J］．中国工业经济，2018（5）：137－156.

［453］赵静，黄敬昌，刘峰．高铁开通与股价崩盘风险［J］．管理世界，2018（1）：157－168.

［454］赵晓琴，万迪昉．上市公司债券利差形成影响因素研究［J］．证券市场导报，2011（8）：46－50.

［455］祝继高．会计稳健性与债权人利益保护——基于银行与上市公司关于贷款的法律诉讼的研究［J］．会计研究，2011（5）：50－57.